도암몽억 陶庵夢憶

도암몽억 陶庵夢憶

1판 1쇄 인쇄 2020년 7월 30일
1판 1쇄 발행 2020년 8월 10일

—

저 자 張 岱
역주자 김숙향

—

발행인 이방원
발행처 세창출판사
신고번호 제300-1990-63호
주소 서울 서대문구 경기대로 88 (냉천빌딩 4층)
전화 (02) 723-8660 **팩스** (02) 720-4579
이메일 edit@sechangpub.co.kr **홈페이지** http://www.sechangpub.co.kr
블로그 blog.naver.com/scpc1992 **페이스북** fb.me/scp1008 **인스타그램** @pc_sechang

—

ISBN 978-89-8411-965-9 93910

이 번역도서는 2017년 정부(교육부)의 재원으로 한국연구재단의 지원을 받아 수행된 연구임(NRF-2017S1A5A7020390).

이 도서의 국립중앙도서관 출판시도서목록(CIP)은 서지정보유통지원시스템 홈페이지(http://seoji.nl.go.kr)와 국가자료공동목록시스템(http://www.nl.go.kr/kolisnet)에서 이용하실 수 있습니다.(CIP제어번호: CIP2020030726)

도암몽억 陶庵夢憶

An Annotated Translation of
"Tao an meng yi"

[명明] 장 대張岱 저
김숙향 역주

세창출판사

머리말

장대張岱(1597-1685)는 명明나라 말기, 지금의 절강성浙江省 소흥紹興 출신의 문인이다. 자字는 종자宗子이고 《석궤서石匱書》를 집필하여 세간에서는 석공石公이라 불렀다. 호號는 도암陶庵인데, 만년에는 육휴거사六休居士·접암蝶庵·고검노인古劍老人 등을 사용하였다. 《도암몽억陶庵夢憶》 외에도 《서호몽심西湖夢尋》·《야항선夜航船》·《낭환문집琅嬛文集》·《사서우四書遇》·《고금의열전古今義烈傳》·《쾌원도고快園道古》 등의 저술이 전해진다.

사대부 관료 집안에서 태어난 장대는 어려서부터 몸이 약했다. 오랫동안 외가에서 지내며 바깥 활동보다는 집에서 책을 읽으며 지내는 시간이 많았다. 장대의 유년시절은 기본적인 의식주에서부터 여가 생활에 이르기까지, 부족함이 없었다. 숭정崇禎 8년(1635)에 향시鄕試에 응시했지만 떨어졌고 그 이후로는 관직에 뜻을 두지 않았다. 그러나 풍족한 관료 집안에 대대로 많은 책을 소장한 덕에 독서와 글쓰기는 끊임없이 이어 나갔다. 장대가 생활했던 명나라 말기, 강남지역은 물질적, 정신적, 문화적 풍요로움이 가득한 곳이었다. 그로 인해 자연경관이 좋은 곳을 찾아 유람하고 여러 계층의 인사들과 교유하며 다양한 취미생활을 즐길 수 있었다. 물론 집안의 어른들이 즐겼던 희곡과 음악, 불꽃놀이와 뱃놀이 등의 다양한 문화가 장대의 취미에도 영향을 끼쳤음은 두말할 필요가 없을 것이다. 그러나 명나라는 점점 멸망의 길로 접어들었다. 나라의 운명과 더불어 사대부 집안인 장대의 가세도 자연히 기울어졌다. 나라가 뒤바뀌는 혼란한 시대에 어떤 이는 시대의 흐름에 따라 청조에 복종하였고 또 어떤 이는 자신의 생명을 내던지며 투쟁하였다. 장대는 산으로 들어가 산인山人이 되었다. 조국인 명나라에 대한 절개를 지키는 그만의 선택이었다. 산에서 그는 집과 나라가 망하기 전, 즐겁고 화려했으며 다채로웠던 지난날을 하나하나 곱씹고 되새기며 글로 남겼다. 자신의 호인 '도암'을 넣어 '장대가 꾼 한바탕 꿈같은 기억', 《도암몽억》은 이렇게 완성된 것이다.

《도암몽억》에는 명말 청초 강남지역의 생활을 담고 있다. 총 8권에 담긴 글에는 조수潮水와 암벽, 연못 같은 자연경물, 중추절과 청명절 같은 명절의 풍속, 닭싸움과 불꽃놀이 같은 오락거리를 볼 수 있다. 또 음악, 희곡, 꽃, 나무, 벼루, 차, 특산물, 골동품 등 다양한 취미나 소소한 일상의 정취에서부터 특별한 어느 날의 하루까지 명나라 말기의 모습이 드러난다. 뿐만 아니라 희곡 배우와 선생, 기생, 승려, 조각가, 차 전문가, 벼루 장인, 설서인說書人 등 다양한 직종을 가진 다양한 계층의 인물들도 《도암몽억》의 제재가 되었다. 이렇게 폭넓은 제재는 장대의 개성적인 시각과 글솜씨로 정취가 가득한 소품문으로 탄생되었다.

소품문에서 '소품小品'이란 말은 불가佛家에서 처음 시작되었다. 길이가 긴 경전을 '대품大品'이라 하고 길이가 짧은 것을 '소품'이라 하였다. 소품문은 여기서 편폭이 짧다는 형식적 특징을 취하였다. 만명의 소품문은 이지李贄와 공안파公安派의 영향을 받아 개성적이고 공령空靈하다는 내용적 특징을 가진다. 장대는 《도암몽억》에서 짧은 편폭에 자유롭고 개성적이며 운치가 가득한 소품문의 특징을 보여 주고 있다.

총 8권卷으로 구성된 《도암몽억》은 시간의 순서대로 썼다거나 특정한 분류 기준이 있는 것은 아니다. 아마도 장대가 생각나는 대로 글을 쓰고 쓴 순서대로 엮었을 것이다. 이 책을 쓴 이유는 서문序文에서 직접 밝힌 것처럼, 망해 버린 나라에 대한 충절에서 비롯된 것이다. 사치스럽고 화려하게 지냈던 지난날을 반성하기 위해서이다. 그러나 《도암몽억》이 단지 참회와 반성의 글이라고만 보기에는 장대의 글은 재치 있고 활기차다. 그가 그려 낸 명나라 말기 강남의 모습은 마치 〈청명상하도清明上河圖〉를 펼쳐 놓고 하나하나 살펴보는 것처럼 활기차고 다채로우며 아름답다. 그리고 그 속에서 생활했던, 장대의 붓끝에서 되살아난 다양한 인물들의 모습도 하나같이 매력적이다.

《도암몽억》은 1644년에 완성하여 청清 건륭乾隆 40년인 1775년에 초판본이 나왔다. 현재 주요 판본은 건륭 연간에 나온 연운갑편본硯雲甲編本과 함풍咸豐 연간의 월아당총서본粵雅堂叢書本이 있다. 본 역서의 원문은 중화서국中華書局의 2008년 출판본의 교정을 따랐다. 중화서국 2008년본은 월아당총서본을 저본으로 하여 연운갑편본을 참고하여 교정한 것이다. 번역과 주석은 2014년 상해고적출판사上海古籍出版社에서 나온 《도암몽억주평陶庵夢憶注評》과 2017년 군언출판사群言出版社에서 나온 《도암몽억주전교陶庵夢憶注箋校》 및 중국과 일본의 여러 통행본을 참고하였다.

역자의 역량이 부족하여 소품문의 맛을 충분히 살린 번역을 하지 못한 것 같다. 또한 오역과 주석의 부족함도 걱정되는 부분이다. 여러 독자들의 아낌없는 가르침을 청한다. 여러 가지로 부족하겠지만 이 역서가 장대의 대표 저술, 나아가 만명 소품문의 다각적인 연구를 위한 기초 자료로서 미약하게나마 의미 있는 역할을 할 수 있기를 기대한다. 마지막으로 이 책의 번역에 큰 도움을 주신 김규봉 선생님께 깊은 감사의 마음을 전한다.

차 례

권 4 卷四

권 5 卷五

일러두기

① 본서의 저본은 2008년 중화서국에서 출판한 《陶庵夢憶》을 바탕으로 하였다.

② 저본에 실린 작품은 모두 우리말로 옮겼으며 주석은 각주의 방식을 취하여 번역문에 달았다. 원문은 번역문 뒤에 실었다.

③ 작품의 편명 표기는 우리말 풀이와 한자를 병기하였다. 예를 들면 “오중吳中의 뛰어난 기술絶技”과 같다.

④ 원문의 작은 글자로 표기된 부분은 ( )로 번역하였고, 역자주는 [ ]로 표기하였다.

⑤ 대화문의 경우 “ ”와 ‘ ’를 사용하였고 서명과 작품명에는 《 》, 곡명에는 〈 〉를 사용하였다.

⑥ 색인은 전체의 글 가운데 번역문의 한글 독음 순서에 따라 배열하였다.

자서自序

나 도암陶庵은 나라가 망했고 집도 망하여 돌아갈 곳이 없다. 머리를 풀어헤치고 산으로 들어갔는데 그 모습이 무서운 야인野人처럼 변해 버렸다. 오랜 벗은 나를 보자마자 마치 독약이나 맹수를 본 듯 기겁을 하며 가까이하지 않으려 했다. 스스로 〈자만시自挽詩〉를 짓고 여러 번 자결하려 했으나, 《석궤서石匱書》[1]를 완성하지 못하여 아직도 인간 세상에 남아 있다. 그러나 독 안에 쌀이 자주 비었고 밥 지을 불조차 피우지 못하였다. 그제야 비로소 수양首陽의 두 노인[2]은 실제로 굶어 죽었고, 주周나라 곡식을 먹지 않았다는 건 후대 사람들이 과장하고 지어낸 말이었음을 깨달았다. 굶주린 나머지 필묵을 가지고 놀았다. 이로 인해 생각난 것은 옛날 왕王과 사謝 집안[3] 같은 곳에서 성장하여 화려한 생활을 누렸는데 지금은 이런 과보果報를 받았다는 것이다. 삿갓으로 머리의 업보를 갚고 짚신으로 발의 업보를 갚으니, 비녀와 가죽신의 원한이다. 기운 옷으로 가죽 옷의 업보를 갚고 삼베

---

1 《石匱書》: 明代 洪武 연간부터 天啓 연간의 역사기록을 담은 紀傳體 역사서이다. 本紀・世表・年表・志・世家・列傳으로 구성되어 있다.

2 首陽의 두 노인: 商나라 孤竹君의 두 아들인 伯夷와 叔齊를 말한다. 백이와 숙제는 부친이 사망한 뒤 왕위를 서로에게 양보하다가 周나라로 도망갔다. 훗날 周武王이 상나라를 멸망시키자 백이와 숙제는 주나라의 곡식을 먹지 않고 首陽山에서 굶어 죽었다.

3 王과 謝의 집안: 王은 東晉의 王導이고 謝는 謝安이다. 두 사람은 매우 호화스러운 생활을 하였다. 훗날 권문세족을 뜻하는 말로 사용되었다.

로 갈포의 업보를 갚으니, 가볍고 따뜻한 옷의 원한이다. 콩잎으로 고기의 업보를 갚고 현미로 정미精米의 업보를 갚으니, 맛있는 음식의 원한이다. 거적으로 침상의 업보를 갚고 돌로 베개의 업보를 갚으니, 따뜻하고 부드러움의 원한이다. 새끼줄로 문지도리의 업보를 갚고 독으로 창문의 업보를 갚으니, 시원함의 원한이다. 연기로 눈의 업보를 갚고 똥으로 코의 업보를 갚으니, 향기롭고 아름다움의 원한이다. 길을 가는 것을 발의 업보로 갚고 짐을 짊어진 것을 어깨의 업보로 갚으니, 가마와 하인의 원한이다. 이전에 저지른 각종 죄는 각종 과보에서 볼 수 있다.

베개 위에서 닭 우는 소리가 들리니 순수한 마음이 다시 돌아왔다. 이로 인해 내 삶을 생각해 보니, 화려하고 아름다웠으나 눈 깜짝할 사이에 사라져버려 50년이 모두 한바탕 꿈에 불과했다. 지금 노란 기장은 아직 익지 않았고 수레와 군사가 개미구멍에서 돌아왔으니, 이제 어떻게 견디며 살아갈까?[4] 아득한 옛날 일을 그리워하다가 기억나는 대로 기록하여 부처 앞에 가져가 하나하나 참회한다. 시간에 따라 쓴 게 아니므로 연보와는 다르다. 분류대로 나눈 것도 아니기에

4 원문에는 黍熟黃粱, 車旅蟻穴이라 했는데 모두 꿈에서 깨어났다는 뜻이다. 唐 沈既濟의 《枕中記》에서 비롯되었다. 盧生이 邯鄲路에서 呂翁 도사를 만나 베개를 얻었는데 그것을 베고 잠에 빠져 평생을 부귀영화를 누리는 꿈을 꾼 뒤 꿈에서 깨었다. 그제야 도사가 이야기해 준 부귀는 하나의 헛된 것이라는 가르침을 깨달았다. 노생이 막 잠이 들었을 때 옆에 가마솥에서 노란 기장이 끓고 있었는데 깨어났을 때도 익지 않았다고 한다. 또 唐 李公佐가 지은 《南柯太守傳》에 보면, 淳於棼이 집에서 술에 취해 잠을 자다가 槐安國에 가는 꿈을 꾸었다. 그곳에서 왕의 딸과 혼인을 하고 南柯太守를 지내며 부귀영화를 누리고 살았다. 그러다 나중에 적과 싸움에서 패하고 공주도 죽어 돌아왔다. 순우분은 꿈에서 깨어난 뒤 꿈속의 자취를 찾다가 회화나무 남쪽 가지에 개미구멍을 보고 정신을 차렸다.

《지림志林》[5]과도 다르다. 이따금 하나씩 꺼내어 보니 마치 이전에 갔던 곳을 다시 놀러 가고 옛 친구를 다시 만나는 것 같다. 성곽은 그대로이고 사람들은 변했지만, 도리어 나 스스로 기쁨으로 삼으니, 이전에는 꿈을 말할 수 없는 바보였다고 말할 수 있다. 옛날 서릉西陵[6]에 사는 한 짐꾼이 술독을 지고 가다 발이 미끄러져 항아리를 깨뜨렸다. 배상할 길이 없을 것 같아 멍하니 앉아서 생각하다 "꿈이라면 좋으련만!"이라 하였다. 또 한 가난한 선비가 향시鄕試에 합격하여 바야흐로 녹명연鹿鳴宴[7]에 가게 되었다. 황홀해 하며 현실이 아닌 듯 느껴지자 스스로 팔을 깨물고는 "꿈은 아니겠지?"라 하였다. 똑같은 꿈인데 누구는 꿈이 아닐까 두려워하고 또 누구는 꿈일까 두려워하니, 둘 다 똑같이 어리석은 사람이다.

나는 지금 큰 꿈에서 막 깨어나려는데 오히려 하찮은 글이나 쓰고 있으니, 이 또한 한바탕 잠꼬대에 불과하다. 이로 인해 지혜의 업연業緣을 가진 문인이 공명심을 구하는 마음을 고치기 어려움에 탄식한다. 마치 한단邯鄲의 꿈이 끝나 물이 다 떨어지고 종이 울려 날이 밝았는데 노생盧生은 여전히 유표遺表[8]를 올리고 이왕二王[9]의 글자를 베

5 《志林》: 北宋의 文人 蘇軾(1037-1101)이 유배 생활을 하던 중에 쓴 책이다. 작품의 길이가 짧고 주제에 따라 분류하여 수록하였다.

6 西陵: 지금의 浙江省 蕭山市 西興鎭의 옛 이름이다. 이외에도 서릉은 중국 고대의 국가이기도 하고 長江三峽의 하나이기도 하다.

7 鹿鳴宴: 과거시험의 합격자를 발표한 다음 날 州나 縣의 장관이 시험관과 합격자를 초청하여 베푸는 잔치를 말한다. 잔치에서 《詩經 · 小雅》의 〈鹿鳴〉를 부른다 하여 녹명연이라고 한다.

8 遺表: 신하가 죽을 때 임금에게 올린 글이다.

9 二王: 東晉의 서예가 王羲之(303-361)와 王獻之(344-386) 父子를 말한다.

껴 후세에 남기고자 하는 것과 같다. 그러므로 명리를 탐하는 마음의 뿌리 하나는 불가佛家의 사리舍利처럼 견고하여 맹렬하게 불태워도 태워 없어지지 않는다.

陶庵國破家亡, 無所歸止, 披發入山, 駴駴爲野人. 故舊見之, 如毒藥猛獸, 愕窒不敢與接. 作自挽詩, 每欲引決. 因石匱書未成, 尚視息人世. 然瓶粟屢罄, 不能舉火, 始知首陽二老直頭餓死, 不食周粟, 還是後人妝點語也. 饑餓之余, 好弄筆墨, 因思昔人生長王 · 謝, 頗事豪華, 今日罹此果報. 以笠報顱, 以簣報踵, 仇簪履也; 以衲報裘, 以苧報絺, 仇輕暖也; 以藿報肉, 以糲報粻, 仇甘旨也; 以薦報床, 以石報枕, 仇溫柔也; 以繩報樞, 以甕報牖, 仇爽塏也; 以煙報目, 以糞報鼻, 仇香豔也; 以途報足, 以囊報肩, 仇輿從也. 種種罪案, 從種種果報中見之.

雞鳴枕上, 夜氣方回, 因想余生平, 繁華靡麗, 過眼皆空, 五十年來, 總成一夢. 今當黍熟黃粱, 車旅蟻穴, 當作如何消受? 遙思往事, 憶即書之, 持向佛前, 一一懺悔. 不次歲月, 異年譜也; 不分門類, 別志林也. 偶拈一則, 如遊舊徑, 如見故人, 城郭人民, 翻用自喜, 真所謂癡人前不得說夢矣. 昔有西陵腳夫爲人擔酒, 失足破其甕, 念無所償, 癡坐佇想曰: "得是夢便好!" 一寒士鄉試中式, 方赴鹿鳴宴, 恍然猶意非真, 自齧其臂曰: "莫是夢否?" 一夢耳, 惟恐其非夢, 又惟恐其是夢, 其爲癡人則一也.

余今大夢將寤, 猶事雕蟲, 又是一番夢囈. 因歎慧業文人, 名心難化, 正如邯鄲夢斷, 漏盡鍾鳴, 盧生遺表, 猶思摹拓二王, 以流傳後世. 則其名根一點, 堅固如佛家舍利, 劫火猛烈, 猶燒之不失也.

卷 1

도암몽억 陶庵夢憶

01

종산鍾山[1]

종산鍾山 위에는 구름의 기운이 있다. 둥실둥실 유유히 흐르는데 홍색과 자색 사이 섞여 있었다. 사람들은 그것이 제왕의 기운이며, 용이 허물을 벗고 숨어 있는 곳이라고 말하였다. 고황제高皇帝께서 유성의劉誠意 · 서중산徐中山 · 탕동구湯東甌[2]와 묘터를 정하실 때 각자 생각하는 장소를 적어 소매 속에 감추었는데, 세 사람이 적은 장소가 일치하여 마침내 터가 결정되었다. 그런데 능묘의 문 왼쪽에는 손권孫權[3]의 묘가 있어 옮기길 청하였더니, 태조께서 "손권 또한 호걸이니 남겨서 그에게 문을 지키게 하라."라 하셨다. 땅을 파기 시작하자 아래에서 양지공화상탑梁志公和尚塔[4]이 나왔다. 지공의 진신真身은 썩지 않았고 손톱이 온몸을 여러 번 휘감아 병사들이 아무리 애써도

---

1 鍾山: 지금의 江蘇省 南京 中山門 밖에 있다. 金陵 · 聖遊山 · 北山 · 神烈山 등으로도 불린다.

2 高皇帝: 明朝의 개국황제인 太祖 朱元璋(1328-1398)이다. 주원장의 謚號가 高皇帝이다. 劉誠意 · 徐中山 · 湯東甌는 모두 명나라의 개국공신이다. 劉誠意는 劉基(1311-1375)로, 字는 伯溫이고 誠意伯에 봉해졌다. 徐中山은 徐達(1332-1385)이며, 字는 天德이고 魏國公에 봉해졌고 사후에 中山王으로 추증되었다. 湯東甌는 湯和(1326-1395)로, 字는 鼎臣이고 사후에 東甌王으로 추증되었다.

3 孫權(182-252): 吳나라의 군주이다. 孫權墓는 鍾山의 남쪽에 있는데 과거에는 孫陵岡이라 했고 지금은 梅花山이라고 불린다. 이곳에는 손권과 그 부인이 묻혀있다.

4 梁志公和尚塔: 南北朝 시기 南朝의 승려 寶志(436-513)이다. 보지가 원적한 뒤 梁 永定公主가 그를 위해 오층석탑을 지어 주었으니 그 탑이 바로 이것이다.

들지 못했다. 태조께서 친히 예를 갖추시어 금관과 은곽으로 부장하시고, 장전莊田[5] 삼백육십에 향불을 받들어 영곡사靈穀寺[6]의 탑에 옮기셨다. 오늘날 영곡사의 승려는 수천 명인데, 하루에 한 장전에서 생산되는 곡식을 먹었다. 능묘를 다 쌓은 후 바깥 길을 폐쇄하니 사람들이 알지 못하였다. 사람들이 볼 수 있는 건 오직 세 개의 문, 하나의 향전饗殿, 하나의 침전寢殿, 그리고 아득한 뒷산뿐이었다. 임오壬午 7월, 주조선朱兆宣이 태상太常을 맡았을 때 중원절 제사 기일이 되자 내가 구경을 갔다.[7] 향전은 엄숙했고 난각暖閣은 향전과 석 자尺 떨어진 곳에 있었는데 황룡이 그려진 휘장에 가려져 있었다. 팔걸이 의자 두 개가 놓여 있었고 누런 비단으로 만든 방석이 깔려 있었다. 방석은 공작의 깃털로 용의 앞모습을 짜서 대단히 화려하고 장중했다. 바닥에는 모전이 깔려 있었는데 그 위로는 반드시 신을 벗고 조심스럽게 걸어야 했다. 조금만 기침을 해도 내시관이 호되게 꾸짖길 "황제를 놀라게 하지 마시오!"라 하였다. 난각 근처 아래로 자리가 하나 있었는데 가까이 가 보니 공비碽妃[8], 즉 성조成祖의 생모였다. 효자황후孝慈皇后[9]는 성조를 자신이 낳은 아들로 하였는데, 당시 그 일은 매우 비밀

---

5 莊田: 고대 군주나 귀족의 莊園의 田地를 말한다.

6 靈穀寺: 지금의 江蘇省 南京 中山門 밖 中山陵 동쪽에 있다. 前身이 승려 지공의 開善寺이다.

7 壬午는 崇禎 15년인 1642년이다. 朱兆宣은 山陰 白洋사람이다. 太常은 제사, 예악을 담당하는 太常寺를 말한다.

8 碽妃: 碽妃의 자세한 생애는 알 수 없다. 다만 碽氏 姓을 가졌고 碽妃로 봉해진 것 같다. 봉비는 明 成祖 朱棣를 낳고 얼마 안 되어 孝慈高皇에게 시달리다 죽었다. 朱棣(1360-1424)는 太祖의 넷째 아들로 燕王에 봉해졌다.

9 孝慈高皇: 효자고황(1332-1382)은 朱元璋의 馬皇後로 諡號가 孝慈이다.

스러웠다. 더 내려가면 동서로 46석이 늘어서 있었는데, 어떤 자리는 자리가 있고 어떤 자리는 그렇지 않았다. 제기는 대단히 간소하고 소박했다. 주홍빛의 나무 제기 · 나무 술병 · 나무 술잔도 매우 투박했다. 제기에는 고기 세 조각, 곡식 가루 한 꼬집, 쌀 몇 톨, 동과탕冬瓜湯 한 사발뿐이었다. 난각 위에 있는 긴 상에는 구리화로 하나, 작은 젓가락 병 둘, 나무로 만든 술잔 두 개가 있고 아래의 긴 상에는 크고 작은 제물이 하나씩 놓였을 뿐이다. 다른 제사는 혹 다를지 모르지만 내가 본 것은 이와 같았다. 제사 지내기 하루 전, 태상의 관리들은 제사에 쓸 희생물을 가둔 중문을 열고 악기 소리와 깃발로 인도한다. 소와 양이 스스로 나오면 용이 그려져 있는 보자기로 덮었다. 도살장에 도착하면 사방에서 소의 발굽을 묶었다. 태상의 관리가 와서 소를 정면에 세우면 태상의 관리들이 희생물을 향해 읍을 하는데, 끝나기도 전에 소머리는 이미 삶는 곳으로 들어갔다. 다 삶아지자 희생물을 들고 향전으로 갔다. 다음 날 오고五鼓[10]에 위국공魏國公[11]이 와서 제사를 주관하였다. 태상의 관리들은 따라가지 않고 향전에서 서 있었다. 제사를 마치자 소와 양은 이미 부패하여 감히 냄새를 맡을 수 없었다. 평소에도 매일 두 번 제사를 지냈는데 위국공이 제사를 모시니 매일 꼭 와야 했다. 무인戊寅[12]에 나는 취봉사鷲峰寺에 머물고 있었다. 어떤 사람이 효릉 위에 검은 기운이 솟아나 우두牛斗[13]를 뚫은 게 백일

10 五鼓: 五更으로 새벽 3시부터 5시 사이를 말한다.

11 魏國公: 洪武 3년 徐達이 魏國公에 봉해졌고 이후 자손들이 세습하였다.

12 戊寅: 崇禎 11년인 1638년이다.

13 牛斗: 28宿 가운데 牛星과 斗星을 말한다. 전설에 의하면 吳 나라가 멸망하고 晉 나라가 세워질 즈음 우성과 두성 사이에 자줏빛 기운이 있었다고 한다.

이 넘게 이어졌다고 했다. 내가 밤에 일어나 보았더니 그 검은 기운이 보였다. 이때부터 도적들이 창궐하여 곳곳에 경보가 일었다. 임오에 주성국朱成國과 왕응화王應華[14]가 명을 받아 효릉을 수리하면서 삼백 년 된 고목을 다 뽑아 땔감으로 만들고 뿌리를 뽑았다. 그 밑으로 수 장의 구멍이 났는데, 식견이 있는 이가 지맥을 상하게 했고 왕의 기운이 새어 나가게 했다고 하였다. 오늘날 과연 '갑신지변甲申之變'[15]이 일어났으니 왕응화를 참한다 해도 죄를 사하기에 부족하다. 효릉이 망가진 지 280년이다. 올해 청명절에는 보리밥 한 그릇도 올리지 못했으니, 생각하면 눈물만 나고 목이 메인다.

鍾山上有雲氣, 浮浮冉冉, 紅紫間之, 人言王氣, 龍蛻藏焉. 高皇帝與劉誠意, 徐中山, 湯東甌定寢穴, 各志其處, 藏袖中. 三人合, 穴遂定. 門左有孫權墓, 請徙. 太祖曰: "孫權亦是好漢子, 留他守門." 及開藏, 下爲梁志公和尚塔. 真身不壞, 指爪繞身數匝. 軍士輦之, 不起. 太祖親禮之, 許以金棺銀槨, 莊田三百六十, 奉香火, 舁靈穀寺塔之. 今寺僧數千人, 日食一莊田焉. 陵寢定, 閉外羡, 人不及知. 所見者, 門三, 饗殿一, 寢殿一, 後山蒼莽而已. 壬午七月, 朱兆宣簿太常, 中元祭期, 岱觀之. 饗殿深穆, 暖閣去殿三尺, 黃龍幔幔之. 列二交椅, 褥以黃錦, 孔雀翎織正面龍, 甚華重. 席地以氈, 走其上必去舄輕趾. 稍咳, 內

14 朱成國: 朱純臣(?-1644)으로 明 成祖 朝成國公의 후손으로 萬曆 39년에 세습받아 成國公에 봉해졌다. 王應華(1600-1665)의 字는 崇間이고 號는 園長이다. 東莞 사람으로 崇禎 元年(1628)에 進士가 되어 禮部侍郎를 맡았다. 명나라가 망한 뒤 抗清 활동을 하였고 실패하자 은거하였다.

15 甲申之變: 甲申은 崇禎17년인 1644년이다. 이해에 李自成이 北京을 함락시켰고 崇禎帝 朱由檢(1611-1644)은 자금성 북쪽 산에 올라 스스로 목을 매었다. 이렇게 하여 명나라가 멸망하였다.

侍輒叱曰: "莫驚駕!" 近閣下一座, 稍前, 爲碽妃, 是成祖生母. 成祖生, 孝慈皇後妊爲己子, 事甚秘. 再下, 東西列四十六席, 或坐或否. 祭品極簡陋. 朱紅木簋, 木壺, 木酒樽, 甚粗樸. 簋中肉止三片, 粉一鋏, 黍數粒, 東瓜湯一甌而已. 暖閣上一幾, 陳銅爐一, 小筯瓶二, 杯棬二; 下一大幾, 陳太牢一, 少牢一而已. 他祭或不同, 岱所見如是. 先祭一日, 太常官屬開犧牲所中門, 導以鼓樂旗幟, 牛羊自出, 龍袱蓋之. 至宰割所, 以四索縛牛蹄. 太常官屬至, 牛正面立, 太常官屬朝牲揖, 揖未起, 而牛頭已入燖所. 燖已, 舁至饗殿. 次日五鼓, 魏國至, 主祀, 太常官屬不隨班, 侍立饗殿上. 祀畢, 牛羊已臭腐不堪聞矣. 平常日進二膳, 亦魏國陪祀, 日必至云. 戊寅, 岱寓鷲峰寺. 有言孝陵上黑氣一股, 沖入牛斗, 百有余日矣. 岱夜起視, 見之. 自是流賊猖獗, 處處告警. 壬午, 朱成國與王應華奉敕修陵, 木枯三百年者盡出爲薪, 發根, 隧其下數丈, 識者爲傷地脈, 泄王氣, 今果有甲申之變, 則寸斬應華亦不足贖也. 孝陵玉石二百八十二年, 今歲清明, 乃遂不得一盂麥飯, 思之猿咽.

02 보은탑報恩塔[16]

중국의 위대한 골동품이자 영락永樂[17] 시기 위대한 도자기는 바로 보은탑報恩塔이다. 보은탑은 영락 초년에 완성되었는데, 영락제가 가진 개국의 정신과 개국의 물력과 개국의 법령, 그리고 그의 담력·지혜·재능·책략을 쏟아붓지 않았다면 이 탑은 완성될 수 없었다. 보은탑의 위아래에 수백 수천 개의 금강불상金剛佛像이 있었다. 불상 하나에 십여 개의 유리기와 덩어리를 뭉쳐 완성하였는데, 불상의 옷 주름이 하나도 어긋난 게 없었고 얼굴도 터럭만큼의 오차도 없었으며 수염과 눈썹도 조금도 엉성하지 않았다. 서로 맞물린 것이 꼭 들어맞으니, 진실로 귀신과 같은 솜씨였다. 듣자 하니 불상을 구워 완성했을 때 탑 세 개를 준비했는데, 하나는 완성시켰고 나머지 두 개는 땅에 묻어 번호를 달아 표시하였다고 한다. 만일 보은탑의 벽돌 하나가 망가지면 공부工部[18]에 번호를 알려 땅에 묻은 불상에서 벽돌을 가져와 수리하니, 새로 만든 것과 같아졌다. 밤이 되면 꼭 불을 밝혔는데 일 년에 소비한 기름이 대략 수 곡斛[19]이었다. 어느 날 하늘에

---

16 보은탑은 지금의 江蘇省 南京에 있었다. 三國 시기에 지어졌다가 明 成祖 永樂 10년에 중건되었는데 이후 전란으로 훼손되었다.

17 永樂: 明朝의 3대 황제인 成祖 朱棣(1306-1424)의 연호이다. 1403년부터 1424년까지 사용되었다.

18 工部: 六部의 하나로 건축이나 공사와 관련된 업무를 담당하는 행정기관이다.

19 斛: 고대 그릇을 세는 단위이다. 시대마다 용량의 차이가 있는데 원래 10말(斗)

해가 높이 떠 날이 밝아올 무렵 연기가 자욱하게 피어올랐다. 연기가 이리저리 사방으로 흩날렸는데 한줄기 이상한 빛이 그 위를 비추었다. 마치 향 연기가 자욱하게 둘러싼 것 같았는데 반나절이 지나자 비로소 흩어졌다.

영락 시기, 여러 번의 통역을 거치면서 온 이만夷蠻[20]이 백여 국이었다. 그들은 보은탑을 보면 꼭 공손하게 절을 하고 감탄하며 떠났는데, 사대부주四大部洲[21] 안에 없는 탑이라 하였다.

中國之大古董, 永樂之大窯器, 則報恩塔是也. 報恩塔成於永樂初年, 非成祖開國之精神, 開國之物力, 開國之功令, 其膽智才略足以吞吐此塔者, 不能成焉. 塔上下金剛佛像千百億金身. 一金身, 琉璃磚十數塊湊砌成之, 其衣折不爽分, 其面目不爽毫, 其須眉不爽忽, 鬥筍合縫, 信屬鬼工. 聞燒成時, 具三塔相, 成其一, 埋其二, 編號識之. 今塔上損磚一塊, 以字號報工部, 發一磚補之, 如生成焉. 夜必燈, 歲費油若幹斛. 天日高霽, 霏霏靄靄, 搖搖曳曳, 有光怪出其上, 如香煙燎繞, 半日方散.

永樂時, 海外夷蠻重譯至者百有餘國, 見報恩塔必頂禮贊歎而去, 謂四大部洲所無也.

이 1斛였으나 南宋 때 5말로 바뀌었다.

20 夷蠻: 古代 중국의 동쪽과 남쪽의 각 부족을 통칭하는 말이다. 서쪽은 戎, 북쪽은 狄으로 불렀다.

21 四大部洲: 四洲 · 四大洲 · 四天下라고도 한다. 중국 불교에서 須彌山 주변을 네 개의 큰 洲로 나눈 것이다. 즉 동쪽은 勝身洲, 남쪽은 贍部洲, 서쪽은 牛貨洲, 북쪽은 俱盧洲로, 세계 각국을 의미로 한다.

03

천태의 모란天台牡丹

천태天台[22]에는 모란이 많은데 크기가 한 아름 정도 되는 건 보통이었다. 어느 마을에 연노랑색의 모란이 있었는데, 한 그루에 가지가 셋이며 그 크기가 작은 국자만 하고 오성사五聖祠[23] 앞에 피었다. 가지와 잎이 무성하고 들쭉날쭉하며 처마 위까지 높이 자라 세 칸짜리 집을 다 덮을 정도였다. 꽃이 필 때면 수십 송이가 피었는데 거위·꾀꼬리·소나무 꽃·삶은 밤과 같은 색깔이 피었다. 꽃술이 겹겹이 겹쳐 무성하고 꽃망울도 아름다웠다. 현지 사람들은 그 바깥에 천막을 치고 희극 공연 네댓 개를 하였고 빙빙 돌며 춤을 추어 화신花神을 즐겁게 하였다.

누군가 조금이라도 꽃을 상하게 하면 즉시 기이한 재앙이 닥쳤다. 현지 사람들은 경계하고 상하게 하지 않으니 이러한 까닭에 꽃이 무성히 오래 피었다.

天台多牡丹, 大如拱把, 其常也. 某村中有鵝黃牡丹, 一株三幹, 其大如小門, 植五聖祠前. 枝葉離披, 錯出簷甃之上, 三間滿焉. 花時數十朵, 鵝子, 黃鸝, 松花, 蒸栗, 萼樓穰吐, 淋漓簇遝. 土人於其外搭棚

---

22 天台: 지금의 浙江省에 위치한 天台山이다.

23 五聖祠: 본문에서 오성사의 정확한 위치는 알 수 없지만, 일반적으로 당시 민간에서 여러 신을 한 사당에서 모셨던 곳이었다.

演戲四五台, 婆娑樂神.

有侵花至漂發者, 立致奇祟. 土人戒勿犯, 故花得蔽芾而壽.

04

김유생 화초金乳生草花[24]

김유생은 화초 심는 것을 좋아했다. 살고 있는 집 앞에는 공터가 있었는데 작은 강을 경계로 삼았다. 김유생은 강가에 세 칸짜리 작은 집을 짓고 그 집터를 북쪽으로 넓혔는데, 반듯하게 만들지 않고 길쭉하게 만들어 대울타리를 왼쪽에 세웠다. 북쪽이 길거리와 접해 있어 흙으로 담장을 만들고 담장 안에 곱게 단청한 난간을 만들어 그 부지를 보호했다. 더 앞으로는 또 돌을 쌓아 화단을 만들었는데 길이가 한 장丈이 넘었고 약간 좁았다. 난간 앞에 나산석螺山石[25]으로 쌓은 산은 여러 층으로 쪼개진 것 같아 그림 같은 정취가 있었다. 화초와 나무 백여 종을 섞어 심었는데 색이 짙은 것, 옅은 것, 간격이 듬성듬성한 것, 빽빽한 것까지 하나같이 정취가 있었다.

봄이면 양귀비와 개양귀비가 주가 되고 춘란·말리꽃·결명이 보좌한다. 늦은 봄에는 작약이 주가 되고 시계풀·망우초·자란·노린재나무가 보좌한다. 여름에는 패랭이꽃과 건란이 주가 되고 접시꽃·오사국烏斯菊·석결명石決明·말리·두약·다란이 보좌한다. 가을에는 국화가 주가 되고 전추사剪秋紗[26]·닥풀·부자附子·만수부용

24 金乳生: 자세한 생애는 알 수 없지만 이 문장을 통해 그가 원예를 잘 가꾸는 인물임을 알 수 있다.

25 螺山石: 雲南省 昆明의 동북쪽에 위치한 圓通山의 돌이다.

26 剪秋紗: 漢宮秋라고도 한다. 패랭이꽃보다 약간 크고 화판이 연보라색이다.

萬壽芙蓉·비름·추해당·색비름·계관雞冠이 보좌한다. 겨울에는 수선화가 주가 되고 월계화가 보좌한다. 그 목본이 자백정향紫白丁香·녹악綠萼[27]·다육식물·새양나무·개아그배나무,·동백나무·일단日丹·흰 배꽃과 같은 것들은, 담장 꼭대기나 집 모퉁이에 심으면 강렬한 해를 가릴 수 있다.

김유생은 체질이 약하고 병이 많아 아침에 일어나 씻거나 빗질을 하지 않고 기어서 계단을 내려가 깍지벌레를 잡고 굼벵이를 없앴다. 화초가 비록 수백 수천 종이 있다 해도 하루에 한 번은 반드시 다 돌아보았다. 화초의 끝을 메마르게 하는 건 불개미이고, 가지를 좀 먹는 건 지렁이이며, 뿌리를 상하게 하는 건 지렁이와 민달팽이이고, 잎을 병들게 하는 자벌레와 고슴도치이다. 불개미는 말린 생선 뼈와 자라 껍데기를 옆에 두고 유인하여 제거했다. 지네는 마로 감싼 젓가락 끝을 이용하여 집어냈다. 민달팽이는 한밤중에 조용히 등불을 켜서 죽였다. 지렁이는 석회수를 강물에 부어 해결했다. 고슴도치는 말똥물로 죽였다. 자벌레는 쇠를 갈아 줄을 만들어 구멍을 찾았다. 이 모든 일을 직접 처리했는데 비록 손이 얼어 갈라지고 햇볕에 이마가 타더라도 개의치 않았다. 청제青帝[28]가 그의 근면함을 좋아하여 최근 영지靈芝 세 뿌리를 생산하게 했으니, 길조이다.

金乳生喜蒔草花. 住宅前有空地, 小河界之. 乳牛瀕河構小軒三間, 縱其趾於北, 不方而長, 設竹籬經其左. 北臨街, 築土牆, 牆內砌花欄

27 綠萼: 綠繡球라고도 하는데, 화판이 녹색이고 가는 꽃받침 모양이다.

28 青帝: 五方神將의 하나로, 봄에 해당하는 동쪽의 신이다

護其趾. 再前, 又砌石花欄, 長丈余而稍狹. 欄前以螺山石壘山披數折, 有畫意. 草木百余本, 錯雜蒔之, 濃淡疏密, 俱有情致.

春以罌粟, 虞美人爲主, 而山蘭, 素馨, 決明佐之. 春老以芍藥爲主, 而西番蓮, 土萱, 紫蘭, 山礬佐之. 夏以洛陽花, 建蘭爲主, 而蜀葵, 烏斯菊, 望江南, 茉莉, 杜若, 珍珠蘭佐之. 秋以菊爲主, 而剪秋紗, 秋葵, 僧鞋菊, 萬壽芙蓉, 老少年, 秋海棠, 雁來紅, 矮雞冠佐之. 冬以水仙爲主, 而長春佐之. 其木本如紫白丁香, 綠萼, 玉碟, 蠟梅, 西府, 滇茶, 日丹, 白梨花, 種之牆頭屋角, 以遮烈日.

乳生弱質多病, 早起不盥不櫛, 蒲伏階下, 捕菊虎, 芟地蠶, 花根葉底, 雖千百本, 一日必一周之. 蝕頭者火蟻, 瘠枝者黑蚰, 傷根者蚯蚓, 蜒蝣, 賊葉者象幹, 毛蝟. 火蟻, 以鯗骨, 鱉甲置旁引出棄之. 黑蚰, 以麻裹筯頭捋出之. 蜒蝣, 以夜靜持燈滅殺之. 蚯蚓, 以石灰水灌河水解之. 毛蝟, 以馬糞水殺之. 象幹蟲, 磨鐵線, 穴搜之. 事必親歷, 雖冰龜其手, 日焦其額, 不顧也. 青帝喜其勤, 近產芝三本, 以祥瑞之.

05

일월호日月湖

영파부寧波府[29] 성안 남문 근처에 일월호日月湖가 있다. 일호日湖는 둥글고 좀 작아서 '일호'라 하였고 월호月湖는 길고 넓어서 '월호'라 하였다. 두 호수는 고리처럼 이어져 있었고 중간에 둑이 하나 있으며 작은 다리가 그 위를 이었다. 일호에는 하소감(賀少監)[30]의 사당이 있다. 계진[季真, 역자주 하지장의 字]은 조복朝服을 입고 수대綬帶[31]를 매어 도사道士의 기풍이라곤 조금도 없었다. 사당 안에 새겨진 당唐 원종元宗[32]의 시詩 〈전행餞行〉이 그를 영예롭게 하였다. 계진은 감호鑒湖[33]로 돌아가 노년을 보내겠다 청했는데, 그때가 이미 80세가 넘었다. 그가 쓴 〈회향回鄉〉이란 시時에 "어려서 떠난 고향 늙어서 돌아오니, 고향의 소리는 변한 게 없는데 머리만 희었구나. 아이들 서로 만났지만 알아보지 못하고, 손님은 어디서 왔냐고 웃으며 묻는다."라

29 寧波府: 지금의 浙江省 寧波이다.

30 賀少監: 唐代의 유명한 詩人 賀知章(659-744)이다. 하지장의 字는 季真이고 만년에 號를 四明狂人이라 했으며, 越州永興(지금의 浙江省 蕭山) 사람이다. 秘書監을 비롯 禮部侍郎 등의 관직을 지냈고 天寶 3년(744)에 고향으로 돌아갔고 같은 해에 사망했다.

31 綬帶: 옛날 인장을 매는 끈이다.

32 唐 元宗: 唐 玄宗 李隆基(683-762)이다. 清 康熙 황제 玄燁(1654-1722)에 대한 피휘로 '玄'을 '元'으로 적었다.

33 鑒湖: 장대가 말한 日月湖이다. 일월호는 鏡湖 · 長湖 · 慶湖 등 여러 가지 명칭으로 불린다.

고 하였다. 팔순 노인이 되어 돌아왔으니 이르다고 할 수 없지만, 당시 사람들은 급변하는 상황 속에서 용기 있게 물러났다고 옛날부터 지금까지 전하였다. 계진은 일찍이 약을 파는 왕씨王氏 노인을 찾아가 신선술을 구한다며 가지고 간 진주 한 알을 주었다. 왕씨 노인은 전병을 파는 이가 지나가는 모습을 보고 진주를 전병과 바꾸었다. 계진은 감히 말을 하지 못했지만 무척 아까워했다. 왕씨 노인이 "아까워하는 마음을 버리지도 못하면서 어찌 도술을 얻겠소!"라고 하였다. 그러고는 진주를 돌려주고 가버렸다. 즉 계진은 그야말로 부귀영화 속에 사는 사람이었을 뿐이다. 《당서唐書》에서 그를 〈은일전隱逸傳〉에 수록한 것도 적합하지 않다.

월호는 깊고 넓으며 물이 맑고 깨끗하며 영파부 남성南城까지 흐른다. 남성 아래는 복숭아나무와 버드나무를 빽빽이 심어 월호 기슭의 사방을 에워싸고 또 사이사이 이름난 꽃과 과실나무를 심어 월호를 둘러싼다. 월호 가운데 즐비한 것은 모두 사대부들의 정자였다. 누대는 기울어졌고 정자도 무너졌지만 소나무와 돌만은 그대로 남아 있다. 돌 위에 능소淩霄[34] 넝쿨이 있었는데 큰 것은 대략 백 년 이상 되어 보였다. 사명四明[35]의 관리들은 전답과 집은 그 자손에게 물려주고 정자는 자신이 가졌다. 평천장平泉莊[36]의 돌과 나무도 대부분 저녁에

34 淩霄: 여름과 가을에 피는 종모양의 꽃으로, 紫葳라고도 한다.

35 四明: 과거 寧波府의 별칭이다. 영파부 안에 四明山이 있어서 생긴 별칭이다. 사명이란 명칭은, 전설에 따르면 산 위에 네모난 돌이 있었는데 사면이 마치 창 같이 생겼고 그 가운데에 햇볕과 달빛과 별빛이 통한다 하여 붙여졌다.

36 平泉莊: 唐 李德裕(787-850, 字 文饒)이 낙양 동쪽에 만든 정원이다. 이덕유는 평천장을 만들고 조경을 꾸민 뒤 후손에게 이르길, "평천장을 파는 자는 내 후손이 아니다. 평천장의 나무 한 그루 돌 하나라도 남에게 주는 자 역시 훌륭한 자손이

는 초楚나라 것이었다가 아침에는 진秦나라 것이 되는 듯 이리저리 옮겨졌으니, 정원 역시 잠시 머물 뿐이었다. 마치 여관이나 관아처럼 말이다. 도적수屠赤水[37]의 사라관娑羅館 또한 사라나무[38]만 남았다. 이른바 설랑雪浪[39]이라 불린 돌도 누군가의 정원으로 옮겨진 지 오래다.

청명절에 두 호수에는 유람선이 넘치는데 다리가 작으니 배가 클 수 없었다. 성벽 아래 조금 넓은 터에 복숭아꽃과 버드나무가 흐드러지게 피었고, 유람객들은 자리를 펴고 앉아 술을 마시고 노래를 불렀는데 노랫소리는 오직 〈서호西湖〉 한 곡만이 들려왔다.

寧波府城內, 近南門, 有日月湖. 日湖圓, 略小, 故日之; 月湖長, 方廣, 故月之. 二湖連絡如環, 中亙一堤, 小橋紐之. 日湖有賀少監祠. 季真朝服拖紳, 絕無黃冠氣象. 祠中勒唐元宗餞行詩以榮之. 季真乞鑒湖歸老, 年八十余矣. 其回鄉詩曰: "幼小離家老大回, 鄉音無改鬢毛衰. 兒孫相見不相識, 笑問客從何處來?" 八十歸老, 不爲早矣, 乃時人稱爲急流勇退, 今古傳之. 季真曾謁一賣藥王老, 求沖舉之術, 持一珠

아니다.(鬻平泉者, 非吾子孫也. 以平泉一樹一石與人者, 非佳也.)"라고 하였다. 그러나 이덕유가 죽자 정원의 진귀한 꽃과 돌은 여러 사람 손에 들어갔다고 한다.

37 屠赤水: 明代 희곡작가로 유명한 屠隆(1542-1605)이다. 도륭의 字는 長卿이고 號가 赤水이며 鄞縣(지금의 浙江省 寧波) 사람이다. 도륭은 사라관과 관련하여 《娑羅館清言》, 《續娑羅館清言》 같은 저서를 남겼다.

38 娑羅: 사라는 梵語로 '단단한 나무'라는 뜻이다. 불교에서 부처가 사라나무 숲에서 열반에 들었다는 이야기가 전해진다. 주로 따뜻한 곳에서 자라는 반 낙엽성인 작은키나무이다.

39 雪浪: 河北省 定州에서 나오는 돌이다. 설랑석은 재질이 단단하고 검은 바탕에 흰 맥이 또렷한데 대체로 바탕이 검거나 회색이고 원석이 노출된 부분은 황갈색을 띤다. 宋代 文人 蘇軾(1037-1101)이 사랑하던 돌로 알려져 있다.

貽之. 王老見賣餠者過, 取珠易餠. 季真口不敢言, 甚懊惜之. 王老曰: "慳吝未除, 術何由得!" 乃還其珠而去. 則季真直一富貴利祿中人耳. 唐書入之隱逸傳, 亦不倫甚矣.

月湖一泓汪洋, 明瑟可愛, 直抵南城. 城下密密植桃柳, 四圍湖岸, 亦間植名花果木以縈帶之. 湖中櫛比者皆士夫園亭, 台榭傾圮, 而松石蒼老. 石上淩霄藤有斗大者, 率百年以上物也. 四明縉紳, 田宅及其子, 園亭及其身. 平泉木石, 多暮楚朝秦, 故園亭亦聊且爲之, 如傳舍衙署焉. 屠赤水娑羅館亦僅存娑羅而已. 所稱"雪浪"等石, 在某氏園久矣.

清明日, 二湖遊船甚盛, 但橋小船不能大. 城牆下趾稍廣, 桃柳爛漫, 游人席地坐, 亦飮亦歌, 聲存西湖一曲.

06

금산에서의 밤 공연金山[40]夜戲

숭정崇禎 2년[41] 중추절 다음 날, 나는 진강鎭江에서 연兗[42]으로 갔다. 일포日晡[43]즈음 북고北固[44]에 이르러 강 입구에 배를 대었다. 달빛이 자루에서 쏟아지듯 강으로 빠져 들어갔다. 강 위의 파도는 삼켰다 내뱉었다 하며 이슬 먹은 공기를 빨아들였다가 다시 하늘을 향해 하얗게 뿜어냈다. 난 매우 놀라면서도 기뻤다. 배를 옮겨 금산사金山寺[45]에 가니 이미 이경二更[46]이 지났다. 용옥당龍王堂을 지나 대전大殿에 들어가니 전부 칠흑같이 어둡고 조용했다. 숲속에서 달빛이 새어 나왔는데 희미한 게 마치 녹지 않은 눈 같았다. 나는 어린 노복을 불러 공연 도구를 가져오게 하고 대전의 등불을 모두 켜고 〈한기왕금산급장강대전韓蘄王金山及長江大戰〉[47]과 여러 극을 부르게 했다. 징과 북소리가 시끌벅적하게 뒤섞이자 온 절의 사람들이 모두 일어나

40 金山: 지금의 江蘇省 鎭江 서북쪽에 위치한 산으로, 유명한 사찰인 金山寺가 있다.
41 崇禎 2년: 1629년이다.
42 兗: 山東省 서남쪽의 兗州이다.
43 日晡: 오후 3시에서 5시로 申時를 말한다.
44 北固: 江蘇省 鎭江 북쪽에 위치한 北固山을 말한다.
45 金山寺: 동진 진강 서북쪽 금산 위에 있는 절
46 二更: 밤 9시에서 11시 사이를 말한다.
47 한기왕은 송나라 명장 韓世忠(1089-1151, 字 良臣)을 말한다. 그는 延安(지금의 陝西省 綏德) 사람으로 1130년에 鎭江 부근에서 8천 명의 수군으로 금나라 대장 兀朮이 이끄는 10만 대군을 막아 장강 연안을 지켰다. 사후에 蘄王으로 추봉되었다.

보았다. 한 노승은 손등으로 눈꺼풀을 비비며 입을 크게 벌렸는데 하품과 재채기, 웃음이 한꺼번에 나왔다. 그는 천천히 눈을 들어 누구인지 무슨 일로 왔고 언제 왔는지를 살펴보면서도 감히 묻지 못했다. 공연이 끝나자 동이 틀 무렵이 되어 우리는 닻줄을 풀고 강을 건넜다. 금산사의 중이 산기슭까지 따라와 한참 동안 눈으로 배웅했지만 우리가 사람인지, 괴물인지, 귀신인지 알지 못했다.

崇禎二年中秋後一日, 余道鎭江往兗. 日晡, 至北固, 艤舟江口. 月光倒囊入水, 江濤呑吐, 露氣吸之, 噀天爲白. 余大驚喜. 移舟過金山寺, 已二鼓矣. 經龍王堂, 入大殿, 皆漆靜. 林下漏月光, 疏疏如殘雪. 余呼小傒攜戲具, 盛張燈火大殿中, 唱韓蘄王金山及長江大戰諸劇. 鑼鼓喧填, 一寺人皆起看. 有老僧以手背撥眼翳, 翕然張口, 呵欠與笑嚏俱至. 徐定晴, 視爲何許人, 以何事何時至, 皆不敢問. 劇完將曙, 解纜過江. 山僧至山腳, 目送久之, 不知是人, 是怪, 是鬼.

07
균지정筠芝亭

균지정은 수수한 하나의 정자일 뿐이다. 그러나 정자를 다 짓자 균지정이 있는 산의 공사도 완성되었다. 우리 집 뒤에도 이런 정자를 지었지만 균지정에 미치지 못했다. 이후에 지어진 이 정자의 누각·방·서재 또한 균지정에 미치지 못했다. 결국 누각 하나를 늘리면 정자에 누각이 하나 늘어서 생긴 단점이 있었고 담장 하나를 더 늘리면 정자에 담장이 하나 늘어서 생긴 단점이 있었다. 태부공太仆公[48]께서는 이 정자를 완성하신 뒤 정자의 바깥에 서까래 하나 기와 하나를 보태지 않으셨고 정자의 안으로도 난간 하나 문짝 하나를 만들지 않으셨으니, 여기에 그의 뜻이 있었다. 균지정의 앞뒤에 태부공께서 직접 심은 나무가 있는데 한 아름이 넘어 청명한 나무 그늘을 만들어 주었다. 가벼운 산바람이 불어오면 안개가 자욱하고 푸른 기운이 감돌아 마치 가을 물 같았다. 정자 앞 돌층계를 오르면 정자의 경물을 잘 볼 수 있다. 높은 곳에 올라 멀리 바라보니 눈 앞에 펼쳐진 세계가 환하게 빛났다. 경정산敬亭山[49]과 여러 산의 산자락이 두 다리

48 太仆公: 장대의 高祖父 張天復(1513-1573)이다. 字는 復亨이고 號는 內山이다. 嘉靖26년에 進士가 되어 雲南按察司副使, 太仆寺卿 등의 관직을 지냈다.

49 敬亭山: 安徽省 宣城 북쪽에 위치한 산으로 원래 이름은 昭亭山이었는데 晉 때 피휘하여 敬亭山으로 바꾸었다. 南齊 謝朓의 〈遊敬亭山〉과 唐 李白의 〈獨坐敬亭山〉같은 작품에 등장하여 더욱 유명해졌다.

를 뻗고 앉아 있는 듯하고 시냇물과 계곡물이 소용돌이쳐 소나무 잎 위로 물이 흘러나오는 것 같았다. 층계 아래에서 오른쪽으로 돌면 굽은 돌다리가 구불구불하고 낡은 소나무가 줄기를 구부리고 서 있었다. 나무 꼭대기에서 줄기 하나를 드리웠는데 그 모습이 마치 작은 깃발 같았다. 작은 가지는 뒤엉켜 구불구불하니 서로 감싸고 빙빙 돌며 덮는 모양이 마치 손잡이가 구부러진 일산日傘 같았다. 계축癸丑[50] 전에 균지정에는 담장도 돌층계도 없어 소나무의 정취는 더욱 시원스러웠다.

筠芝亭, 渾樸一亭耳. 然而亭之事盡, 筠芝亭一山之事亦盡. 吾家後此亭而亭者, 不及筠芝亭; 後此亭而樓者, 閣者, 齋者, 亦不及. 總之, 多一樓, 亭中多一樓之礙; 多一牆, 亭中多一牆之礙. 太仆公造此亭成, 亭之外更不增一椽一瓦, 亭之內亦不設一檻一扉, 此其意有在也. 亭前後, 太仆公手植樹皆合抱, 清樾輕嵐, 滃滃翳翳, 如在秋水. 亭前石台, 躐取亭中之景物而先得之, 升高眺遠, 眼界光明. 敬亭諸山, 箕踞麓下; 溪壑縈回, 水出松葉之上. 台下右旋, 曲磴三折, 老松僂背而立, 頂垂一幹, 倒下如小幢, 小枝盤鬱, 曲出輔之, 旋蓋如曲柄葆羽. 癸丑以前, 不垣不台, 松意尤暢.

50 癸丑: 萬曆 41년인 1613년이다.

08

교원礄園[51]

교원礄園은 수반水盤에 자리하여 물의 쓰임을 얻었는데 또 어찌 잘 배치하여 마치 물이 없는 것처럼 하였다. 수화당壽花堂은 제방 · 소미산小眉山 · 천문대天問臺 · 죽경竹徑을 경계로 굴곡지고 길다라니, 이는 물을 이용한 것이다. 안채는 하상헌霞爽軒 · 감수酣漱 · 장랑長廊 · 소곡교小曲橋 · 동쪽 울타리로 분리되어 깊고 그윽하니, 이는 물을 이용한 것이다. 연못은 노향정纑香亭 · 매화선梅花禪으로 나뉘어 조용하고 한적하니, 이는 물을 이용한 것이다. 성을 따라 정륙거貞六居 · 무루암無漏庵 · 채원菜園 · 주변의 작은 집들이 둘러싸여 아늑하고 편안하니, 이는 물의 쓰임을 극진하게 한 것이다. 이 물의 빛깔을 보면 방공지龐公池[52]에서 나온 물이다. 방공지는 남이 버린 물을 내가 취한 것으로, 오로지 교원만을 향하게 하였다. 눈으로 다른 곳은 보지 않았고 마음으로 다른 곳은 가지 않았으며 입으로는 다른 곳은 허락하지 않았다. 용산龍山[53]은 지네같이 구불구불한 길을 가야 하지만 물은 그대로 두었다. 사람들이 교원이 물을 잘 이용했다고 칭찬했으니

---

51 礄園: 장대의 조부 張汝霖(1561-1625)이 만년에 지은 정원이다. 장여림의 字는 肅之이고 號는 雨若이며 兵部主事를 지냈다.

52 龐公池: 浙江省 紹興 臥龍山의 서쪽에 위치한다. 《陶庵夢憶》 권7에 〈龐公池〉가 있다.

53 龍山: 浙江省 紹興 서쪽에 위치한 산으로 누운 용과 같은 형상이라 臥龍山이라고도 한다.

결국 물의 힘을 얻은 것이다. 대부大父[54]께서 살아 계실 적 교원은 무척 화려했다. 두 노인이 교원을 어슬렁거리다가 한 노인이 "봉래蓬萊나 낭원閬苑[55]같구먼!"이라 하자 다른 노인이 부정하며, "거기가 어찌 이렇겠나!"라 하였다.

> 礄園, 水盤據之, 而得水之用, 又安頓之若無水者. 壽花堂, 界以堤, 以小眉山, 以天問臺, 以竹徑, 則曲而長, 則水之; 內宅, 隔以霞爽軒, 以酣漱, 以長廊, 以小曲橋, 以東籬, 則深而邃, 則水之. 臨池, 截以鱸香亭, 梅花禪, 則靜而遠, 則水之. 緣城, 護以貞六居, 以無漏庵, 以菜園, 以鄰居小戶, 則閟而安, 則水之用盡, 而水之意色, 指歸乎龐公池之水. 龐公池, 入棄我取, 一意向園, 目不他矚, 腸不他回, 口不他諾, 龍山夒蜺, 三摺就之, 而水不之顧. 人稱礄園能用水, 而卒得水力焉. 大父在日, 園極華縟. 有二老盤旋其中, 一老曰: "竟是蓬萊閬苑了也!" 一老咈之曰: "個邊那有這樣!"

54 大父: 장대의 祖父 張汝霖을 말한다.

55 전설에 의하면 蓬萊는 신선이 살던 곳이고 閬苑은 西王母가 살던 곳인데 나중에 둘 다 신선이 사는 곳을 가리키는 말로 사용되었다.

09

봉문의 하탕葑門荷宕[56]

천계天啟 임술壬戌[57] 6월 24일, 우연히 소주蘇州에 갔는데 남녀가 성안에서 나와 봉문葑門 밖 하화탕荷花宕으로 모이는 모습을 보았다. 누선樓船과 화방畫舫[58]에서부터 고기잡이 거룻배와 작은 배까지 모두 남김없이 찾아 빌렸다. 먼 곳에서 놀러 온 손님이 수만 전錢을 가져와도 배를 구할 수 없었으니, 마치 언덕 위에서 개미가 제자리 돌듯 초조해 했다. 내가 배를 타고 가서 보니 하나도 볼만한 게 없었다. 하화탕에서 큰 배는 세로지르고 작은 배는 가로지르며 다녔고, 놀러 온 부잣집 자제들이 가벼운 배에 올라 악기를 연주하며 베틀 북을 짜듯 오갔다. 배에 탄 미인들은 모두 곱게 화장하고 엷은 빛깔의 옷을 입었는데, 어깨가 부딪치고 신발이 맞닿아 겹쳐 입은 비단옷에 땀이 베었다. 배를 젓는 노의 우수함은 미는 것이고, 음악의 우수함은 섞이는 것이며, 남녀의 우수함은 혼잡한 것이다. 더위가 기승을 부려 타오를 듯 뜨겁고 온종일 끓어올랐다. 하화탕은 일 년 내내 인적이 없었지만 이날만은 남녀 모두 신발을 끌고 나왔으니, 나오지 않으면

---

56 葑門: 지금의 江蘇省 蘇州 동쪽에 있다. 원래는 封門이라 했는데 葑(순무)이 많이 나는 곳이라 봉문으로 바뀌었다. 宕은 蕩의 通假字로, 저수지란 뜻이다.

57 天啟壬戌: 天啟 2년인 1622년이다.

58 樓船은 누각처럼 여러 층의 건물이 있는 놀잇배이고 畫舫은 화려하게 장식한 배를 말한다. 둘 다 비교적 규모가 큰 배이다. 《陶庵夢憶》 권8에 〈樓船〉이 수록되어 있다.

창피하다고 여겼다. 원석공袁石公[59]은 "남녀가 뒤섞여 찬란한 광경이 펼쳐지는데 이루 다 형언할 수 없을 정도이다. 대부분 휘장을 걷으면 온갖 꽃들이 다투어 웃고, 소매를 들면 어지럽게 뜬 구름이 협곡을 나오며, 부채를 부치면 별이 흐르고 달이 비추며, 노래를 들으면 우레가 치고 파도가 내달린다."라고 하였다. 호구虎丘[60] 중추절 밤에는 은근히 숨고 피해야 해서 한스러웠기에 이날이 되자 밝은 곳에서 환하게 드러내고 노는 것이다.

天啟壬戌六月二十四日, 偶至蘇州, 見士女傾城而出, 畢集於葑門外之荷花宕. 樓船畫舫至魚艣小艇, 雇覓一空. 遠方遊客, 有持數萬錢無所得舟, 蟻旋岸上者. 余移舟往觀, 一無所見. 宕中以大船爲經, 小船爲緯, 游冶子弟, 輕舟鼓吹, 往來如梭. 舟中麗人皆倩妝淡服, 摩肩簇舄, 汗透重紗. 舟楫之勝以擠, 鼓吹之勝以雜, 男女之勝以溷, 歊暑燂爍, 靡沸終日而已. 荷花宕經歲無人跡, 是日, 士女以鞋靸不至爲恥. 袁石公曰: "其男女之雜, 燦爛之景, 不可名狀. 大約露幃則千花競笑, 舉袂則亂雲出峽, 揮扇則星流月映, 聞歌則雷輥濤趨." 蓋恨虎丘中秋夜之模糊躲閃, 特至是日而明白昭著之也.

---

59 袁石公: 袁宏道(1568-1610)로 字는 中郎이고 號가 石公이다. 湖廣 公安(지금의 湖北省 公安) 사람이다. 明代 公安派의 대표인물로 復古에 반대하고 性靈說을 주장했다. 원굉도는 형 袁宗道와 아우 袁中道를 합해 三袁이라 불린다. 본문에 인용된 글은 원굉도의 〈荷花蕩〉의 일부이다.

60 虎丘: 지금의 江蘇省 蘇州市 閶門 밖 山塘街에 있다. 春秋시기 吳王 夫差가 부친을 묻었는데 장사를 지내고 사흘 뒤 흰 호랑이가 그 위에 웅크리고 있었다고 전해진다. 《陶庵夢憶》 권5에 〈虎丘中秋夜〉가 수록되어 있다.

10

월의 성묘 풍습越俗掃墓

월越[61] 지역의 청명절 성묘 풍습은 남녀가 모두 화려한 옷을 입고 꽃단장을 하고 아름답게 장식한 놀잇배에 올라 악기를 연주하는 것이다. 마치 항주 사람들이 서호西湖를 유람하면서 죽은 조상보다 산 사람을 더 중요하게 여기듯 했으니, 모두 일상적인 일이었다. 20년 전, 중산층 집안에서는 일찍이 평수平水 옥책선屋幘船에[62] 남녀를 나눠 태웠다. 배에 타지 않으면 음악을 연주하지 않았다. 선배들이 우스갯소리로 "남녀를 맺어주려는 뜻이오."라고 하였다. 나중에는 점점 화려해졌고 문지기처럼 가난한 집안에서도 남녀는 꼭 나눠 배에 태웠다. 반드시 두건을 썼으며 반드시 악기를 연주하였다. 또 반드시 술을 진탕 마시고 환호하였다. 오후에는 반드시 가까운 사찰과 사대부 집안의 화원을 유람하였다. 악기를 연주하며 성에 다다르면 반드시 〈해동청海東靑〉이나 〈독행천리獨行千里〉 같은 곡을 연주하였는데 징소리와 북소리가 뒤섞였다. 술 마시는 무리들이 점점 취기

---

61 越: 지금의 浙江省 일대이다.

62 平水: 시장이름으로 지금의 浙江省 紹興 남쪽에 위치한다. 屋幘船은 장막이 드리워진 배를 말한다. 周作人은 〈上墳船〉에서 이 구절에 대해 다음과 같은 의견을 남겼다. "평수옥책선은 무엇인지 모르겠다. 평수는 자연히 지명일 텐데 옥책선은 들어본 적이 없는 말이다. 아마도 田莊船과 같이 면적이 작은 배라 남녀를 나눠 태울 수 없었을텐데 분명하지 않다.(平水屋幘船不知是何物, 平水自然是地名, 屋幘船則後來不聞此語, 若是田莊船, 容積不大, 未必能男女分兩截坐, 疑不能明.)"

가 오르면 꼭 두건을 흔들며 이마와 머리를 드러내고 마음대로 홍얼거렸다. 혹자는 배에서 팔을 휘두르며 무리와 드잡이를 하고 하인을 때렸다. 2월 초하루부터 하지夏至에 이르기까지 온 성과 나라가 매일 이런 광경이었다. 을유乙酉[63]에 전쟁이 일어나 강을 사이에 두고 대치하였다. 물고기를 잡는 작은 배건 마름모꼴의 배건 모두 빼앗겨 버렸고 무덤은 수십 리里까지 이어졌다. 자손 여럿은 물고기와 고기를 굽고 지전을 태우며 무리를 지어 오갔고, 부녀자들은 성을 떠나지 못한 지가 삼 년이 흘렀다. 쓸쓸하고 처량하니 이 또한 극에 달하면 반드시 원점으로 돌아가는 일 중 하나이리라.

越俗掃墓, 男女袨服靚妝, 畫船簫鼓, 如杭州人游湖, 厚人薄鬼, 率以爲常. 二十年前, 中人之家尚用平水屋幘船, 男女分兩截坐, 不坐船, 不鼓吹. 先輩謔之曰: "以結上文兩節之意." 後漸華靡, 雖監門小戶, 男女必用兩坐船, 必巾, 必鼓吹, 必歡呼暢飲. 下午必就其路之所近, 游庵堂寺院及士夫家花園. 鼓吹近城, 必吹海東青, 獨行千里, 鑼鼓錯雜. 酒徒沾醉, 必岸幘囂嚎, 唱無字曲, 或舟中攘臂, 與儕列厮打. 自二月朔至夏至, 填城溢國, 日日如之. 乙酉, 方兵劃江而守, 雖魚艤菱舠, 收拾略盡. 墳壟數十里而遙, 子孫數人挑魚肉楮錢, 徒步往返之, 婦女不得出城者三歲矣. 蕭索凄涼, 亦物極必反之一.

63 乙酉: 清 順治 2년인 1645년이다.

11

분운석奔雲石

남병南屏[64]의 돌은 '분운奔雲'보다 뛰어난 것이 없다. 분운석은 그 이름과 같은 정취는 있으나 그 이치는 없었다. 분운석은 마치 한 송이의 전차滇茶[65]가 비바람을 맞고 떨어져 절반은 흙에 묻히고 화판만 아슬아슬하게 남아 서너 겹으로 접혀 있는 것 같았다. 사람이 그 사이를 지나가면 화심花心에 나비가 들어간 듯 달리 꾸밀 필요가 없었다. 황우용黃寓庸[66]선생이 여기에서 글을 읽으셨는데 사방에서 천여 명의 제자가 몰려 문 앞이 시장 같았다. 나도 어려서부터 조부를 따라 선생을 방문하였다. 선생의 얼굴은 새까맣고 수염이 많아 볼에도 털이 있었다. 강 같은 깊은 눈과 바다 같은 넓은 입, 모난 눈썹과 교량같은 코를 가지셨고 입만 열면 웃으셨다. 교제를 청하면 팔방으로 응답하셨다. 귀로는 손님의 말을 경청하시고, 눈으로는 가져온 편지를 읽으셨으며, 손으로 답신을 쓰셨고, 입으로 노복에게 분부를 내리셨는데, 앞에서 소란을 피워도 작은 실수조차 하신 적이 없었다.

---

64 南屏: 지금의 浙江省 杭州 西湖 남쪽에 위치한 南屏山이다. 남병은 병풍을 펼쳐 막은 형상이라는 뜻이다.

65 滇茶: 雲南省에서 나는 차의 일종이다.

66 黃寓庸: 황우용은 장대의 조부 張汝霖의 친구 黃汝亨(1558-1626)이다. 장대가 조부를 따라 그에게 가르침을 받은 적이 있다. 황여형의 字는 貞父이고 號가 寓庸이다. 仁和(지금의 浙江省 杭州) 출신으로 관직이 禮部郎中에까지 이르렀다. 저서로 《天目記遊》·《寓林集》·《寓庸遊記》 등을 남겼다.

손님이 오면 귀천을 막론하고 고기며 밥이며, 음식을 내어 먹이시고 밤이 되면 함께 주무셨다. 하루는 내 서기書記[67] 하나가 선생께 간 적이 있었다. 서기의 행색이 매우 더러웠지만 선생께서 재우고 먹이심이 다르지 않아 내 깊이 탄복한 적이 있었다.

병인丙寅[68]에 무림武林[69]에 갔는데 정자가 무너졌다. 집에 선생의 유해를 매장했는데 수많은 사람들이 선생을 그리워했다. 내가 보니 분운석이 검은 윤기가 나고 빛깔이 사라지지 않아, 손님에게 "원컨대 여기에 방 한 칸 빌려 돌을 쌓아 문으로 삼고 그 아래에 앉거나 누우면 가히 십 년은 나가지 않아도 되겠구려."라고 하였다. 손님이 "도둑이 있습니다."라고 하였다. 내가 "베옷을 입고 거친 털 이불 덮으며 몸을 빼고 남은 건 곡식 담는 병과 책 몇 권일 뿐입니다. 왕엄주王弇州[70]께서도 '도둑에게도 도리가 있다.'라 하시지 않았겠습니까?"라고 하였다.

南屛石無出奔雲右者. 奔雲得其情, 未得其理. 石如滇茶一朵, 風雨落之, 半入泥土, 花瓣棱棱, 三四層折. 人走其中, 如蝶入花心, 無須不綴也. 黃寓庸先生讀書其中, 四方弟子千余人, 門如市. 余幼從大父訪先生. 先生面黧黑, 多髭須, 毛頰, 河目海口, 眉棱鼻梁, 張口多笑. 交

---

67 書記: 고대 문서를 처리하는 사람을 말한다.

68 丙寅: 天啟 4년인 1626년이다.

69 武林: 杭州의 별칭이다.

70 王弇州: 明末의 文人 王世貞(1526-1590)이다. 字는 元美이고 號가 弇州山人로 太倉(지금의 江蘇省 太倉) 출신이다. 嘉靖 26년(1547)에 進士를 맡았고 후에 관직이 刑部尙書에까지 이르렀다. 後七子의 영수로 '文必西漢, 詩必盛唐'을 주장하였다. 저서로 《弇州山人四部稿》·《弇山堂別集》·《嘉靖以來首輔傳》 등이 있다.

際酬酢, 八面應之. 耳聆客言, 目睹來牘, 手書回劄, 口囑傒奴, 雜遝於前, 未嘗少錯. 客至, 無貴賤, 便內, 便飯食之, 夜即與同榻. 余一書記往, 頗穢惡, 先生寢食之不異也, 余深服之.

丙寅至武林, 亭榭傾圮, 堂中窀先生遺蛻, 不勝人琴之感. 余見奔雲黝潤, 色澤不減, 謂客曰: "願假此一室, 以石磥門, 坐臥其下, 可十年不出也." 客曰: "有盜." 余曰: "布衣褐被, 身外長物則瓶粟與殘書數本而已. 王弇州不曰'盜亦有道'也哉?"

12

목유룡木猶龍

목룡木龍[71]은 요해遼海[72]에서 나와 풍랑과 파도에 부딪혀 거대한 파도가 튀어 오르는 듯한 형상으로 전신에 파도 문양이 많았다. 상개평왕常開平王[73]이 요동에서 얻어 경성까지 가져왔다. 개평의 관저에 불이 났을 때 사람들은 목룡이 태웠다고 하였다. 기와와 벽돌을 파낼 때 목룡은 수 척尺 아래 땅에 깔려 불에 타지 않은 걸 보고 놀라고도 이상하게 여겨 진짜 용이라고 여겼다. 무슨 연고로 시장에 나왔는지 모르겠지만 선군자先君子[74]께서 서굉犀觥[75] 17개로 목룡을 사셔서 노헌왕魯獻王[76]에게 바치셨는데, '목룡木龍'을 잘못 적어 휘諱를 범하자 엄하게 거절하고 장사서長史署[77]에 두었다. 선군자께서 세상을 떠나시자 내가 목룡을 실어 가지고 와 대대로 보물처럼 전하였다. 정축

---

71 木龍: 용 모양의 화석이다.

72 遼海: 遼河 유역과 그 동쪽 연해 지역을 말한다.

73 常開平王: 상개평왕은 명나라의 개국공신인 常遇春(1330-1369)이다. 상우춘의 字는 伯仁이고 號는 燕衡이며, 懷遠(지금의 安徽省 懷遠) 사람이다. 사후에 開平王으로 추봉되었다.

74 先君子: 장대의 부친 張耀芳(1574-1632)을 말한다.

75 犀觥: 무소뿔로 만든 酒器이다.

76 魯獻王: 朱壽鋐(?-1636)으로 明代 8대 魯王으로 恭王 朱頤坦(?-1594)의 일곱 번째 아들이다. 萬曆 29년(1601)에 노왕에 봉해졌다

77 長史署: 장사서는 王府長史司이다. 왕부의 사무와 정치적 명령 등을 처리했던 관청을 말한다. 당시 장대의 부친이 근무하던 곳이었다.

丁丑[78]에 시사詩社를 만들었는데 유명 인사들에게 목룡의 이름을 지어 주고 짧은 글을 지어 읊어 달라 청하였다. 주묵농周墨農[79]은 이름을 '목유룡木猶龍'이라고 지었고, 예홍보倪鴻寶[80]는 '목우룡木寓龍'이라 지었으며, 기세배祁世培[81]는 '해사海槎'로 지었고, 왕사미王士美[82]는 '사랑槎浪'이라 지었으며, 장의유張毅儒[83]는 '육사陸槎'라 지었으니, 시詩로 책 한 권을 가득 채웠다. 목룡은 몸통이 크고 육중하여 무게가 천 근斤이 넘었고 요동에서 경성으로, 경성에서 연주兗州로, 연주에서 제주濟州로는 육로로 옮겨졌다. 제주에서 항주로는 수로로 옮겨졌다. 항주에서 전당강錢塘江으로, 소산蕭山으로, 산음山陰으로 다시 내 집으로 오기까지, 수로와 육로를 교차하였다. 그동안 사용된 비용이 백 금金에 달하여 팔기 쉬운 가격을 불러도 주지 않았다. 오호라, 목룡은 가히 때를 만났다고 할 수 있겠다! 나는 목룡의 머리 부분에 한 자 정도를 갈아 명

---

78 丁丑: 崇禎 10년인 1637년이다.

79 周墨農: 주묵농은 장대의 친구이다. 주묵농의 字는 又新으로 山陰(지금의 浙江省 紹興) 사람이다.

80 倪鴻寶: 예홍보는 장대의 친구 倪元璐(1594-1644)이다. 예원로의 字는 玉汝이고 號가 鴻寶이다. 上虞 사람으로, 그림을 잘 그리기로 유명하였다. 대표적으로 〈舞鶴賦卷〉·〈行書詩軸〉·〈金山詩軸〉 등의 작품이 있고 저서로는 《爾意內外儀》와 《倪文貞集》을 남겼다.

81 祁世培: 기세배는 장대의 친구 祁彪佳(1602-1645)이다. 기표가의 字가 虎子이고 號가 世培이다. 山陰(지금의 浙江省 紹興) 사람이며, 저서로 《遠山堂曲品》·《遠山堂劇品》·《越中亭園記》·《祁彪佳集》 등을 남겼다.

82 王士美: 당시 琴 연주로 유명했던 王業洵이다. 왕업순의 字는 士美이고 余姚(지금의 浙江省 余姚) 사람이다. 《陶庵夢憶》 권2 〈紹興琴派〉에서 장대와 함께 금을 배웠다고 하였다.

83 張毅儒: 장의유는 장대의 사촌 동생 張弘이다. 장홍의 字는 毅儒이다. 장홍은 詩文을 잘 지었고 《明詩存》을 편찬했다.

문銘文을 새겨 적기를, "한밤중 골짜기에 바람 불고 천둥이 치자 이지러진 뗏목이 화석이 되었다. 바다가 일어나고 산이 무너지니 연기와 구름도 소멸되었다. 용이 있다고 말하니 불러보면 혹시 나타날지도 모른다."고 하였다. 또 "용을 움직인 장대가 한 척尺의 나무에다 명문을 적으니 어찌 이와 같겠는가? 가을의 파도와 여름의 구름과 말이다."라고 하였다.

木龍出遼海, 爲風濤漱擊, 形如巨浪跳蹴, 遍體多著波紋, 常開平王得之遼東, 輦至京. 開平第毁, 謂木龍炭矣. 及發瓦礫, 見木龍埋入地數尺, 火不及, 驚異之, 遂呼爲龍. 不知何緣出易於市, 先君子以犀觥十七只售之, 進魯獻王, 誤書"木龍" 犯諱, 峻辭之, 遂留長史署中. 先君子棄世, 余載歸, 傳爲世寶. 丁丑詩社, 懇名公人賜之名, 並賦小言詠之. 周墨農字以"木猶龍", 倪鴻寶字以"木寓龍", 祁世培字以"海槎", 王士美字以"槎浪", 張毅儒字以"陸槎", 詩遂盈帙. 木龍體肥癡, 重千余斤, 自遼之京, 之兗, 之濟, 由陸. 濟之杭, 由水. 杭之江, 之蕭山, 之山陰, 之余舍, 水陸錯. 前後費至百金, 所易價不與焉. 嗚呼, 木龍可謂遇矣! 余磨其龍腦尺木, 勒銘志之, 曰: "夜壑風雷, 騫槎化石; 海立山崩, 煙雲滅沒; 謂有龍焉, 呼之或出." 又曰: "擾龍張子, 尺木書銘; 何以似之? 秋濤夏雲."

13

천연天硯[84]

어렸을 적에 벼루를 보면 추한 벼루는 어떤 건지 알지 못하였다. 휘주徽州의 왕연백汪硯伯이 와서 옛날 모양의 망가진 벼루를 두 배 가격으로 팔아 월중越中[85] 지역에 소장된 돌들이 모두 씨가 말랐다. 벼루를 많이 보면서 벼루에 대해 잘 알게 되었다. 일전에 친구 진일생秦一生[86]에게 나를 위해 돌을 찾아 달라고 부탁했는데 성 전체를 다녀도 찾지 못하였다. 산음山陰의 감옥에 갇혀 있던 도둑이 돌 하나를 꺼냈는데, 원석 옥돌이라 은 2근斤을 주고 샀다. 내 마침 항주에 갈 일이 있었는데 진일생이 순간 생각 없이 연객燕客[87]에게 돌을 보여 주었다. 연객은 돌의 백안白眼을 가리키며 말하길, "누런 이와 못생긴 입 같으니, 책상을 받치는 걸로나 남겨 둘 만합니다."라며, 진일생을 속여 도둑에게 되팔게 하였다. 연객은 한밤중에 30금金을 주고 돌

84 天硯: 천연은 宋代 蘇洵(1009-1066)의 말에서 비롯되었다. 소순의 아들 蘇軾(1037-1101)이 열두 살 때 집에서 땅을 파고 놀다가 연녹색의 돌을 발견했다. 그 돌은 반짝거리며 빛이 나고 따뜻하며 촉촉하여 소동파가 먹을 갈아 보았더니 잘 갈렸다. 소순도 이 돌을 신기하게 여기고 하늘이 내린 돌이라고 칭찬하며 갈아서 벼루로 만들어 잘 보관하였다. 이후 천연은 좋은 벼루를 가리키는 말이 되었다.

85 越中: 지금의 浙江省 紹興과 杭州 일대를 말한다.

86 秦一生: 장대의 친구로, 《陶庵夢憶》의 권1의 〈天硯〉, 권3의 〈鬥雞社〉, 권6의 〈天童寺僧〉, 권7의 〈雷殿〉과 〈阿育王寺舍利〉와 같이 여러 작품에 등장한다. 장대가 진일생을 위해 적은 〈祭秦一生文〉이 남아 있다.

87 燕客: 장대 숙부 張保生(1576-1644)의 아들 張萼으로, 號가 연객이다.

을 샀다. 왕연백에게 천연을 만들라 명하고 작은 별 다섯 개와 큰 별 하나를 새겨 적기를, '오성공월(五星拱月, 다섯 개의 별이 달을 감싸다.)'이라 하였다. 연객은 진일생이 볼까 두려워 큰 별과 작은 별 두 개를 깎아버리고 작은 별 세 개만 남겨 두었다. 진일생이 이 일을 알게 되자 매우 원통해하며 내게 말했다. 나는 웃으며 "그가 가져간 게 내가 가져간 것과 같소."라 하고 바로 가서 찾아보았다. 연객이 벼루를 들고 나왔는데 말의 간처럼 붉고 옥처럼 윤기가 났다. 등에는 흐릿하게 흰 실 같은 마노가 있었고, 지문같은 나선형의 가는 소전小篆이 새겨져 있었으며, 정면의 세 개의 별은 튀어나온 게 마치 세 개의 쇠뇌틀 같았다. 묵을 갈았는데 소리가 나지 않았고 묵이 가라앉자 연기가 오르는 듯하였다. 진일생은 멍하니 입을 벌린 채 다물지 못하였다. 연객은 내게 명문銘文을 지으라 하여 내가 적기를, "여와女媧[88]가 하늘을 메울 때 옥석을 나누지 않았고, 자라의 피와 갈대의 재로 사람을 구했으며, 노을을 삶아 부어 해를 만들었다. 은하수가 혼란스러운데 삼성三星을 가로질러 기성箕星[89]과 만난다."라고 하였다.

少年視硯, 不得硯醜. 徽州汪硯伯至, 以古款廢硯, 立得重價, 越中藏石俱盡. 閱硯多, 硯理出. 曾托友人秦一生爲余覓石, 遍城中無有. 山陰獄中大盜出一石, 璞耳, 索銀二斤. 余適往武林, 一生造次不能辨,

---

88 女媧: 중국 고대 신화에서 인류의 시조라 알려진 여신이다. 태곳적 하늘을 떠받치던 4개의 기둥이 부러지자 대지가 갈라지고 화재와 홍수가 일었다. 맹수가 횡행하여 사람들을 괴롭혔는데 여와가 자라의 다리를 잘라 기둥을 만들고 오색의 빛나는 돌을 녹여 하늘의 구멍을 메웠으며 갈대를 태운 재를 쌓아 홍수를 막았다.

89 箕星: 28宿의 일곱째 별로 별 네 개로 구성되어 있다.

持示燕客. 燕客指石中白眼曰: "黃牙臭口, 堪留支桌." 賺一生還盜. 燕客夜以三十金攫去. 命硯伯制一天硯, 上五小星一大星, 譜曰"五星拱月". 燕客恐一生見, 鏟去大, 小二星, 止留三小星. 一生知之, 大懊恨, 向余言. 余笑曰: "猶子比兒." 亟往索看. 燕客捧出, 赤比馬肝, 酥潤如玉, 背隱白絲類瑪瑙, 指螺細篆, 面三星墳起如弩眼, 著墨無聲而墨沉煙起, 一生癡瘛, 口張而不能翕. 燕客屬余銘, 銘曰: "女媧煉天, 不分玉石; 鼇血蘆灰, 烹霞鑄日; 星河溷擾, 參橫箕翕."

14

오중吳中[90]의 뛰어난 기술絕技

오중吳中 지역의 뛰어난 공예 기술은 다음과 같다. 육자강陸子岡의 옥 세공술, 포천성鮑天成의 쇠뿔 공예술, 주주周柱의 상감술, 조양벽趙良璧의 빗 제작 기술, 주벽산朱碧山의 금은 세공술, 마훈馬勳과 하엽리荷葉李의 부채 공예술, 장기수張寄修의 금琴 제작 기술, 범곤백範昆白의 삼현자三弦子 제작 기술.[91] 이는 모두 위아래로 백 년 동안 결코 적수가 없는 뛰어난 기술이다. 그런데 이들의 훌륭한 작품에 담긴 피나는 노력도 기술의 능력이다. 두께와 깊이, 농도와 밀도에 이르기까지 후대 감상가들의 눈과 마음에 딱 들어맞으니, 이것을 어찌 일반 기술자들이 능히 할 수 있겠는가? 아마도 이들의 기술은 도道를 넘어섰으리라.

---

90 吳中: 지금의 江蘇省 蘇州 吳縣 일대이다.

91 陸子岡은 陸子剛이라고도 하는데 嘉靖 · 萬曆 연간에 소주 일대에서 활약하던 옥 공예가이다. 蘇州 吳門 출신으로 알려져 있다. 鮑天成은 江蘇 吳縣 출신으로 당시 쇠뿔 조각의 명장으로 유명했던 인물이다. 周柱는 吳中(지금의 江蘇 蘇州) 출신으로, 상감기술로 유명한 민간의 장인이었다. 趙良璧도 吳中출신의 민간 장인으로, 빗과 백철 그릇 제작에 뛰어났다. 朱碧山은 원말 명초의 금은 세공 장인이다. 嘉興 출신이나 소주의 木瀆에서 줄곧 생활하여 蘇州木瀆人이라고도 한다. 荷葉李의 본명은 李昭이다. 弘治 · 正德 연간에 南京에서 활동했던 부채 제작 장인이다. 三弦子는 중국의 전통 현악기로, 三弦 또는 弦子라고 부른다. 보통 희극이나 강창할 때 반주로 사용하였다.

吳中絕技: 陸子岡之治玉, 鮑天成之治犀, 周柱之治嵌鑲, 趙良璧之治梳, 朱碧山之治金銀, 馬勳, 荷葉李之治扇, 張寄修之治琴, 範昆白之治三弦子, 俱可上下百年保無敵手. 但其良工苦心, 亦技藝之能事. 至其厚薄深淺, 濃淡疏密, 適與後世賞鑒家之心力, 目力針芥相投, 是豈工匠之所能辨乎? 蓋技也而進乎道矣.

15

복중겸의 조각濮仲謙雕刻

남경南京의 복중겸濮仲謙은 용모가 투박했고 심성도 순박했다. 유약한 모습이 마치 무능한 사람 같았지만 그가 가진 뛰어난 재주는 실로 하늘의 위대함을 빼앗은 것 같았다. 복중겸이 만든 대나무 그릇은 한 번 쓸고 한 번 닦은 한 척尺 크기의 대나무일 뿐인데 칼로 몇 번 둘러 깎으니 값이 두 배로 뛰었다. 그런데 복중겸이 스스로 좋아하는 점은, 반드시 뿌리가 휘감겨 있고 줄기가 뒤얽힌 대나무를 사용한다는 것이다. 그런 나무를 가지고도 칼이나 도끼를 사용하지 않는 것도 기이한데 복중겸의 손을 거쳐 조금만 깎고 다듬으면 비로소 두 배의 값이 되니, 정말로 이해할 수 없는 일이었다. 복중겸의 명성은 대단하여 그가 만든 걸 하나라도 얻으면 값이 순식간에 뛰었다. 삼산三山 거리에서 복중겸의 손재주 덕에 살림이 윤택해진 자가 수십 명이었지만 정작 자신은 가난하게 살았다. 친구와 마주 앉아 있는 사이에도 좋은 대나무나 소뿔을 보면 곧바로 작업을 시작했다. 그러나 뜻이 맞지 않으면 세력으로 협박하고 이익으로 꾀하더라도 끝내 그의 작품을 얻을 수 없었다.

南京濮仲謙, 古貌古心, 粥粥若無能者, 然其技藝之巧, 奪天工焉. 其竹器, 一帚一刷, 竹寸耳, 勾勒數刀, 價以兩計. 然其所以自喜者, 又必用竹之盤根錯節, 以不事刀斧爲奇, 則是經其手略刮磨之, 而遂得重價, 眞不可解也. 仲謙名噪甚, 得其款, 物輒騰貴. 三山街潤澤於仲謙之手者數十人焉, 而仲謙赤貧自如也. 於友人座間見有佳竹, 佳犀, 輒自爲之. 意偶不屬, 雖勢劫之, 利啖之, 終不可得.

Tao an meng yi

卷 2

도암몽억
陶庵夢憶

01

공묘의 향나무孔廟檜[1]

기사己巳[2]에 곡부曲阜에 가서 공묘孔廟를 참배하려고 문지기를 매수해 대문으로 들어갔다. 궁장宮牆 위로 우뚝 솟아 나온 누각이 하나 있는데 편액에 '양산백梁山伯과 축영대祝英台가 책을 읽은 곳'[3]이라 적혀 있어 놀랐다. 의문儀門[4]에 들어가 공자께서 손수 심으신 향나무를 보았다. 이 향나무는 주周・진秦・한漢・진晉까지 수천 년을 거쳐 진晉 회제懷帝 영가永嘉 3년[5]에 말라 버렸다. 그사이 309년간 공자의 자손들이 훼손되지 않도록 지켜 수隋 공제恭帝 의녕義寧 원년元年[6]에 다시 소생하였다. 51년 동안 자라다가 당唐 고종高宗 건봉乾封 3년[7]에 다시 말랐다. 374년간 말랐다가 송宋 인종仁宗 강정康定 원년元年[8]에 다시 무성해졌다. 금金 선종宣宗 정우貞祐 3년[9]에 전쟁이 나자 나뭇가

1 孔廟: 기원전 478년에 처음 지어진 공자의 옛집으로, 지금의 山東省 曲阜 남문 안에 있다.

2 己巳: 崇禎 2년인 1629년이다.

3 梁山伯과 祝英台는 민간 고사로, 양산백과 남장한 축영대가 함께 수학하면서 사랑을 키웠으나 이루어지지 못하고 죽어 한 쌍의 나비로 변한다는 내용이다.

4 儀門: 正門의 옆에 있는 작은 문이다.

5 晉 懷帝 永嘉 3년: 309년이다.

6 隋 恭帝 義寧 元年: 617년이다.

7 唐 高宗 乾封 3년: 668년이다.

8 宋 仁宗 康定 元年: 1040년이다.

9 金 宣宗 貞佑 3년: 1215년이다.

지와 잎이 모두 불타 버려 줄기만 남았는데 높이가 2장丈인 것이 기이하였다. 81년 뒤 원元 세조世祖 31년[10]에 다시 싹이 텄다. 홍무洪武 22년 기사己巳[11]에 이르러 가지가 몇 개 나면서 무성해졌다가 십여 년 뒤에 다시 지고 말았다. 줄기를 만져 보면 매끄럽고 윤기가 났다. 문양은 모두 왼쪽으로 나 있고 두드리면 쇠붙이와 돌 소리가 났다. 공씨의 자손들을 항상 그 나무의 무성함과 메마름을 보고 세상의 운수를 점쳤다.

더 들어가니 커다란 정자가 나왔다. 돌기둥 하나가 누워 있고 '행단杏壇'이란 두 글자가 적혀 있었다. 글자는 당영黨英[12]이 쓴 것이었다. 정자 옆에 다리가 하나 있었는데, 수수洙水[13]와 사수泗水[14]가 그곳에서 모였다. 다리를 건너 대전에 들어가 보니 장엄하고 아름다웠다. 선성宣聖[15]과 사배성四配聖,[16] 그리고 십철十哲[17]을 모두 조각해 면류관을 씌

10 元 世祖 31년: 1294년이다.

11 洪武 22년 己巳: 1389년이다.

12 黨英: 서법으로 유명한 黨懷英(1134-1211)이다. 당회협의 字는 世傑이고 號는 竹溪로 馮翊(지금의 陝西省 大荔) 사람이다.

13 洙水: 고대의 강 이름이다. 《水經注》에 의하면 발원지는 지금의 山東省 新泰 東北이며 泗水로 흘러 들어간다고 한다.

14 泗水: 山東省 中部에 위치한 비교적 규모가 큰 강으로 泗河라고도 한다. 발원지는 山東省 蒙山 남쪽 기슭이며 泗水縣과 曲阜市, 兗州市를 거쳐 南陽湖로 유입된다.

15 宣聖: 선성은 공자를 이르는 또 다른 칭호이다. 漢 平帝 劉衎(기원전 9-기원전 6)이 공자에게 褒成宣公이란 시호를 추증하였고 이후 역대 왕조에서 공자를 성현으로 받들면서 지어진 것이다.

16 四配聖: 공자의 제사를 모셨던 네 명의 유학자, 復聖顏子 · 宗聖曾子 · 述聖子子思 · 亞聖孟子를 말한다.

17 十哲: 공자 문하의 훌륭한 열 명의 제자, 子淵 · 子騫 · 伯牛 · 仲弓 · 子有 · 子

웠다. 탁자 위에는 청동 솥 셋, 희생물 하나, 석상石象 하나, 벽사辟邪[18] 하나가 놓여 있었다. 벽사는 만든 모양이 단단하고 예스러우며 전신이 비취색이고 탁자에 못으로 박아 놓았다. 계단 아래에는 역대 제왕의 비문碑文을 세웠는데 유독 원대元代의 비문이 높고 컸다. 풍마동風磨銅[19]으로 비희贔屭[20]를 만들었는데, 높이가 한 장丈이 넘었다. 왼쪽 대전의 방 세 칸은 규모가 약간 작았는데, 공씨 집안의 사당이었다. 좌우 양쪽 벽에 작은 나무로 편액을 만들어 역대 제왕의 제문祭文을 적어 놓았다. 서쪽 벽 귀퉁이에는 고황제高皇帝[21]의 전당을 모셔 놓았다. 사당 안에 명 왕조의 봉호封號는 일체 사용하지 않아 이로 그 위대함을 보여 주었다. 공자 집안의 사람들은 "천하는 오직 세 가문의 사람들이 있다. 우리 가문과 강서江西의 장씨張氏 가문, 봉양鳳陽의 주씨朱氏 가문이다. 강서의 장씨는 도사의 기운이 있고 봉양의 주씨는 갑자기 일어난 집안이라 옹색한 기운이 있다."[22]라고 하였다.

貢·子路·子我·子遊·子夏를 말한다.

18 辟邪: 벽사는 날개를 단 사자의 형상을 한 상상의 동물이다. 사악한 기운을 물리친다고 하여 도장이나 깃발의 장식으로 자주 사용하였다.

19 風磨銅: 바람이 잘 통하는 곳에 두면 광택이 마치 불처럼 이글거린다는 구리이다.

20 贔屭: 고대 전설 속의 동물로, 거북이 같은 외형이며 묘비에 자주 사용하였다.

21 高皇帝: 明朝의 개국 황제인 朱元璋(1328-1398)을 말한다.

22 江西의 張氏 가문은 道教의 天師道를 세운 張氏 집안을 말한다. 東漢 말 張道陵(34-156)은 五鬥米教를 창시하였고 그 4대손인 張盛이 四川省 青城山에서 江西省 龍虎山으로 기반을 옮겼다. 이후로 역대 천사도는 용호산을 성지로 삼았다. 鳳陽의 朱氏 가문은 명나라의 개국황제인 朱元璋의 집안을 말한다. 주원장은 安徽省 鳳陽 출신으로 본래 가난한 집안에서 태어나 스님이 되었다가 郭子興의 홍건군에 가담하여 세력을 키운 후에 명나라를 세웠다.

己巳至曲阜, 謁孔廟, 買門者門以入. 宮牆上有樓聳出, 扁曰"梁山伯祝英臺讀書處", 駭異之. 進儀門, 看孔子手植檜. 檜曆周, 秦, 漢晉幾千年, 至晉懷帝永嘉三年而枯. 枯三百有九年, 子孫守之不毁, 至隋恭帝義寧元年復生. 生五十一年, 至唐高宗乾封三年再枯. 枯三百七十有四年, 至宋仁宗康定元年再榮. 至金宣宗貞祐三年罹於兵火, 枝葉俱焚, 僅存其幹, 高二丈有奇. 後八十一年, 元世祖三十一年再發. 至洪武二十二年己巳, 發數枝, 蓊鬱; 後十余年乂落. 摩其幹, 滑澤堅潤, 紋皆左紐, 扣之作金石聲. 孔氏子孫恒視其榮枯, 以占世運焉.

再進一大亭, 臥一碑, 書"杏壇"二字, 黨英筆也. 亭界一橋, 洙, 泗水彙此. 過橋, 入大殿, 殿壯麗, 宣聖及四配, 十哲俱塑像冕旒. 案上列銅鼎三, 一犧, 一象, 一辟邪, 款制遒古, 渾身翡翠, 以釘釘案上. 階下豎曆代帝王碑記, 獨元碑高大, 用風磨銅贔屭, 高丈余. 左殿三楹, 規模略小, 爲孔氏家廟. 東西兩壁, 用小木扁書曆代帝王祭文. 西壁之隅, 高皇帝殿焉. 廟中凡明朝封號, 俱置不用, 總以見其大也. 孔家人曰: "天下只三家人家: 我家與江西張, 鳳陽朱而已. 江西張, 道士氣; 鳳陽朱, 暴發人家, 小家氣.

02
공림 孔林[23]

곡비曲阜에서 나와 북문北門에서 5리里쯤 가면 공림孔林이 있다. 공림은 자금성紫金城을 성벽으로 삼았고 누대를 대문으로 삼았다. 누대에 오르면 작은 산이 한 점으로 보였는데, 바로 맞은편 동남쪽이 봉산嶧山[24]이었다. 돌아서 서쪽으로 가면 석호石虎・석양石羊[25] 서너 개가 수북하게 난 초목 안에 있었다. 다리를 하나 건너면 두 줄기의 강물이 모였는데, 바로 사수泗水였다. 향전享殿 뒤에는 자공子貢이 손수 심은 황련목이 있었다. 크고 작은 황련목은 천여 그루로, 노魯나라 사람은 그것을 재료로 삼아 장기판을 만들었다. 향전 바로 맞은편에는 백어伯魚[26]의 묘였다. 성인 공자가 그의 아들을 이곳에 묻어 기운을 얻으려 하였다. 백어의 묘지로부터 돌아서 오른쪽으로 향하면 선성宣聖[27]의 묘였다. 몇 장丈을 지나면 작은 산 하나가 있었는데,

---

23 孔林: 지금의 山東省 曲阜 북문 밖으로, 공자와 그 후손들의 묘지가 있다.

24 嶧山: 지금의 山東省 鄒縣에 위치한 산으로 鄒山이라고 한다.

25 石虎・石羊: 돌로 만든 호랑이와 양 모양의 조각물로, 왕릉이나 무덤 주변에 세워 놓는다.

26 伯魚: 공자의 아들 孔鯉(기원전532-기원전481)로, 字가 伯魚이다.

27 宣聖: 漢 平帝 元始 元年 공자에게 褒成宣公이란 시호를 내렸다. 그 후로 역대 제왕들은 공자를 성인으로 받들었고 시와 산문 같은 문학작품에서 공자를 '宣聖'이라고 칭했다.

작은 산의 남쪽이 자사子思[28]의 묘였다. 수백 보 안에 부친·아들·손자, 삼대의 묘가 모여 있었다. 초주譙周[29]가 말하길, "공자께서 돌아가신 뒤에 노나라 사람들이 공자의 분묘에 차례대로 살았는데, 그 수가 백이 넘었다. 이를 공리孔里라 한다."라고 하였다. 《공총자孔叢子》[30]에서 "무릇 공자묘 사방 1리里는 노성魯城 북쪽 6리 사수泗水에 있다."라고 하였다. 여러 공씨의 무덤 50여 곳이 있었고 사람 이름은 소목昭穆[31]을 따랐는데, 다시 알아볼 수 없었다. 비명碑銘 세 개에는 짐승으로 꾸민 비석까지 모두 있었다. 《황람皇覽》[32]에 "제자들이 저마다 사방의 기이한 나무를 가져와 심었는데 그 때문에 기이한 나무가 많아 그 이름을 다 부를 수 없었다. 1리 안에 가시가 있는 나무와 풀은 자라지 않았다."라고 하였다. 자금성 바깥에 둥글게 둘러싼 묘가 수천인데, 3천 2백여 년 동안 자손들이 다른 곳으로 옮기지 않고 줄지어 묻혔으니, 고대 제왕과도 비교할 수 없을 정도로 극진하였다. 선성묘의 오른쪽에 작은 방 세 칸의 편액에는 '자공여막처(子貢廬墓處, 자공

28 子思: 공자의 손자 孔伋(기원전483-기원전402)으로 字가 子思이다.

29 譙周: 초주(201-270)의 字는 允南으로 西充(지금의 四川省 閬中) 사람이다. 삼국시대 蜀國의 光祿大夫를 지냈고 촉이 망한 뒤에는 晉나라로 들어가 관직을 지냈다. 저서로 《五經論》·《古史考》 등이 전해진다.

30 《孔叢子》: 공자와 그의 후대인 子思·子上·子高·子順과 같은 인물의 언행을 기록한 책이다. 孔鮒(기원전264?-기원전 208)가 편찬하였으나 많은 학자들이 후대 사람이 그의 이름을 빌려 썼다고 여기고 있다.

31 宗廟에 神主를 모셔 두는 차례이다. 始祖를 중심으로 후대 자손 2대·4대·6대는 왼쪽으로 하여 昭라 하고 3대·5대·7대는 오른쪽에 두고 穆이라 칭한다.

32 《皇覽》: 三國 魏文帝 曹丕(187-226)의 명으로 劉劭와 王象(?-222) 등이 모아 편찬한 類書이다. 총 40여 部로, 황제가 열람한다고 하여 《황람》이라 하였다. 원서는 이미 산실되었다.

이 무덤 근처에 여막을 짓고 살았던 곳)'이라고 적혀 있다. 무릇 연주兗州[33]에서 곡비까지 이르는 길에 보면, 당시의 관부에서 나무 패방牌坊에 표시를 해 두었다. 어떤 곳은 '제인귀환처(齊人歸讙處, 제나라 사람이 환 땅을 돌려준 곳)'[34]라고 하였고 어떤 곳은 '자재천상처(子在川上處, 공자께서 냇가에 계신 곳)'[35]이라고 적었으니, 일리가 있다. 태산泰山 정상에 오르면 돌에 새겨진 글귀에, "공자께서 천하를 작게 여기신 곳(孔子小天下處)"[36]이라 했으니 실소를 금치 못하게 한다.

曲阜出北門五里許, 爲孔林. 紫金城城之, 門以樓, 樓上見小山一點, 正對東南者, 嶧山也. 折而西, 有石虎, 石羊三四, 在榛莽中. 過一橋, 二水彙, 泗水也. 享殿後有子貢手植楷. 楷大小千余本, 魯人取爲材, 爲棋枰. 享殿正對伯魚墓, 聖人葬其子得中氣. 由伯魚墓折而右, 爲宣聖墓. 去數丈, 案一小山, 小山之南爲子思墓. 數百武之內, 父, 子, 孫三墓在焉. 譙周云: "孔子死後, 魯人就塚次而居者百有余家, 曰'孔里'." 孔叢子曰: "夫子墓方一里, 在魯城北六里泗水上". 諸孔氏封五十余所, 人名昭穆, 不可復識. 有碑銘三, 獸碣俱在. 皇覽曰: "弟子各以四方奇木來植, 故多異樹不能名. 一里之中未嘗產棘木, 荊草." 紫金城

---

33 兗州: 지금의 山東省 兗州이다.

34 齊人歸讙處: 魯 定公과 齊 景公이 만났을 때 공자가 의례를 맡아 제나라에 빼앗긴 노나라 땅을 돌려주었다. 그 일이 《春秋》 定公 10년에 다음과 같이 기록되어 있다. "제나라 사신이 와서 鄆과 讙, 龜陰 땅을 돌려주었다.(齊人來歸鄆, 讙, 龜陰田.)"

35 子在川上: 《論語 · 子罕》편의 다음 구절을 인용하였다. "공자께서 냇가에서 말씀하시길, '흘러가는 것이 이와 같고 밤낮으로 쉬지 않고 흐른다.'라고 하셨다.(子在川上, 曰: "逝者如斯夫, 不舍晝夜.")"

36 孔子小天下: 《孟子 · 盡心上》편의 다음 구절을 인용하였다. "공자께서 동산에 올라 魯나라를 작게 여기셨고, 泰山에 올라 천하를 작게 여기셨다.(孔子登東山而小魯, 登泰山而小天下.)"

外, 環而墓者數千家, 三千二百余年, 子孫列葬不他徙, 從古帝王所不能比隆也. 宣聖墓右, 有小屋三間, 扁曰“子貢廬墓處”. 蓋自兗州至曲阜道上, 時官以木坊表識, 有曰“齊人歸讙處”, 有曰“子在川上處”, 尚有義理; 至泰山頂上, 乃勒石曰“孔子小天下處”, 則不覺失笑矣.

03

연자기燕子磯[37]

연자기燕子磯는 내가 세 번을 지났다. 물이 솟구치는 형세라 사람이 배를 타고 이곳에 이르면 갈고리로 끌고 강철로 닻줄을 매달아 개미처럼 붙어서 올라갔다. 선창 가운데서 보면 돌의 뼈가 가파르게 층지어 물가에서 완강히 버티는 형세인데, 즐겁기는커녕 오히려 두려우니 언덕 위에서는 이와 같은 경치가 있는 줄 몰랐다. 무인戊寅[38]에 남경에 도착한 이후 여길사呂吉士[39]와 관음문觀音門을 나와 연자기에 놀러 갔다. 그제야 비로소 이곳이 불교의 성지이자 신선의 도시인데 그냥 지나칠 뻔했음을 깨달았다. 관왕전關王殿에 올라보니, 이곳은 오吳 땅의 머리이고 초楚 땅의 꼬리로 관후關侯[40]가 무력을 사용한 곳이었다. 정기가 성대하여 수염과 눈썹이 창처럼 날이 서 있는 듯하였다. 산을 따라 연자기에 올라 정자에 앉아서 맑은 강물이 빠르게 흐르는 모양을 보았다. 배가 하류로 흐르는 게 쏜살 같았다. 돌아서 남쪽으로 관음각을 지나 밧줄을 살피며 위로 올라갔다. 관음각 옆 사원에는 천 심尋 높이의 가파른 벽이 있는데 단단한 돌이 강철 같았

37 燕子磯: 연자기는 南京 北部 觀音聞 밖에 있다. 강 위로 돌이 있는데 삼면은 허공에 떠 있어 그 모양이 제비가 날개를 펼쳐 날아가는 것 같다고 한다.

38 戊寅年: 숭정 11년인 1638년이다.

39 呂吉士: 呂福生으로 字가 吉士이다. 紹興 사람으로 明末 復社成의 일원이다.

40 關侯: 漢末의 名將 關羽(?-220)는 漢 献帝에 의해 漢壽亭侯로 책봉되었다.

다. 큰 단풍나무 여러 그루가 우거져 다른 나무에까지 뻗쳤다. 울창하여 그 아래에 있으면 서늘하고 푸르다. 작고 어린 나무가 마주하려면 가히 십 년은 수련해야 할 것이다. 오늘날 사원과 불당은 일부러 등을 지게 만드니, 그 마음이 어찌 참을 수 있겠는가? 이해, 나는 절강으로 돌아가 민노자閔老子[41]와 왕월생王月生[42]을 연자기로 데려와 석벽 아래서 술을 마셨다.

燕於磯, 余三過之. 水勢淊溗, 舟人至此, 捷捽抒取, 鉤挽鐵纜, 蟻附而上. 篷窗中見石骨棱層, 撐拒水際, 不喜而怖, 不識岸上有如許境界. 戊寅到京後, 同呂吉士出觀音門, 游燕子磯. 方曉佛地仙都, 當面蹉過之矣. 登關王殿, 吳頭楚尾, 是侯用武之地, 靈爽赫赫, 須眉戟起. 緣山走磯上, 坐亭子, 看水江瀲洌, 舟下如箭. 折而南, 走觀音閣, 度索上之. 閣旁僧院, 有峭壁千尋, 碚礌如鐵, 大楓數株, 蓊以他樹, 森森冷綠, 小樹癡對, 便可十年面壁. 今僧寮佛閣, 故故背之, 其心何忍? 是年, 余歸浙, 閔老子, 王月生送至磯, 飲石壁下.

41 閔老子: 본명은 閔汶水로 장대와 茶로 교우를 맺은 친구이다. 南京 사람이며 桃葉渡(南京 秦淮 근처의 나루터)에 살았는데 차에 정통했다. 《陶庵夢憶》 권3에 〈閔老子茶〉가 수록되어 있다. 이때 민문수의 나이가 칠순이라 노자라고 부른 것이다.

42 王月生: 왕월생은 明末의 기녀로 하급 기방 출신이지만 남다른 품격을 지녀 당시 몸값이 비쌌다. 장대와 친분이 있어 《陶庵夢憶》에 자주 등장하며 권8에 〈王月生〉도 수록되어 있다.

04

노번의 불꽃魯藩[43]煙火

연주兗州[44] 노번의 불꽃은 천하의 장관이다. 불꽃을 피울 때는 반드시 등을 길게 매달았다. 노번의 등은 전당에도 달고 벽에도 달며, 기둥에도 달고 병풍에도 달며, 자리에도 달고 부채와 일산日傘에도 달았다. 여러 왕과 공자, 궁녀와 하인, 무희와 악공이 모두 모여 등 속의 경물이 되었다. 불꽃을 피울 때가 되면 등 속의 경물 또한 불꽃 속의 경물이 되었다. 천하에서 등을 구경하러 온 사람들은 등 밖에서 등을 보았고 불꽃을 구경하러 온 사람들은 불꽃 바깥에서 불꽃을 보았다. 등 속으로, 빛 속으로, 그림자 속으로, 연기 속으로, 불꽃 속으로 직접 들어가서 구경하는 경우는 없었다. 번쩍이며 변화무쌍한 빛이 터지면 그것이 왕궁 안의 불꽃인지 불꽃 안에 왕궁인지 구분할 수 없었다.

대전 앞에는 나무 선반을 여러 층으로 만들어 놓고 그 위에 '황봉출과黃蜂出窠'·'살화개정撒花蓋頂'·'천화분박天花噴礴'같은 불꽃을 놓았다. 사방에 진주발 여덟 대가 걸려 있었는데, 선반의 높이가 2장丈 가량으로, 매 발마다 효孝·제悌·충忠·신信·예禮·의義·염廉·치恥를 크게 새겨 놓았다. 글자마다 높이가 한 장 정도였는데, 불빛에 비

43 魯藩: 明 太祖 朱元璋(1328-1398)의 열째 아들 朱檀(1370-1389)으로, 그가 洪武 3년에 魯王으로 책봉되고 15년 뒤인 1385년에 연주를 하사받았다.

44 兗州: 지금의 山東省 兗州이다.

춰보면 반짝반짝 빛이 났다. 진주발 아래는 오색의 봉랍을 한 사자 · 코끼리 · 낙타 같은 동물이 백여 마리가 있었고 동물 위에는 외국인들이 타고 있었다. 그들은 손에 상아 · 무소뿔 · 산호 · 옥두 같은 여러 기물을 쥐고 있었다. 기물 속에 실제로 '천장국千丈菊'과 '천장리千丈梨' 같은 여러 화기가 있었다. 동물의 발은 수레에 밟혔고 뱃속에 사람이 숨어 있었다. 그 아래를 구르면서 빙빙 돌더니 외국인들은 손에 불꽃을 담은 병을 쥐고 서서히 발사를 하였다. 기러기가 날아가듯 열을 지어 진을 치고 앞으로 나갔다. 시간이 흐르자 백 마리 짐승들의 입에서 불꽃이 터졌다. 꽁무니에도 불꽃이 터지더니 이리저리 돌아다니다 서로 부딪혔다. 정문의 안팎으로 연기와 불꽃이 하늘을 덮어 달이 빛을 내지 못하고 이슬도 떨어지지 못하였다. 구경하는 이는 눈과 귀를 빼앗겨 여러 번 미칠 듯이 흥분하다가 마음을 가라앉히려고 오랫동안 손을 쥐었다.

옛날에 어떤 소주蘇州 사람이 스스로 소주의 불꽃이 대단하다며 자랑하길, "이맘때 소주에서 불꽃놀이를 하면 불꽃을 피울 곳이 없을 것이고, 피운다 하여도 비교할 수 없을 겁니다."라고 하였다. 여럿이 묻기를 "어째서 그러오?"하니 답하길, "이맘때 하늘이 불꽃으로 가득 차서 남은 공간이 없기 때문이지요!"라고 하여 사람들이 그의 황당한 말에 웃었다. 노번 왕부의 불꽃놀이를 보니 그제야 거짓이 아님을 알겠다.

兗州魯藩煙火妙天下. 煙火必張燈, 魯藩之燈, 燈其殿, 燈其壁, 燈其楹柱, 燈其屛, 燈其座, 燈其宮扇傘蓋. 諸王公子, 宮娥僚屬, 隊舞樂工, 盡收爲燈中景物. 及放煙火, 燈中景物又收爲煙火中景物. 天下之看燈者, 看燈燈外; 看煙火者, 看煙火煙火外. 未有身入燈中, 光中, 影中, 煙中, 火中, 閃爍變幻, 不知其爲王宮內之煙火, 亦不知其爲煙火內之王宮也.

殿前搭木架數層, 上放"黃蜂出窠", "撒花蓋頂", "天花噴礴". 四旁珍珠簾八架, 架高二丈許, 每一簾嵌孝, 悌, 忠, 信, 禮, 義, 廉, 恥一大字. 每字高丈許, 晶映高明. 下以五色火漆塑獅, 象, 橐駝之屬百余頭, 上騎百蠻, 手中持象牙, 犀角, 珊瑚, 玉門諸器, 器中實"千丈菊", "千丈梨"諸火器, 獸足蹑以車輪, 腹內藏人. 旋轉其下, 百蠻手中瓶花徐發, 雁雁行行, 且陣且走. 移時, 百獸口出火, 尻亦出火, 縱橫踐踏. 端門內外, 煙焰蔽天, 月不得明, 露不得下. 看者耳目攫奪, 屢欲狂易, 恒內手持之.

昔者有一蘇州人, 自誇其州中燈事之盛, 曰: "蘇州此時有煙火, 亦無處放, 放亦不得上." 眾曰: "何也?" 曰: "此時天上被煙火擠住, 無空隙處耳!" 人笑其誕. 於魯府觀之, 殆不誣也.

05

주운래 여희朱雲崍女戲[45]

주운래朱雲崍의 여배우 교육은 단지 희곡뿐이 아니다. 희곡을 가르치기 전 먼저 금琴을 가르치고 먼저 비파琵琶를 가르친다. 먼저 금 연주 · 현자弦子 연주 · 퉁소 · 악기 연주 · 노래 · 춤을 가르치니, 희곡을 가르친다는 건 구실이지 실제로 희곡만을 가르치는 게 아니다. 곽분양郭汾陽[46] · 양월공楊越公[47] · 왕사도王司徒[48] 집안의 여배우에게도 당시에는 이렇게 하지 않았다. 관현악기가 서로 뒤섞이고 단판檀板[49]을 치며 청아한 노래가 울렸다. 점점 절묘한 이치로 들어갔다가 노래를 마치고 대사로 끝냈는데, 오히려 여운이 있는 느낌이었다. 〈서시가무西施[50]歌舞〉를 연주하였는데 대무對舞하는 이가 다섯 명이었

---

45 朱雲崍는 朱國盛으로, 字는 敬韜이고 號가 雲来이며 新場(지금의 上海 浦東) 출신이다. 만력 38년에 進士를 지냈고 工部主事, 員外郎郎中, 山東布政使, 太常寺卿 등의 관직을 역임하였다. 본편을 통하여 희곡과 배우에 애착이 많았던 인물임을 알 수 있다. 女戲는 희곡을 공연하는 여자 배우를 말한다.

46 郭汾陽: 곽분양은 唐代 郭子儀(697-781)를 말한다. 곽자의는 鄭縣(지금의 陝西省 華縣) 사람으로, 汾陽郡王에 책봉되었다.

47 楊越公: 양월공은 隋代의 관리 楊素(?-606)이다. 양소의 字는 處道이며, 華陰(지금의 陝西省 渭南) 사람이다. 양소는 隋 文帝때 越國公에 책봉되었다.

48 王司徒: 王允(137-192)으로 字 子師이고 太原 祁縣(지금의 山西省 祁縣) 사람이다. 東漢 말의 대신으로 太僕, 司徒 등을 맡았다.

49 檀板: 노래할 때 박자를 맞추는 박자판이다. 보통 견고한 박달나무 세 쪽을 묶어 사용하였다.

50 西施: 春秋 시대 越나라의 미녀로 越王 勾踐이 吳王 夫差에게 바쳤다.

다. 저마다 긴 소매에 넓은 허리띠를 하여 몸을 고리처럼 둘러쌌고 바닥을 쓸며 빙빙 돌았다. 그 아름답고 여린 자태가 마치 가을 약초 같았다. 여궁과 내시는 장식한 부채와 일산 · 금매화 · 양초 · 비단부채 · 등롱을 손에 들었다. 스무 명이 넘었고 저마다 휘황찬란하게 수놓은 비단을 겹겹이 차려입어 보는 사람들을 매우 놀라게 했다. 주운래 선생은 이기기를 좋아하여 마음에 드는 부분이 있으면 곧바로 눈을 크게 뜨고 손님을 바라보았다. 칭찬을 한마디 들으면 곧바로 분장실에 가서 여러 여배우들에게 말해 주었다. 곧바로 나가고 곧바로 들어오기를 반복하여 극심히 피로해 하였다. 게다가 듣자 하니 주운래 선생은 의심이 많아 여러 무희들이 머무는 곳을 겹겹이 봉쇄하고 밤이 되면 직접 순찰을 돌아 무희들의 미움을 샀다고 한다. 잠자리 시중을 드는 이가 갑자기 도망가면 무희들이 서로 재빨리 숨어 버렸다. 내실에 있는데도 찾지 못하니 노기를 띠고 큰소리로 꾸짖은 뒤에야 그쳤다. 안절부절 애를 태우며 지키고 보호하느라 밤낮으로 고생스러웠으니, 이는 스스로 사서 하는 고생임을 모르는 일이다. 여색을 좋아하는 노인에 대한 경계로 삼을 만하다.

朱雲崍教女戲, 非教戲也. 未教戲, 先教琴, 先教琵琶, 先教提琴, 弦子, 蕭管, 鼓吹, 歌舞, 借戲爲之, 其實不專爲戲也. 郭汾陽, 楊越公, 王司徒女樂, 當日未必有此. 絲竹錯雜, 檀板清謳, 入妙腠理, 唱完以曲白終之, 反覺多事矣. 西施歌舞, 對舞者五人, 長袖緩帶, 繞身若環, 曾撓摩地, 扶旋猗那, 弱如秋藥. 女官內侍, 執扇葆璿蓋, 金蓮寶炬, 紈扇, 宮燈二十余人, 光焰熒煌, 錦繡紛疊, 見者錯愕. 雲老好勝, 遇得意處, 輒盱目視客; 得一贊語, 輒走戲房, 與諸姬道之, 俺出俺入, 頗極勞頓. 且聞雲老多疑忌, 諸姬曲房密戶, 重重封鎖, 夜猶躬自巡歷, 諸姬心憎之. 有當御者, 輒遁去, 互相藏閃, 只在曲房, 無可覓處, 必叱吒而罷. 殷殷防護, 日夜爲勞, 是無知老賤, 自討苦吃者也, 堪爲老年好色之戒.

06

소흥의 금파紹興琴派

병진丙辰[51]에 왕려아王侶鵝에게 금琴을 배웠다. 소흥에 남아 있는 왕명천파王明泉派는 왕려아일 것 같아, 〈어초회답漁樵回答〉·〈열자어풍列子禦風〉·〈벽옥조碧玉調〉·〈수룡음水龍吟〉·〈도의환패성搗衣環珮聲〉과 같은 곡을 배웠다. 무오戊午[52]에 왕본오王本吾[53]에게 금을 배웠는데, 반년 만에 20여 곡을 배웠다. 〈안락평사雁落平沙〉·〈산거음山居吟〉·〈정관음靜觀吟〉·〈청야좌종淸夜坐鍾〉·〈오야영烏夜詠〉·〈한궁추漢宮秋〉·〈고산류수高山流水〉·〈매화롱梅花弄〉·〈순화인淳化引〉·〈창강야우滄江夜雨〉·〈장주몽莊周夢〉, 그리고 〈호가십팔박胡笳十八拍〉과 〈보암주普庵咒〉 등 소곡小曲 10여 가지를 배웠다. 왕본오는 손놀림이 부드럽고 차분하며, 가락이 기름 친 듯 매끄러웠다. 내가 그 기법을 배워 연습을 하였으나 여전히 서툴러 억지로 거친 소리를 내어 합주하였다. 함께 배운 이는 범여란範與蘭·윤이도尹爾韜·하자상何紫翔·왕사미王士美·연객燕客·평자平子였다.[54] 범여란·왕사미·연객·평자는 모두 다 배우지 못하였고,

---

51 丙辰: 萬曆 44년인 1616년이다.

52 戊午: 萬曆 46년인 1618년이다.

53 王本吾: 자세한 생애는 알 수 없으나 松江 사람으로 琴 연주가 뛰어난 인물이다.

54 範與蘭의 자세한 생애는 알 수 없다. 다만 《陶庵夢憶》 권8에 〈範與蘭〉과 본문의 내용을 통해 그가 琴을 좋아하고 난을 심고 분재를 좋아하는 인물임을 알 수 있다. 尹爾韜의 字는 芝仙이고 號는 袖花老人으로, 山陰(지금의 浙江省 紹興) 사람이다. 음률에 정통하여 《原琴正義》, 《審音奏議》와 같은 책을 썼다. 何紫翔은

하자상은 왕본오의 십중팔구를 배웠지만 약간 미숙하였으며, 윤이도는 왕본오의 십중팔구를 배웠지만 약간 겉돌았다. 내 일찍이 왕본오·하자상·윤이도와 네 개의 금으로 합주를 하였는데 마치 한 사람 손에서 나온 듯하여 듣는 이들이 놀라고 감탄하였다. 나중에 왕본오가 월 지역에 와서 가르친 자는 장신행張慎行과 하명태何明台인데, 이들은 지나치게 견실한 나머지 여유가 없어 왕본오를 넘지 못하였다.

丙辰, 學琴於王侶鵝. 紹興存王明泉派者推侶鵝, 學漁樵回答, 列子禦風, 碧玉調, 水龍吟, 搗衣環珮聲等曲. 戊午, 學琴於王本吾, 半年得二十余曲: 雁落平沙, 山居吟, 靜觀吟, 清夜坐鍾, 烏夜詠, 漢宮秋, 高山流水, 梅花弄, 淳化引, 滄江夜雨, 莊周夢, 又胡笳十八拍, 普庵咒等小曲十余種. 王本吾指法圓靜, 微帶油腔. 余得其法, 練熟還生, 以澀勒出之, 遂稱合作. 同學者, 範與蘭, 尹爾韜, 何紫翔, 王士美, 燕客, 平子. 與蘭, 士美, 燕客, 平子俱不成, 紫翔得本吾之八九而微嫩, 爾韜得本吾之八九而微迂. 余曾與本吾, 紫翔, 爾韜取琴四張彈之, 如出一手, 聽者駴服. 後本吾而來越者, 有張慎行·何明台, 結實有余而蕭散不足, 無出本吾上者.

〈與何紫翔書〉에서 장대와 음악에 대해 이야기 한 내용이 있다. 王士美는 王業洵으로 字는 士美이고 餘姚(지금의 浙江省 餘姚) 사람이다. 《도암몽억》 권1 〈木猶龍〉에서 장대와 교류한 일화가 적혀 있다. 燕客은 장대 숙부 張保生(1576-1644)의 아들 張萼으로, 號가 연객이다. 《도암몽억》 권1 〈天硯〉에도 보인다. 平子는 장대의 아우 張峰으로 字가 平子이다.

07
화석강이 남긴 돌花石綱[55]遺石

월중越中에는 좋은 돌이 없다. 그러나 동문간董文簡[56] 집에 있는 돌 하나는 크고 단단하다. 여러 개의 구멍이 있어 시원스럽고 환하며, 구름이나 물결처럼 변화무쌍함은 없다. 이 돌은 주면朱勔[57]의 화석강이 남긴 것으로, 육방옹陸放翁[58] 집안의 물건이다. 동문간은 정원 계단에 이 돌을 세워 놓고 돌 뒤에 척아송剔牙松[59] 한 그루를 심었는데 거리를 두어 돌의 정취와 잘 어울리게 하였다. 동문간은 그 북쪽에 집을 짓고 '독석헌獨石軒'이라 이름을 붙였는데, 돌 하나가 홀로 높이 있다는 뜻이었다. 석궤石簣[60] 선생이 그 집에서 책을 읽으시고

---

55 花石綱: 화석강은 고대 황제에게 진귀한 꽃과 돌을 찾아 운송하는 부서이다. 北宋 徽宗 趙佶(1082-1135)이 艮嶽이라는 정원을 꾸미기 위해 설치되었다. 綱은 열척의 배를 이르는 말이다.

56 董文簡: 董玘(1487-1546)로, 原名은 元이고 字는 文玉이며 시호가 文簡이다. 浙江省 會稽 출신으로 관직이 禮部尙書까지 올랐다.

57 朱勔: 주면(1075-1126)은 江蘇省 蘇州 사람이다. 北宋 때의 간신으로 알려져 있다. 주면은 宋 徽宗 趙佶(1082-1135)이 진기한 꽃과 돌을 좋아하는 걸 알고 浙中에서 찾아 바친 뒤로 승승장구하여 높은 벼슬을 맡았다.

58 陸放翁: 南宋의 詩人 陸遊(1125-1210)이다. 육유의 字는 務觀이고 號가 放翁이다. 越州 山陰(지금의 浙江省 紹興) 사람이다. 북송과 남송 교체기에 태어나 수많은 애국시를 지어 憂國詩人으로 알려져 있다.

59 剔牙松: 소나무의 하나인 栝子松의 속칭이다.

60 石簣: 陶望齡(1562-1609)으로, 陶奭齡의 형이다. 도망령의 字는 周望이고 號가 石簣이다. 會稽(지금의 浙江省 紹興) 사람이다. 明 萬曆 17년(1589)에 會試에 급

이 일을 새겨 적으셨다. 장강長江 이남에 화석강이 남긴 돌은 오문吳門 서청지徐清之[61] 집안의 돌을 석조石祖로 삼는다. 돌의 높이는 1장丈 5척尺이었다. 주면이 배로 옮기려 했으나 돌 받침이 태호太湖 바닥에 가라앉아 찾지 못하여 실행에 옮기지 못했다. 나중에 오정烏程 동씨董氏[62]에게 갔으나 싣고 가는 도중에 배가 전복되었다. 동씨는 돈으로 잠수를 잘하는 이를 구하였다. 그런데 이전에 먼저 빠졌던 돌 받침을 찾게 되어 이상하게 여겼다. 다시 물에 들어가 돌도 찾았는데 돌 또한 돌아서 올라왔다. 당시 사람들은 이 일을 연진검延津劍[63]에 비유하였다. 그 후 수십 년이 지나고 돌은 비로소 서씨徐氏의 소유가 되었다. 다시 서청지에게 전해졌을 때 3백 금으로 세웠다. 돌은 받침대까지 높이가 2장 가량으로 변화무쌍하여 가히 형용할 말이 없었다. 얼추 오무기吳無奇[64]가 황산黃山을 유람할 때 괴이한 돌을 보고 갑자기

제하여 翰林院編修가 되었고 이후 관직이 國子監祭酒까지 올랐다. 도망령은 평생 王守仁의 학설을 따랐고 詩文을 잘 지었다. 저서로 《歇庵集》, 《解莊》, 《天水閣集》 등이 있다.

61 徐清之: 徐泰時(1540-1598)로, 字가 清之이다. 江蘇省 蘇州 사람으로 萬曆에 進士를 지냈고 이후 관직이 太仆寺少卿에까지 올랐다. 소주의 留園을 지었다.

62 董氏: 董份(1510-1595)으로 字는 用均이고 號는 南潯山人이다. 烏程(지금의 浙江省 湖州) 사람이다. 관직이 吏部尚書까지 올랐다. 저서로 《泌園集》이 있다.

63 延津劍: 龍泉과 太阿라는 보검을 말한다. 晉 惠帝 때 북두성과 견우성 사이에 붉은 빛이 감돌자 천문에 정통했던 雷煥은 그것을 보검의 빛으로 보고 승상인 張華에게 말했다. 장화는 뇌환을 豐城令으로 임명하고 보검을 찾게 했다. 풍성에서 뇌환은 땅을 파다 돌로 만든 상자를 발견했고 그 안에서 두 개의 검을 얻었는데 그 하나가 용천이고 다른 하나가 태아였다. 나중에 뇌환이 죽고 그 아들이 검을 가지고 延平津을 건너다 두 보검을 바다에 빠트렸는데 검이 용으로 변해 하늘로 날아갔다고 한다. 《晉書·張華傳》에 관련된 이야기가 나온다.

64 吳無奇: 吳世奇로 字가 無奇이고 號가 恒初로 安徽省 歙縣 사람이다. 太常寺卿을

눈을 부릅뜨고 외쳤던 말, "어찌 이럴 수가! 어찌 이럴 수가!"와 같을 것이다.

越中無佳石. 董文簡齋中一石, 磊塊正骨, 窗咤數孔, 疏爽明易, 不作靈譎波詭, 朱勔花石綱所遺, 陸放翁家物也. 文簡豎之庭除, 石後種剔牙松一株, 辟哻負劍, 與石意相得. 文簡軒其北, 名"獨石軒", 石之軒獨之無異也. 石簣先生讀書其中, 勒銘志之. 大江以南花石綱遺石, 以吳門徐清之家一石爲石祖. 石高丈五, 朱勔移舟中, 石盤沉太湖底, 覓不得, 遂不果行. 後歸烏程董氏, 載至中流, 船復覆. 董氏破資募善入水者取之. 先得其盤, 詫異之, 又溺水取石, 石亦旋起. 時人比之延津劍焉. 後數十年, 遂爲徐氏有. 再傳至清之, 以三百金豎之. 石連底高二丈許, 變幻百出, 無可名狀. 大約如吳無奇遊黃山, 見一怪石, 輒瞋目叫曰: "豈有此理! 豈有此理!"

지냈고 저서로 《綠滋館稿》, 《史裁》 등이 있다.

08

초산焦山[65]

중숙仲叔[66]이 과주瓜州[67]를 지킬 때 나는 우원于園[68]에 잠시 살았다. 별다른 일이 없었는데 갑자기 금산사金山寺[69]에 올랐다. 바람이 상쾌하고 달도 밝아 이경二更에 묘고태妙高臺[70]까지 올라 가파른 장강長江을 보니 마치 도랑 같았다. 하루는 배를 띄워 초산으로 갔는데 산세가 더 휘어진 게 재미있었다. 장강은 산 아래에서 더욱 굽이치고 물을 보면 맑고 투명하여 가라앉은 껍데기 하나 없었다. 돌고래

---

65 焦山: 지금의 江蘇省 鎭江市 동북쪽에 위치한 산으로 浮玉山이라고도 한다. 漢末의 隱士 焦先이 이곳에서 살았는데 漢 獻帝가 세 차례 조서를 내려 관직을 하사했지만 부패한 조정에서 물들길 원치 않아 응하지 않았다. 초선은 산에서 약초를 캐고 사람들을 치료하며 살아 후세에서 그를 기념하기 위해 樵山을 焦山이라고 불렀다.

66 仲叔: 장대의 둘째 숙부 張聯芳(1576-1644)이다. 장련방의 字는 爾堡이고 揚州司馬를 지냈다. 그림을 잘 그리고 감상 능력도 뛰어나 李流芳, 董其昌과 이름을 나란히 하였다. 장대는 본편을 비롯하여 《陶庵夢憶》의 〈鬥雞社〉, 〈仲叔古董〉, 〈噱社〉, 〈懸杪亭〉과 같은 글에서 닭싸움, 골동품, 농담 등을 소재로 장련방을 언급하였다.

67 瓜州: 지금의 江蘇省 揚州市이다.

68 于園: 瓜州에 위치한 개인의 정원으로 《陶庵夢憶》 권5에 〈于園〉이 수록되어 있다.

69 金山寺: 江蘇省 鎭江에 위치한 사찰로 東晉 明帝 때 지어졌다. 처음에는 澤心寺 혹은 龍遊寺라 불렸는데 唐代 이후에는 줄곧 金山寺라 불렸다. 역사적으로 이야기가 많아 《西遊記》나 《白蛇傳》에 그와 관련된 이야기가 있다.

70 妙高臺: 金山에서 가장 높은 곳이 妙高峰인데 宋代 승려 了元이 여기에 누대를 지어 묘고대라 이름붙였다. 이후 묘고대는 금산의 명승지 중 하나가 되었다.

와 해마는 먹이를 던져 주면 뛰어올라 먹었는데, 길들여진 게 마치 집에서 기르는 물고기 같았다. 수정전水晶殿을 보고 예학명瘞鶴銘[71]을 찾았는데 산에 사람이 없어 고요하기가 마치 태고太古 같았다. 머리를 돌려 본 과주의 성안은 불꽃이 피어올라 실로 다른 세상 같았다. 배부르게 먹고 충분히 잔 뒤에 새로 목욕을 하고 나와 초처사사焦處士祠로 가 참배를 하였다. 고관의 초헌을 타고 면류관을 썼으며 화려하게 수놓은 예복을 입고 부인과 나란히 앉았다. 곁에 신하 넷과 궁녀 넷이 깃털로 장식한 일산 우보羽葆[72]와 깃발을 든 모습을 보니 흡사 왕 같았다. 아마도 현지인이 토지신이나 곡신으로 받들어 왕의 예로 제사 지낸 것 같다. 이는 두십이杜十姨와 오자수伍髭須를 짝지은 것[73]처럼 이미 오래되어 그 잘못을 바로잡을 수 없다. 처사는 영험하니 설마 어디로 가야 할지 모를까?

仲叔守瓜州, 余借住于園, 無事輒登金山寺. 風月清爽, 二鼓, 猶上妙高台, 長江之險, 遂同溝澮. 一日, 放舟焦山, 山更紆譎可喜. 江曲渦山下, 水望澄明, 淵無潛甲. 海豬, 海馬, 投飯起食, 馴擾若豢魚. 看水晶殿, 尋瘞鶴銘, 山無人雜, 靜若太古. 回首瓜州, 煙火城中, 真如隔世. 飯飽睡足, 新浴而出, 走拜焦處士祠. 見其軒冕黼黻, 夫人列坐, 陪臣四, 女官四, 羽葆雲罕, 儼然王者. 蓋土人奉爲土穀, 以王禮祀之. 是猶以杜十姨配伍髭須, 千古不能正其非也. 處士有靈, 不知走向何所?

---

71 瘞鶴銘: 초산에 있는 마애석각이다.

72 羽葆: 고대 제왕의 儀仗으로, 새 깃털로 장식한 華蓋이다.

73 杜十姨, 伍髭須: 잘못 전해진 일을 비유하는 말이다. 杜十姨는 杜拾遺(杜甫)를, 伍髭須는 伍子胥를 오인해 잘못 부른 것이다.

09

표승암表勝庵[74]

노봉爐峰의 석옥石屋[75]은 일금一金 스님을 위해 짓고 지켜온 땅이었다. 나중에 일금 스님은 가교柯橋[76]의 융광사融光寺[77]의 주지를 맡았다. 조부께서 표승암을 완성하시자 일금 스님이 산으로 돌아와 주지를 맡길 바라셨다. 내게 계문啟文을 쓰라 명하셨기에 이렇게 적었다.

"삼가 엎드려 생각건대, 숲속에 표승암을 지었으나 급고給孤처럼 대지에 금을 가득 깔아 드릴 수 없으니 부끄럽습니다.[78] 천와天瓦[79]에서 수행하셨으니 보장寶掌[80]처럼 오천五天[81]을 두루 다니며 행각하시길 바라옵니다. 석탑에 다시 온 것은 계장로戒長老가 특별히 소동파蘇東坡

---

74 表勝庵은 장대의 할아버지 張汝霖이 지은 사찰이다.

75 爐峰: 지금의 紹興 會稽山의 봉우리인 香爐峰이다. 石屋은 사찰 이름으로, 香爐峰 서남쪽 산자락 아래에 있다.

76 柯橋: 지금의 紹興 서쪽에 위치한 다리이다.

77 融光寺: 宋 紹興 6년에 지어진 사찰로 지금의 紹興 柯橋街 融光橋의 서남쪽에 있다.

78 이 말은 불교 전설에서 비롯되었다. 僑薩羅國의 給孤獨은 太子 祇陀에게 부처를 위해 사원을 지을 땅을 팔라고 요청했다. 태자가 땅에 황금을 가득 깔아놓으면 팔겠다고 하자 급고독이 수레에 황금을 가득 싣고 동산을 채우기 시작했다. 태자가 이를 보고 감동하여 부처를 위한 땅을 주었다고 한다.

79 天瓦: 表勝庵 아래에 위치한 天瓦山房을 말한다.

80 寶掌: 인도의 高僧이다.

81 五天: 고대 인도는 東天竺 · 西天竺 · 南天竺 · 北天竺 · 中天竺으로 나뉘었다. 오천은 이 다섯 부분의 인도를 통칭하는 말이다.

를 위했기 때문입니다.[82] 소나무 가지에 매달은 약속은 만회사萬回師[83]가 서쪽으로 형을 만나러 가려고 했기 때문입니다. 떠나면 관여하지 않고 머물러도 인연을 따를 뿐입니다. 삼가 엎드려 생각건대, 구리산九里山의 정람사精藍寺는 실제로 일금 스님께서 처음 수행하던 곳입니다. 우연히 들어보니 가정柯亭의 죽적竹笛[84]소리가 세상에 잠시 머물자 석옥石屋의 연기와 노을이 오랫동안 사라졌다고 하니 이는 응당 속세를 초월한 것입니다. 비유하자면 홀로 하늘을 나는 학이 여전히 전에 앉았던 가지를 그리워하고 그 자욱했던 구름을 생각하며 또 산봉우리로 돌아간 것과 같습니다. 하물며 이곳은 훌륭한 땅이기에 마땅히 남다른 인물의 조짐이 있을 것이고, 산의 주지라는 전생의 인연이 맺어지면 곧장 법당의 새로운 모범이 열릴 것입니다. 문을 지킴에 호랑

---

82 戒長老: 戒長老는 宋代 高僧 戒蔽(戒弼)이다. 蘇軾(1037-1101)은 〈重請戒長老住石塔疏〉에서 "대사는 일찍이 설법을 한 적이 없는데 누가 金毛의 소리를 내는가? 중생이 각자 스스로 법당의 문을 열어 어찌 석탑의 일에 관여하겠는가? 떠나는 일은 서로하지 않고 머무는 일 또한 인연을 따른다. 長老 戒公은 二門을 열지 않고 베풂에 끝이 없다. 西湖의 오랜 이별을 생각하니 본래는 우연이나 소동파를 위해 잠시 머물러도 괜찮다.(大士未曾說法, 誰作金毛之聲; 衆生各自開堂, 何關石塔之事. 去無作相, 住亦隨緣. 長老戒公, 開不二門, 施無盡藏. 念西湖之久別, 本是偶然; 爲東坡而少留, 無不可者.)"라 하였다. 즉 본문에서 장로 계공은 일금 스님에, 소동파는 조부에 비유한 것이다.

83 萬回師: 唐代 승려 萬回가 형을 만나러 간 일을 말한다. 전설에 의하면 만회의 형이 遼陽에서 복역을 하자 부모가 걱정을 많이 했다고 한다. 그리하여 만회가 아침에 형을 보러 갔다가 저녁에 형이 적은 편지를 가지고 왔다고 한다. 《宋高僧傳》卷十八에 수록되었다.

84 柯亭은 지금의 浙江省 紹興 서남쪽에 있는 高遷亭이다. 양질의 대나무가 생산되는 곳으로 유명하다. 중국 後漢 때 蔡邕은 전란을 피해 江南 柯亭館으로 피신했는데 그곳에서 대나무로 만든 서까래를 보고 피리를 만들었다. 그것이 바로 竹笛이다.

이를 허락하고 사발을 씻으니 용이 들어왔습니다.[85] 이른 봄에 딴 차는 여전히 찬물의 풍미가 있고 세밀의 향기는 여전히 초가집의 매화에서 옵니다. 반월암半月岩[86]은 마치 사람과 수수께끼를 하듯 대사에게 가르쳐 달라고 청하는 것 같습니다. 돌 하나와도 대화를 할 수 있으니 생공生公의 설법을 들으면 고개를 끄덕일 것입니다.[87] 정중히 산의 영혼을 빌려 돌과 함께 은거하시기를 바랍니다. 만일 원공遠公[88]의 결사를 만들려 심사숙고 하신다면 분명 눈썹을 찌푸리지 않을 것입니다. 강악康樂[89]같은 부류가 마음먹었다 해도 스스로 입을 열기 어려울 것입니다. 산으로 돌아오는 수레를 세우고 호수로 돌아오는 배를 보고 위로는 자비를 베푸시길 바라며 아래로는 중생의 뜻을 따라 주시기 바라옵니다."

---

85 《晉書 · 僧涉傳》에 "승려 涉는 西域 사람이다. 姓이 무엇인지는 알 수 없다. 은밀하게 神龍에게 빌어 매일 아침 비를 내려 달라고 청했다. 갑자기 용이 사발로 들어가자 하늘에서 큰비가 쏟아졌다.(僧涉者, 西域人也, 不知何姓. 能以秘祝下神龍, 每旱, 堅常使之咒請雨. 俄而龍下鉢中, 天轍大雨.)"라는 기록이 있다.

86 半月岩: 반월암은 半月泉이라고도 하는데, 山陰 法華山 天衣寺 옆에 있다. 이곳은 둥근 달이 떠도 연못에 비치는 모습은 반달이 되어 독특한 경치로 이름난 곳이다.

87 生公: 晉 나라 말기의 高僧 竺道生(355-434)을 말한다. 전해지는 바에 따르면 축도생은 소주의 호구산에서 불경을 강독했는데, 돌마저도 고개를 끄덕였다고 한다.

88 遠公: 東晉 高僧 慧遠(334-416)으로, 혜원은 402년 廬山에 東林寺를 세우고 백여 명과 白蓮社를 만들었다. 동림사에 백련이 많았고 또 함께 염불을 수행하는 사람들은 이익이나 명예에 물들지 않는 것을 연꽃에 비유하여 백련사라 지었다.

89 康樂: 南北朝 때의 詩人 謝靈運(395-433)을 말한다. 사령운의 본명은 公義이고 字가 靈運이며 陳郡 陽夏(지금의 河南省 太康) 출신이다. 晉 安帝때 조부 謝玄의 작위를 세습하여 康樂公이 되었다. 사령운은 정치적으로 뜻을 이루지 못하여 관직에 있었을 때도 마음대로 산수를 유람했고 관직을 그만두고 나서는 더욱더 기묘한 경치나 불교에 심취했다.

爐峰石屋爲一金和尚結茅守土之地, 後住錫柯橋融光寺. 大父造表勝庵成, 迎和尚還山住持. 命余作啟, 啟曰: "伏以叢林表勝, 慚給孤之大地布金; 天瓦安禪, 冀寶掌自五天飛錫. 重來石塔, 戒長老特爲東坡; 懸契松枝, 萬回師卻逢西向. 去無作相, 住亦隨緣. 伏惟九里山之精藍, 實是一金師之初地. 偶聽柯亭之竹笛, 留滯人間; 久虛石屋之煙霞, 應超塵外. 譬之孤天之鶴, 尚眷舊枝; 想彼彌空之雲, 亦歸故岫. 況茲勝域, 宜兆異人, 了住山之夙因, 立開堂之新範. 護門容虎, 洗缽歸龍. 茗得先春, 仍是寒泉風味; 香來破臘, 依然茅屋梅花. 半月岩似與人猜, 請大師試爲標指; 一片石正堪對語, 聽生公說到點頭. 敬藉山靈, 願同石隱. 倘靜念結遠公之社, 定不攢眉; 若居心如康樂之流, 自難開口. 立返山中之駕, 看回湖上之船, 仰望慈悲, 俯從大眾."

10

매화서재梅花書屋

해악루陔萼樓[90] 뒤 낡은 방은 기울어져 무너졌는데 내가 그 4척尺의 지반에 커다란 서재를 하나 지었다. 옆을 확장해서 지은 이실耳室[91]은 마치 장막 같았는데, 그곳에 침상을 두었다. 앞뒤로 공터가 있었고 뒤쪽 담장에 화단을 만들어 붉은 모란, 누런 모란, 큰 모란을 세 그루를 심었더니 꽃이 담장까지 피어올라 한 해 동안 3백 송이가 넘게 피었다. 화단 앞 개아그배나무 두 그루에서 꽃이 피자 석 자尺의 흰 꽃이 쌓였다. 화단의 사방 벽은 약간 높게 하고 맞은편에 돌계단을 쌓아 태호석太湖石[92] 여러 개를 끼웠다. 서계西溪 매화의 줄기는 예스러우면서도 단단했고 전차滇茶 꽃의 줄기 여럿이 자태를 뽐냈다. 그 옆 매화 뿌리에 시계풀을 심었는데 얽히고 둘린 모습이 마치 영락纓絡[93] 같았다. 창밖에 죽붕竹棚은 보양寶襄[94]이 빽빽이 덮어 버렸다. 계단 아래 푸른 풀은 깊이가 3척尺이고 추해당秋海棠이 듬성듬성 섞여 있었다. 앞뒤 밝은 창으로 보양과 개아그배나무가 보이며 점차 푸른 그늘을 만들었다. 나는 그 가운데에 앉다가 눕다가 하며 고류高流나

---

90 亥萼樓: 장대의 집에 있는 누대이다.

91 耳室: 본채 양쪽에 위치한 작은 방으로, 耳房이라고도 한다.

92 太湖石: 江蘇省 太湖에서 나는 돌로, 주름과 구멍이 많아 정원을 꾸미는 데 사용하거나 假山을 만드는 데 사용한다.

93 纓絡: 고대 진주나 마노 등의 보석을 꿰어서 만든 장식품으로 瓔珞이라고도 한다.

94 寶襄: 장미의 일종으로 꽃잎이 많고 봉오리가 크다. 寶相이라고도 한다.

가객佳客이 아니면 들이지 않았다. 예우倪迂의 청비淸閟[95]를 사모하여 또 운림비각雲林秘閣이라 이름 지었다.

陔萼樓後老屋傾圮, 余築基四尺, 造書屋一大間. 旁廣耳室如紗㡡, 設臥榻. 前後空地, 後牆壇其趾, 西瓜瓤大牡丹三株, 花出牆上, 歲滿三百余朵. 壇前西府二樹, 花時積三尺香雪. 前四壁稍高, 對面砌石台, 插太湖石數峰. 西溪梅骨古勁, 滇茶數莖嫵媚, 其旁梅根種西番蓮, 纏繞如纓絡. 窗外竹棚, 密寶襄蓋之. 階下翠草深三尺, 秋海棠疏疏雜入. 前後明窗, 寶襄, 西府, 漸作綠暗. 余坐臥其中, 非高流佳客, 不得輒入. 慕倪迂"淸閟", 又以"雲林秘閣"名之.

---

95 倪迂: 元代 유명한 화가이자 시인 倪瓚(1301-1374)이다. 예찬의 字는 元鎭이고 號는 雲林이다. 江蘇省 無錫 출신이며 저서로 《淸閟集》이 있다. 淸閟는 예찬이 살았던 곳이다.

11
불이재不二齋[96]

불이재不二齋에 있는 오동나무는 높이가 석 장丈이라 푸른 나무 그늘이 수천 겹이었다. 남장의 서쪽 작은 공간은 매화를 심어 메웠다. 그러나 하늘이 나무 그늘에 가려져 푸른색으로 뒤덮였으니 따뜻한 기운이 올 새가 없었다. 뒤쪽 창의 담장은 난간보다 높고 방죽方竹 여러 대가 있어 시원스러우며 정자소鄭子昭의 〈만이추성[역자주 滿耳秋聲, 귀를 가득 채운 가을 소리]〉라는 가로 폭 서화 한 폭이 있었다. 햇볕이 내리쬘 때 허공을 바라보면 빛이 스며드는데 마치 유리와 운모석雲母石[97]같아 앉아 있으면 늘 청량한 세계에 있는 듯하였다. 사방 벽을 가득 채운 책이 침상까지 널려 있었고 정鼎・이彝・존尊・뢰罍[98]가 옮길 필요 없이 갖춰졌다. 나는 왼쪽에 돌 침상과 죽부인을 두고 얇은 비단 장막을 쳐서 모기와 등에를 막았다. 녹색의 어두운 빛이 장막으로 들어오면 빛을 받은 부분이 청록색이 되었다. 여름에 건란建蘭과 말리茉莉의 향기가 사람에게 스며들고 옷자락에도 스며들었다. 중양절重陽

---

96 不二齋: 장대의 曾祖父 張元忭(1538-1588)이 지은 서재이다. 이후 장대가 새로 단장하여 이곳에서 책을 읽고 진귀한 책과 각종 문구를 소장하였다.

97 雲母石: 雲母를 주성분으로 갖는 암석이다. 광택이 나고 여러 층이며 불에 강하고 탄력이 있다.

98 鼎・彝・尊・罍: 鼎은 고대 祭禮用 용기 중에 하나로, 3개 혹은 4개의 다리가 있고 양쪽에 귀가 달린 것이다. 彝는 나라의 큰 행사에 사용되었던 禮器로, 주로 술병이나 술잔으로 사용된 것이다. 尊은 고대 사용되었던 술잔이고, 罍는 고대 술독의 하나로 질그릇이나 구리로 만든 것이다.

節[99] 전후로 국화를 옮겨 북쪽 창 아래에 두었다. 국화 화분을 위에서 아래 다섯 층으로 배치했더니 꽃 색깔도 맑은데 환한 햇빛이 비치어 마치 가을 물에 빠진 것 같았다. 겨울이면 오동나무 잎이 떨어지고 매화가 폈다. 따사로운 햇볕이 창에 내리쬐고 안에는 붉은 화로와 담요가 있었다. 곤산석昆山石[100]으로 만든 화분에 수선화를 심어 계단에 놓아 두었다. 봄이 되면 사방 벽 아래가 온통 산란山蘭[101]이었고 난간 앞에는 작약이 반半 무畝였으며 특이한 품종도 많이 있었다. 나는 옷을 벗고 다리를 쭉 펴고 앉아 춥거나 덥거나 쉽게 나가지 않았으니, 생각해 보면 세상과 떨어진 곳에 있는 것 같았다.

不二齋, 高梧三丈, 翠樾千重, 牆西稍空, 蠟梅補之. 但有綠天, 暑氣不到. 後窗牆高於檻, 方竹數竿, 瀟瀟灑灑, 鄭子昭"滿耳秋聲"橫披一幅. 天光下射, 望空視之, 晶沁如玻璃, 雲母, 坐者恒在清涼世界. 圖書四壁, 充棟連床; 鼎彝尊罍, 不移而具. 余於左設石床竹幾, 帷之紗幕, 以障蚊虻; 綠暗侵紗, 照面成碧. 夏日, 建蘭, 茉莉, 薌澤浸人, 沁入衣裾. 重陽前後, 移菊北窗下, 菊盆五層, 高下列之, 顏色空明, 天光晶映, 如沉秋水. 冬則梧葉落, 蠟梅開, 暖日曬窗, 紅爐毾㲪. 以昆山石種水仙, 列階趾. 春時, 四壁下皆山蘭, 檻前芍藥半畝, 多有異本. 余解衣盤礴, 寒暑未嘗輕出, 思之如在隔世.

---

99 重陽節: 중양절은 전통명절로 음력 9월 9일이다. 숫자 9는 《易經》에서 陽數인데 9월 9일은 양수가 중복이라 중양절이라 한다. 중양절에는 높은 곳에 올라 복을 빌고 가을 국화를 감상하며 신에게 제사를 지내는 등의 풍습이 있다.

100 昆山石: 江蘇省 昆山市 馬鞍山에서 나오는 돌이다. 곤산석은 구멍이 많고 색깔이 선명하여 흰 것은 눈 같고 노란 것은 옥 같다. 똑같은 형태가 없기에 기석을 수집하는 이들에게 높은 가격에 팔리고 정원을 가꾸는 데에도 많이 사용된다.

101 山蘭: 국화과의 여러해살이풀로 등골나물이라고도 한다.

12
사관과 석주砂罐錫注[102]

의홍宜興[103]의 사관砂罐은 공춘龔春[104]이 상급이고, 시대빈時大彬[105]이 그다음이며, 진용경陳用卿[106]이 또 그다음이다. 석주錫注는 왕원길王元吉이 상급이고, 귀무덕歸懋德이 그다음이다.[107] 무릇 사관은 모래이고 관주는 주석이다. 그릇이 바야흐로 장인의 손에서 떠나면 사관 하나, 관주 하나의 값이 5, 6금金이나 되니, 이는 모래와 주석의 무게가 다른 것처럼 가격도 다르다. 이 어찌 이상한 일이 아닌가? 그러나 사관 하나, 관주 하나가 상이商彝·주정周鼎과[108] 같은 반열에 올려도 손색이 없으니, 이것이 바로 그 품격이다.

宜興罐, 以龔春爲上, 時大彬次之, 陳用卿又次之. 錫注, 以王元吉爲上, 歸懋德次之. 夫砂罐, 砂也; 錫注, 錫也. 器方脫手, 而一罐一注價五六金, 則是砂與錫與價, 其輕重正相等焉, 豈非怪事. 然一砂罐, 一錫注, 直躋之商彝, 周鼎之列而毫無慚色, 則是其品地也.

---

102 砂罐은 밑이 깊은 항아리이고 錫注는 주석으로 만든 술 항아리이다.
103 宜興: 지금의 江蘇省 宜興으로, 紫砂壺라는 흙으로 만든 찻주전자로 유명한 지역이다.
104 龔春: 공춘(1506-1566)은 明 正德·嘉靖 연간의 유명한 도자기 장인이다.
105 時大彬: 시대빈(1573-1648)은 明 萬曆에서 清 順治 연간의 유명한 도자기 장인이며, '紫砂四大家'인 時朋의 아들이다.
106 陳用卿: 明 天啟에서 崇禎 연간의 도자기 장인으로, 《弦紋金線如意壺》를 썼다.
107 王元吉, 歸懋德: 둘 다 明末 주석으로 만든 단지인 錫壺 제작의 명인이다.
108 商彝·周鼎: 商周 시기 제사 때 사용하던 청동기물이다.

13

심매강沈梅岡[109]

심매강 선생은 재상宰相 엄숭嚴嵩[110]을 거역하여 18년간 감옥에 있었다. 책을 읽고 남는 시간에 한편으로 공예 기술을 연구하셨다. 도끼나 톱 없이 쇳조각을 밤낮으로 갈아 마침내 날카롭게 만드셨다. 한 척尺 가량의 향남목香楠木을 얻자 다듬어 문구 하나와 큰 상자 세 개, 작은 상자 일곱 개, 벽 자물쇠 두 개를 만드셨다. 종죽棕竹[111] 몇 편으로 부채 하나와 18개의 부챗살도 만드셨다. 장부[112] · 이음새 · 정첩이 견고하여 장인도 능히 만들 수 없을 정도였다. 그 부인夫人[113]께서 증조부에게 심선생의 묘지명을 부탁하며 선물로 가져와, 증조부께서 감사히 받으셨다. 상자에 "19년간 중랑中郞은 절개를 지켰고[114] 18년간 급간給

---

109 沈梅岡: 沈束(1514-1581)으로 字는 宗安이고 號가 梅岡이다. 會稽(지금의 浙江省 紹興) 사람이다. 明 嘉靖 때 進士가 되었고 이후 徽州推官과 禮科給事中을 맡았다. 후에 嚴嵩(1480-1558)의 모략으로 18년간 감옥에 갇혔다.

110 嚴嵩: 엄숭(1480-1558)의 字는 惟中이고 號는 介溪이며 江西省 分宜 사람이다. 明 弘治연간에 進士가 되었고 嘉靖 때 大學士를 맡았으며 이후 관직이 太子太師에까지 올랐다. 엄숭은 20년간 명나라 조정의 권력을 독점한 간신으로 알려져 있다.

111 棕竹: 종려죽은 중국 남쪽에서 자라는 대나무이다. 처음에는 줄기가 하나이나 자라면서 땅속줄기에서 싹이 뭉쳐난다. 잎이 부챗살처럼 여러 갈래로 갈라지고 빛깔도 다소 연하다.

112 장부: 나무 끝을 구멍에 맞추어 박기 위하여 깎아 가늘게 만든 부분이다.

113 夫人: 심매강의 부인 張氏이다.

114 中郎은 中郎將으로 西漢 때 황제를 호위하던 무관이다. 여기서는 蘇武(기원전 140-기원전 60)를 말한다. 소무는 西漢의 中郎將이었다. 漢 武帝의 명으로 匈奴

諫[115]은 감옥에 갇히셨으니, 절개와 감옥은 모두 같은 길이다."라고 새기셨다. 또 대나무 부채에 "변방의 담요도 굶주리면 먹을 수 있다. 감옥에서 만든 부채는 티끌이 묻지 않는다. 옛날의 소무蘇武와 지금의 심매강의 명예가 드러난다."라고 적으셨다. 심매강 선생이 만들고 조부께서 명문을 지으셨으며 서문장徐文長[116]이 쓰셨고 장응요張應堯[117]가 새겼으니, 사람들이 '사절四絶'이라 불렀다. 내 그것을 소중히 보관하였다. 또 듣자 하니 심매강 선생은 죽으로 흙을 구웠고 무릇 수년간 구리로 북 두 개의 모형을 만드셨는데, 그 소리가 1리里 가량 퍼져 섬라暹羅[118]의 구리보다 뛰어났다고 한다.

沈梅岡先生忤相嵩, 在獄十八年. 讀書之暇, 傍攻匠藝, 無斧鋸, 以片鐵日夕磨之, 遂銛利. 得香楠尺許, 琢爲文具一, 大匣三, 小匣七, 壁鎖二, 棕竹數片爲箑一, 爲骨十八, 以筭, 以縫, 以鍵, 堅密肉好, 巧匠謝不能事. 夫人丐先文恭志公墓, 持以爲贄, 文恭拜受之, 銘其匣曰: "十九年, 中郎節; 十八年, 給諫匣; 節邪匣邪同一轍." 銘其箑曰: "塞外氈, 饑可餐; 獄中箑, 塵莫幹; 前蘇後沈名班班." 梅岡制, 文恭銘, 徐文長書, 張應堯鐫, 人稱四絶, 余珍藏之. 又聞其以粥煉土, 凡數年, 範爲銅鼓者二, 聲聞里許, 勝暹羅銅.

를 정벌하러 갔다가 19년간 포로로 잡혔다. 그는 죽더라도 투항하지 않겠다며 지조를 지켰고 변방에서 양을 치고 살며 한나라에 대한 충성심을 보였다.

115 給諫: 唐宋 때는 給事中과 諫議大夫를 합쳐 부르는 말이었으나 明清 시기에는 六科의 給事中을 달리 부르는 말이었다. 본문에서는 禮科의 給事中이었던 심매강을 가리킨다.

116 徐文長: 徐渭(1521-1593)의 字는 文清이고 후에 文長으로 바꾸었다. 號는 青藤·天池·田水月이라 했고 山陰(지금의 浙江省 紹興) 사람이다. 명대 유명한 문인이자 화가이다. 저서로 《徐文長全集》, 《四聲猿》, 《南詞續錄》 등이 있다.

117 張應堯: 명말의 유명한 조각가이다.

118 暹羅: 태국을 말한다.

14
구루산방岣嶁山房[119]

구루산방은 산·시내·도광로韜光路와 가까이에 있어 길마다 다리가 있고 방마다 누각이 있었다. 산방의 문밖에는 푸른 소나무가 굽어 있고 여러 나무가 울창하게 자라 서늘하고 푸른빛이 끝없이 펼쳐져, 사람의 얼굴은 본래의 색을 잃었다. 돌다리 아래 계단에는 열 명이 앉을 수 있었다. 절의 승려가 대나무를 잘라 샘물을 끌어와 다리 아래에 이리저리 뒤섞여진 것이 모두 대나무 줄기였다. 천계天啟 갑자甲子[120]에 나는 문에 빗장을 치고 그 안에서 일곱 달을 보냈다. 귀로 시냇물 소리를 실컷 듣고 눈으로는 푸른 그늘을 실컷 보았다. 산 위아래로 밤과 죽순이 많아 향기롭기가 비할 데가 없었다. 이웃 사람들은 산방을 시장으로 생각하여 과일이나 조류를 매일 가져왔는데 유독 생선은 없었다. 이에 시냇물을 막아 연못을 만들어 큰 물고기 수십 마리를 길렀다. 손님이 오면 바로 물고기를 잡아서 신선하게 대접했다. 일포日晡[121] 즈음 걸어서 냉천정冷泉亭과 포원包園, 그리고 비래봉飛來峰에 갔다. 하루는 시내를 따라 걸으며 불상을 보았는데

119 구루산방은 李茇이라는 항주 문인이 머물렀던 곳인데 그의 號가 岣嶁였다. 장대는 天啟 甲子(1624년)에 구루산방에서 趙介臣·陳章侯·顏敘伯·卓珂月·平子와 같은 여러 친구들과 글공부를 했다. 《西湖夢尋》 권2에도 동일한 편명의 작품이 있다.

120 天啟 甲子: 明 天啟 4년으로 1624년이다.

121 日晡: 오후 3시에서 5시로 申時를 말한다.

양곤楊髡[122]에 대한 욕이 연신 나왔다. 자세히 보니 한 페르시아 사람이 용과 코끼리 위에 앉아 있고 만녀蠻女 네다섯이 꽃과 과실을 바치고 있었다. 모두 나체였으며 돌에 양련진가楊璉真伽의 초상이라고 새겨져 있었다. 나는 방망이로 그 머리를 부수고 여러 만녀도 부숴버렸으며 대소변을 버리는 곳에 흘려보내 되갚아 주었다. 승려들이 내가 불상을 부수니 뜻밖에 이상한 일이라고 했으나 그것이 양곤인 줄 알고는 모두 기뻐하며 칭찬했다.[123]

岣嶁山房, 逼山, 逼溪, 逼韜光路, 故無徑不梁, 無屋不閣. 門外蒼松傲睨, 蓊以雜木, 冷綠萬頃, 人面俱失. 石橋低磴, 可坐十人. 寺僧刳竹引泉, 橋下交交牙牙, 皆爲竹節. 天啟甲子, 余鍵戶其中者七閱月, 耳飽溪聲, 目飽清樾. 山上下, 多西栗, 邊筍, 甘芳無比. 鄰人以山房爲市, 蓏果, 羽族日致之, 而獨無魚. 乃瀦溪爲壑, 系巨魚數十頭. 有客至, 輒取魚給鮮. 日晡, 必步冷泉亭, 包園, 飛來峰. 一日, 緣溪走看佛像, 口口罵楊髡. 見一波斯坐龍象, 蠻女四五獻花果, 皆裸形, 勒石志

122 楊髡: 양곤은 元나라 唐兀 사람으로 僧官이었던 楊璉眞伽다. 世祖 至元 14년(1277년) 江南釋教總統이 되어 南宋 趙氏들의 황릉과 대신들의 무덤을 도굴했는데, 101곳이나 되었다. 승려의 신분임에도 사람들에게 美人과 보물들을 셀 수 없이 받았고, 佛寺 명의로 佃戶 50만 호를 점유했다. 1291년 官物을 훔쳤다가 투옥되었다. 관리들이 사형에 처할 것을 주청했지만 세조가 허락하지 않고 사람과 토지들만 환수하도록 했다. 髡은 머리를 깎아버리는 형벌로, 이후 승려를 폄하하는 호칭이 되었다.

123 元 世祖 至元년간에 楊璉真伽가 강남지역의 불교를 관리하면서 재상 桑哥(?-1291)와 결탁해 남송 여섯 황제의 묘를 도굴했다. 후에 唐玨과 林景熙가 송 고종과 효종의 유골을 수습해 紹興 蘭渚山 부근에 묻고 감탕나무를 심어 위치를 표시했다. 장대는 《西湖夢尋》의 〈飛來峰〉에서 양곤에 대한 증오로 불상을 부순 일을 자세히 기록하였다.

之, 乃真伽像也. 余椎落其首, 並碎諸蠻女, 置溺溲處以報之. 寺僧以余爲椎佛也, 咄咄作怪事, 及知爲楊髡, 皆歡喜贊歎.

15

삼대의 장서三世藏書

우리 가문은 삼대가 모아 놓은 책이 3만萬 권이 넘는다. 조부께서 내게 "여러 손자 중에 오직 너만 책을 좋아하니 네가 보고 싶은 책이 있다면 마음대로 가져가거라."라고 하셨다. 내가 고조부 · 증조부 · 조부께서 교정하신 책과 조상들의 필적이 남겨진 책을 골라 모아서 청하자, 조부께서 기뻐하시며 들고 가라 명하셨는데 대략 2천千 권이 넘었다. 천계天啟 을축乙丑에[124] 조부께서 세상을 떠나신 뒤 내가 항주로 가 보니 숙부와 여러 아우들 · 문객 · 공인工人 · 노비 · 하인들이 마구 가져가 삼대가 남긴 책이 하루 만에 사라졌다. 나도 어려서부터 40년간 책을 모아 3만 권이 넘었다. 을유乙酉에 병란을 피해 섬剡으로 가면서[125] 대략 몇 상자만 가지고 갔고 남은 책들은 방병方兵[126]이 차지해 매일 찢어서 땔감으로 태웠고 강가에 가지고 갔다. 갑옷 안에 넣어 화살과 탄알을 막아, 40년간 모은 책이 또 하루 만에 소실되었다. 이것이 우리 가문의 책이 가진 운명이니 또 누구를 탓하

---

124 天啟 乙丑: 天啟 5년인 1625년이다.

125 을유乙酉는 清 順治 2년, 즉 1645년으로 장대가 전란을 피해 嵊縣 西白山으로 은거하였다. 剡은 지금의 浙江省 嵊縣이다.

126 方兵: 方國安(?-1646)의 병사를 말한다. 방국안의 字는 磐石으로 浙江省 諸暨 사람이다. 명나라의 總兵으로 명말에 방국안의 병력은 가장 컸다. 이후 청 조정에 투항하였다.

랴! 이로 인해 나는 고금 이래로 장서가 풍부함은 수대隋代와 당대唐代를 넘을 수 없다고 감탄한다. 수대의 훌륭함은 장서전藏書展을 삼품三品으로 나누었다는 것으로, 홍유리전紅琉璃殿 · 감유리전紺琉璃殿 · 칠축전漆軸殿이 그것이다. 장서전에는 비단 장막이 드리워져 있는데 거기에 날아다니는 신선을 두루 새겼다. 황제께서 책방으로 행차하셔서 숨겨진 장치를 밟으시면 날아다니는 신선 장막이 걷혀 올라가 책궤의 문이 자동으로 열렸다. 황제께서 떠나시면 처음과 같이 닫혔다. 수대의 장서를 계산해 보면 37만 권이었다. 당나라는 내고內庫[127]의 장서를 동궁東宮 여정전麗正殿으로 옮기고 수문원修文院과 저작원학사著作院學士를 설치하여 출입하는 자를 기록했다. 태부太府[128]는 매달 촉도蜀都[129]에서 생산된 마지麻紙[130] 5천千 번番[131]을 주었고, 분기마다 상곡上穀[132]에서 생산된 묵 336환丸[133]도 주었으며, 해마다 하간河間 · 경성景城 · 청하淸河 · 박평博平, 이 사군四郡의 토끼털로 만든 1천 5백 개의 붓을 주었는데, 갑甲 · 을乙 · 병丙 · 정丁의 순서로 하였다. 당대의 장서를 계산해 보면 20만 8천 권이었다. 명대는 중비서中秘書가[134] 셀

127 內庫: 황궁 안의 창고이다.

128 太府: 고대 관서명으로 北魏 孝文帝때 少府를 太府로 고쳤고 北齊 때 太府寺를 설치하여 長官을 太府寺卿 혹은 太府卿으로, 副官을 太府少卿이라 불렀다. 궁궐의 창고와 무역을 담당했다. 隋 煬帝때는 도시 무역과 시장 물가 및 관리들의 봉록 등과 관련된 일을 처리했다. 唐宋을 거쳐 明代에는 工部로 편입되었다.

129 蜀都: 지금의 四川省 成都이다.

130 麻紙: 삼으로 만든 종이이다.

131 番: 고대 종이를 세는 단위이다.

132 上穀: 지금의 河北省 易縣이다.

133 丸: 환약 같은 알을 세는 단위이다.

134 中秘書: 궁정의 장서를 관리하는 기구이다.

수 없이 많았고 《영락대전永樂大典》[135] 한 권에 수만 권이 축적되어 있었다. 내 장서는 그야말로 구우일모九牛一毛이니 어찌 셀만 하겠는가!

余家三世積書三萬餘卷. 大父詔余曰: "諸孫中惟爾好書, 爾要看者, 隨意攜去." 余簡太仆, 文恭, 大父丹鉛所及, 有手澤者存焉, 彙以請, 大父喜, 命舁去, 約二千餘卷. 天啓乙丑, 大父去世, 余適往武林, 父叔及諸弟, 門客, 匠指, 臧獲, 巢婢輩亂取之, 三代遺書一日盡失. 余自垂髫聚書四十年, 不下三萬卷. 乙酉避兵入剡, 略攜數簏隨行, 而所存者, 爲方兵所據, 日裂以吹煙, 並舁至江幹, 籍甲內, 擋箭彈, 四十年所積, 亦一日盡失. 此吾家書運, 亦復誰尤! 余因歎古今藏書之富, 無過隋, 唐. 隋嘉則殿分三品, 有紅琉璃, 紺琉璃, 漆軸之異. 殿垂錦幔, 繞刻飛仙. 帝幸書室, 踐暗機, 則飛仙收幔而上, 櫥扉自啟; 帝出, 閉如初. 隋之書計三十七萬卷. 唐遷內庫書於東宮麗正殿, 置修文著作兩院學士, 得通籍出入. 太府月給蜀都麻紙五千番, 季給上穀墨三百三十六丸, 歲給河間, 景城, 清河, 博平四郡兔千五百皮爲筆, 以甲, 乙, 丙, 丁爲次. 唐之書計二十萬八千卷. 我明中秘書不可勝計, 即永樂大典一書, 亦堆積數庫焉. 余書直九牛一毛耳, 何足數哉!

---

135 《永樂大典》: 明 永樂帝 成祖의 명에 의해 1408년에 완성된 최대의 類書이다. 經 · 史 · 子 · 集을 포함하여 불교 · 도교 · 의학 · 천문 · 기예 등과 관련된 서적을 총망라하여 내용별로 분류하였다. 목록만 60권에 본문은 2만 2천여 권이나 후에 대부분이 산실되어 서목만 남아 전해진다.

卷 3

도암몽억 陶庵夢憶

01
사사絲社

월중越中에서 금琴을 연주하는 이는 대여섯 명이 채 못 되는데, 수년째 연습을 하지 않았으니, 금琴 실력이 어찌 좋겠는가? 그리하여 내 사사絲社를 결성하여 매달 반드시 세 번은 모였다. 짧은 격문檄文[1]을 써서 이렇게 말했다.

"중랑中郎[2]은 음악에 벽癖[3]이 있어 〈청계롱淸溪弄〉 한 곡을 삼 년 만에 완성했다. 하령賀令은 혜강嵇康과 신교神交하여 〈광릉산廣陵散〉을 얻어 천년을 전했다.[4] 악기는 신이 만든 것이라 도道에 들어맞는데, 사

1 檄文: 원래 전쟁 같은 비상사태 때 사람들을 선동하거나 의분을 고취하려 쓰는 글이다. 적군을 설득하거나 비난할 때 쓰기도 하고 본문처럼 급히 여러 사람에게 알리려고 보내기도 한다.

2 中郎: 中郎將을 지낸 後漢 蔡邕(133-192)이다. 채옹은 琴에 조예가 깊었는데 꼼꼼한 성격 때문에 한 곡을 3년 동안 만들었다고 한다.

3 癖: 어떤 사물에 대해 오랫동안 습관이 되어 형성된 편집증에 가까운 성향을 말한다.

4 南朝 劉義慶(403-444)의 《幽明錄》에 다음과 같은 이야기가 있다. "會稽의 賀思令은 琴 연주를 잘하여 매번 밤이 되면 달빛에 앉아 바람을 맞으며 연주를 했다. 어느날 한 사람이 中庭에 와서 잘한다고 칭찬을 하여 함께 이야기를 나누었다. 스스로 嵇中散(嵇康)이라고 하였다. 하사령에게 '경의 손은 대단히 빠르나 옛법과 합치되지 않습니다'라 하며 《廣陵散》을 들려 주었다. 하사령은 이렇게 하여 《廣陵散》을 얻어 지금까지 전한다.(會稽賀思令善彈琴, 嘗夜在月中坐, 臨風撫奏. 忽有一人, 至其中庭, 稱善, 便與共語. 自雲是嵇中散. 謂賀云: '卿下手極快, 但於古法未合.'因授以《廣陵散》. 賀因得之, 於今不絕.)"

람이 배우기는 쉬워도 정통하기는 어렵다. 다행히 산과 계곡의 고장에서 태어나 금이라는 고아함에 다 같이 뜻을 두었다. 맑은 샘과 넓은 바위 옆에서 금으로 〈수선水仙〉[5]이란 곡을 연주하니 즐겁다. 시냇물이 흐르는 소리, 솔바람과 더불어 세 가지가 모두 자연의 소리라 마침 좋아하는 사람들이 모여들었다. 나와 뜻을 같이하여 아끼는 마음에 금맹琴盟을 세우고 정기적으로 만날 것을 약속하니, 어찌 좋은 날을 헛되이 보내겠는가? 현악기 소리와 관악기 소리가 뒤섞이고 청아한 목소리가 더해졌다. 곡조를 움직이고 현을 울리니 뭇 산들이 다 절로 울렸다. 금 소리는 갑匣 안에 있는지와 무관하고 손끝에 있지도 않다는, 소동파 선생이야말로 금을 이해한 사람이다.[6] 그러나 금을 아는 사람 중 소리를 내느라 애쓰지 않은 원량元亮[7]과 같은 이들이야말로 훌륭한 짝이다. 상각商角[8]을 조율하니 도리어 사람의 목소리가 악기 소리만 못하다는 것을 알겠다. 풍류와 정신이 통하고 조화를 이루니 마음에서 생겨나 손으로 표현됨이 부럽다. 편안하게 연주하며

5 〈水仙〉: 고대 琴曲이다.

6 소동파의 〈琴詩〉에서 인용한 말이다. "만약 금에 소리가 있다고 말한다면, 갑匣에 있었을 때는 어찌 울리지 않는가? 만약 소리가 손끝에서 나온다고 말한다면 어찌 그대 손끝에서는 들리지 않는가?(若言琴上有琴聲, 放在匣中何不鳴. 若言聲在指頭上, 何不於君指上聽?)"

7 元亮: 東晉의 陶淵明(365-427)으로, 원래 이름은 陶潛이고 字가 元亮이다. 號는 五柳先生이며 柴桑(지금의 江西省 九江) 사람이다. 《晉書 · 隱逸傳》에 이르길, "도잠은 천성적으로 음악을 알지 못했는데 금 하나를 준비해 놓고 줄과 발도 없는데 매번 친구와 술이 모이면 금을 만지며 화답하였으니 말하길, '금의 홍취를 알면 그만이지 어찌 줄 위의 소리를 수고롭게 하겠는가?'라 하였다.(陶潛性不解音, 而畜素琴一張, 弦徽不具, 每朋酒之會, 則撫而和之, 曰'但識琴中趣, 何勞弦上聲.')"라고 적혀 있다.

8 商角: 宮 · 商 · 角 · 徵 · 羽, 즉 五音에 해당되는데, 여기서는 음률을 말한다.

은밀하게 감상하여 꽃만 감상하려는 이들이 음악 소리를 더럽히지 않게 한다. 누르고 튕기기를 반복하니 고악古樂도 싫증 난다고 감히 말한다. 모두 아끼는 곡을 우정의 소리로 삼아 사단絲壇의 성대한 활동을 떨쳐야 한다."

越中琴客不滿五六人, 經年不事操縵, 琴安得佳? 余結絲社, 月必三會之. 有小檄曰: "中郎音癖, 清溪弄三載乃成; 賀令神交, 廣陵散千年不絕. 器由神以合道, 人易學而難精. 幸生岩壑之鄉, 共志絲桐之雅. 清泉磐石, 援琴歌水仙之操, 便足怡情; 澗響松風, 三者皆自然之聲, 正須類聚. 偕我同志, 爰立琴盟, 約有常期, 寧虛芳日. 雜絲和竹, 用以鼓吹清音; 動操鳴弦, 自令眾山皆響. 非關匣裏, 不在指頭, 東坡老方是解人; 但識琴中, 無勞弦上, 元亮輩正堪佳侶. 既調商角, 翻信肉不如絲; 諧暢風神, 雅羨心生於手. 從容秘玩, 莫令解穢於花奴; 抑按盤桓, 敢謂倦生於古樂. 共憐同調之友聲, 用振絲壇之盛舉."

02

남진에서 꿈을 빌다南鎭祈夢[9]

만력萬曆 임자壬子[10]에 내 나이 열여섯이었다. 남진몽신南鎭夢神에게 꿈을 빌기 전에 소疏[11]를 지어 이렇게 말했다.

"이에 혼돈의 시대 속에서 따로 천지가 열렸고 화서국華胥國[12] 안에서 일찍이 춘추春秋가 보였습니다. 꿈에서 두 개의 기둥을 보았고 꿈에서 붉은 신을 보았으며 성인聖人도 있었습니다.[13] 꿈에서 초록蕉鹿을 보았고 꿈에서 헌면軒冕도 보았으며[14] 어리석은 자도 과감하게 말

9 南鎭은 지금의 會稽山이다. 소흥 지역은 섣달그믐 밤에 南鎭에서 하룻밤을 자고 거기서 꾼 꿈으로 길흉을 점을 치는 풍속이 있다.

10 萬曆壬子: 萬曆 40년인 1612년이다.

11 疏: 원래 '통하게 한다.'는 뜻이다. 여기서는 문체의 하나로 奏議類에 속한다. 신하가 임금에게 사실을 조목별로 나누어 陳述하여 올리던 글을 말한다.

12 華胥國: 고대 전설 속의 나라로 모계 씨족사회의 여족장 華胥氏가 만든 나라이다. 화서국에 대한 기록은 《列子·皇帝》에서 처음 등장한다. "황제가 낮잠을 자다가 화서씨의 나라로 놀러간 꿈을 꾸었다. 화서씨의 나라는 엄주의 서쪽이자 태주의 북쪽에 위치하였는데 제나라와의 거리가 얼마나 되는지는 알지 못하였다. 무릇 배나 수레, 걸어서는 갈 수 없고 정신만이 놀러갈 수 있었다.(皇帝晝寢而夢遊於華胥氏之國. 華胥氏之國在弇州之西, 台州之北, 不知斯其國齊幾千萬裏. 蓋非舟車足力之所及, 神遊而憶.)" 이후 화서국은 꿈속의 세계로 비유되었다.

13 두 개의 기둥은 죽음을 암시하는 것이다. 붉은 신은 고대 왕공귀족들이 신는 신발이다. 《詩經·豳風·狼跋》에서 "公은 겸손하시고 도량이 넓으시며 붉은 신을 신고 유유하게 계신다.(公孫碩膚, 赤舃幾幾.)"라 하였다.

14 蕉鹿, 軒冕: 蕉鹿은 '파초를 덮은 사슴'이란 뜻으로, 옛날 어떤 사람이 사슴을 잡아 파초 잎에 덮었는데 나중에 그 장소를 잊어 한갓 꿈으로 생각했다고 한다. 軒

했습니다. 오직 생각이 없고 연유도 없다면, 수레를 타고 쥐구멍에 들어가는 꿈이나 절구질을 하고 나서 쇠 절굿공이를 씹어 먹는 꿈을 꾸지 않습니다.[15] 먼저 알고 먼저 깨닫는 게 아니면, 어찌 장차 벼슬자리를 얻을 때 관이 나오는 꿈을 꾸고 재물을 얻을 때 더러운 꿈을 꾸겠습니까?[16] 정신이 혼란스러울 때 신명神明이 내리신 은혜 같지 않습니까? 저 역시 저수지에 눕기도 하고 새장에서 날아오르기도 했으며 자신의 그림자를 돌아보고 스스로 불쌍히 여겨도 봤는데, 장차 누구에게 말해야 합니까? 다른 사람의 놀림감이 되는 것을 제가 어찌

冕은 높은 관리가 타던 초헌과 머리에 쓰는 관을 이르던 말로 높은 관직을 비유한다.

15 이 말은《世說新語 · 文學》편에서 인용하였다. "衛玠가 어렸을 때 樂令에게 꿈에 대해 물었더니 악령이 '생각'이라고 답했다. 위개가 묻기를 '형체와 정신이 결합되지 못하는 꿈도 있는데 어찌 생각이 꿈일 수 있습니까?'하자 악령이 '원인이 있기 때문이다. 수레를 타고 쥐구멍에 들어가는 꿈이나 절구질을 하고 나서 쇠 절구공이를 씹어먹는 꿈을 꾼 적이 없는 건 모두 생각이 없고 원인도 없기 때문이지.'라고 하였다. 악개는 '원인'에 대해 생각해 보았지만 한 달이 지나도 이해하지 못하여 마침내 병이 들었다. 악령이 이 소식을 듣고 일부러 수레를 타고 가서 분석해 주었더니 위개가 금방 차도를 보였다. 악령이 감탄하길, '이 아이는 가슴 속에 분명 불치병이 없을 것이다!'라 하였다.(衛玠總角時, 問樂令夢, 樂雲是想. 衛曰: 形神所不接而夢, 豈是想邪? 樂雲: 因也. 未嘗夢乘車入鼠穴, 擣齏啖鐵杵, 皆無想無因故也. 衛思因, 經日不得, 遂成病. 樂聞, 故命駕為剖析之. 衛既小差, 樂嘆曰: 此兒胸中當必無膏肓之疾!)"

16 이 말은《世說新語 · 文學》편에서 인용하였다. "어떤 이가 殷中軍에게 묻기를 '어찌 장차 벼슬자리를 얻으려 할 때는 관이 나오는 꿈을 꾸고 재산을 얻으려 할 때는 더러운 꿈을 꾸는 건가요?'라 하자 은중군이 답하길, '벼슬은 본래 썩은 것이기에 그것을 얻을 때는 관과 시체 꿈을 꾸는 것입니다. 재물은 본래 똥이라 그것을 얻으려 할 때는 오물을 꾸는 것입니다.'라고 하였다.(人有問殷中軍: 何以將得位而夢棺器, 將得財而夢矢穢? 殷曰: 官本是臭腐, 所以將得而夢棺屍; 財本是糞土, 所以將得而夢穢汙.)"

감당하겠습니까! 한 번 울어 놀라면 적벽학赤壁鶴[17]입니까? 끌채 아래를 배회하면 이것이 남가태수南柯太守의 개미구멍입니까?[18] 때를 만나 거마에 오르면 위수渭水의 곰입니까?[19] 절반으로 깨진 침상에 돗자리가 나오면 칠원漆園의 나비입니까?[20] 신령께서 제게 알려 주십시오.

---

17 赤壁鶴: 蘇軾(1037-1101)의 《後赤壁賦》에서 보인다. "때는 장차 한밤중으로 사방이 적막하고 고요하다. 마침 학 한 마리가 강을 가로질러 동쪽에서 날아왔는데 날개는 수레바퀴 같았고 몸은 희고 꼬리는 검었으며 끼룩끼룩 길게 울며 내 배를 스치고 서쪽으로 갔다. 잠시 후 나그네도 떠나고 나 역시 잠에 빠졌다. 꿈에서 한 道士를 만났는데 새의 깃털로 만든 옷을 펄럭이며 臨皋 아래로 지나갔다.(時夜將半, 四顧寂寥. 適有孤鶴, 橫江東鶩來, 翅如車輪, 玄裳縞衣, 戛然長鳴, 掠予舟而西也. 須臾客去, 予亦就睡. 夢一道士, 羽衣翩躚, 過臨皋而下.)"

18 이 이야기는 唐 李公佐(770-850)의 《南柯太守傳》에 대한 것으로, 《陶庵夢憶 · 自序》에 보인다.

19 渭水의 곰: 《史記 · 齊太公世家》에서 보인다. "西伯이 장차 사냥에 나가려고 점을 쳤는데 점괘에서 말하길, '이번에 잡을 것은 용이나 이무기가 아니고 호랑이나 큰곰도 아니다. 패왕을 보필할 신하를 잡을 것이다'라 하였다. 이에 周나라 西伯이 사냥을 나갔고 과연 渭水의 남쪽 자락에서 태공을 만났다.(西伯將出獵, 蔔之, 曰所獲非龍非彨非虎非羆, 所獲霸王之輔. 於是周西伯獵, 果遇太公於渭之陽.)"라고 하였다. 나중에 이 이야기는 周 文王이 곰꿈을 꾸고 薑子牙를 얻었다는 典故로 사용되었다.

20 漆園의 나비: 《莊子 · 齊物論》에 보인다. "옛날 莊周가 나비가 되는 꿈을 꾸어 훨훨 날아다니는 나비가 되었다. 스스로 유쾌하고 뜻에 만족했는지라 자신이 장주임을 알지 못했다. 갑자기 깨어보니 갑자기 장주가 되었다. 장주의 꿈에 나비가 된건지 나비의 꿈에 장주가 된건지 알지 못하겠다. 장주와 나비는 분명 다르다. 이것을 物化라고 한다.(昔者莊周夢爲胡蝶, 栩栩然胡蝶也. 自喻適志與, 不知周也. 俄然覺, 則蘧蘧然周也. 不知周之夢爲胡蝶與, 胡蝶之夢爲周與? 周與胡蝶, 則必有分矣. 此之謂物化.)" 《史記 · 老子韓非列傳》에 보면, "莊子는 蒙 지역 사람으로 이름은 周이다. 장주는 일찍이 몽 지역에서 漆園吏를 지냈다.(莊子者, 蒙人也, 名周. 周嘗爲蒙漆園吏.)"라고 하였다. 칠원은 옻나무 재배지인데, 장자가 잠시 관리로 일한 곳이다.

누워야 할지 움직여야 할지, 또 제가 선각자를 만나면 어디로 가야 할지를 말입니다. 여기 동지冬至가 시작되는 날을 골라 신령님께 육몽六夢의 정正[21]을 빕니다. 공명에 대한 뜻이 급하여 머리를 긁적이며 하늘에 묻고자 합니다. 기도하는 마음이 단단하여 머리를 들어 땅에 조아립니다. 헌원씨軒轅氏께서 정호鼎湖[22]를 꿈에 보시면 한 글자만 알아도 검증받을 수 있습니다. 이위공李衛公[23]이 서악西嶽에 서를 올려 세 번 묻고 세 가지를 금하였습니다. 정중하게 이런 이야기를 말씀드리니 신께서 살펴보아 주시기 바랍니다."

萬曆壬子, 余年十六, 祈夢於南鎮夢神之前, 因作疏曰: "爰自混沌譜中, 別開天地; 華胥國裏, 早見春秋. 夢兩楹, 夢赤舄, 至人不無; 夢蕉鹿, 夢軒冕, 癡人敢說. 惟其無想無因, 未嘗夢乘車入鼠穴, 搗齏啖鐵杵; 非其先知先覺, 何以將得位夢棺器, 得財夢穢矢. 正在恍惚之交, 儼若神明之賜? 某也躨跜偃潴, 軒翥樊籠, 顧影自憐, 將誰以告? 爲人所玩, 吾何以堪! 一鳴驚人, 赤壁鶴耶. 局促轅下, 南柯蟻耶? 得時則

21 六夢의 正: 사실과 부합되는 꿈을 말한다. 六夢은 꿈을 여섯 가지로 나눈 것으로, 《周禮 · 春官 · 占夢》에 보인다. "日月星辰으로 여섯 가지 꿈의 吉凶을 점치는 일을 관장한다. 첫째는 正夢, 둘째는 噩夢, 셋째는 四夢, 넷째는 寤, 다섯째는 喜夢, 여섯째는 懼夢이다.(以日月星辰占六夢之吉凶: 一曰正夢, 二曰噩夢, 三曰四夢, 四曰寤夢, 五曰喜夢, 六曰懼夢.)"

22 鼎湖는 《史記 · 封禪書》에 보인다. "黃帝가 首山의 구리를 가져와 荊山 아래에서 鼎을 만들었다. 鼎이 완성되자 용이 긴 수염을 늘어뜨리며 황제를 맞이했다. … 그리하여 후세에서 이곳을 鼎湖라고 했다.(黃帝采首山銅, 鑄鼎於荊山下, 鼎既成, 有龍垂胡珣下迎黃帝. … 故後世因其處曰鼎湖.)"

23 李衛公: 唐初의 유명한 將領 李靖(571-649)이다. 이정의 字는 藥師이고 三原(지금의 陝西省 三原) 사람이다. 衛國公에 봉해졌기에 李衛公이라 칭했다.

駕, 渭水熊耶? 半榻蘧除, 漆園蝶耶. 神其詔我, 或寢或吪; 我得先知, 何從何去. 擇此一陽之始, 以祈六夢之正. 功名志急, 欲搔首而問天; 祈禱心堅, 故擧頭以搶地. 軒轅氏圓夢鼎湖, 已知一字而有一驗; 李衛公上書西嶽, 可云三問而三不靈. 肅此以聞, 惟神垂鑒."

03
계천禊泉

혜산천惠山泉[24]은 전당강錢塘江을 지나지 않아 서홍西興[25]의 지게꾼들이 물을 기르기 위해 강을 건넜는데 또 주절주절 괴이한 일을 하였다. 한 진신縉紳[26] 선생이 조부祖父를 방문하여 좋은 차를 마시고 크게 기뻐하며 묻기를 "어디 물입니까?" 하자 조부께서 "혜천의 물입니다."라고 하셨다. 진신 선생은 하인을 돌아보며 "우리 집 가까이에 위전衛前[27]이 있는데 물을 길어다 먹는 줄을 몰랐구나. 꼭 기록해 두어라."라고 하였다. 동일주董日鑄[28] 선생께서 일찌이 "농濃·열熱·만滿이 차의 진리이니, 육우陸羽의 《경經》[29]은 불태워도 된다."라고 말씀하셨다. 두 선생의 말씀으로 소홍 사람들의 소박함을 충분히 알 수 있다.

나는 바닷물을 마실 수도 없고 혜산의 물을 길어 올 힘도 없었다.

---

24 惠山泉: 江蘇省 無錫 惠山의 산자락에 있는데 '天下第二泉'으로 불린다.

25 西興: 지금의 浙江省 杭州 濱江區로, 보통 固陵이라 부른다.

26 縉紳: 옛날 관리를 통칭하는 말이다.

27 衛前: 惠泉을 잘못 말한 것 같다.

28 董日鑄: 董懋策, 字는 揆仲이고 號가 日鑄이다. 《周易》에 정통하여 따르는 자가 많았다.

29 陸羽의 《經》: 陸羽(733-804)가 지은 《茶經》이다. 육우는 唐代의 문인으로, 字는 鴻漸이고 號는 桑貯翁이며, 竟陵(지금의 湖北省 天門) 사람이다. 차에 대한 지식이 풍부하여 '茶聖'이라 불렸다. 《茶經》은 세계 최초의 茶學 서적이다.

갑인甲寅[30] 여름에 반죽암斑竹庵[31]을 지나다 물을 마셨는데, 물이 맑고 각이 있어 기이했다. 가서 색을 보니 마치 가을 달이 서리 낀 하늘에 떠서 하늘에 빛을 뿜어 하얗게 만든 것 같았다. 또 아지랑이가 살며시 산굴에서 나와 소나무를 휘감고 돌을 미혹하다가 희미하게 흩어지는 것 같았다. 내가 순간적으로 우물 입구에 글자가 적힌 걸 보고 빗자루로 쓸었는데 '계천禊泉'이란 두 글자가 나타났다. 서법이 우군右軍[32]과 매우 비슷하여 더욱 기이하게 여겼다. 차를 끓였더니 향기가 풍겼다. 새로 물을 길었을 때 돌 비린내가 약간 나 사흘간 묵혔더니 사라졌다. 계천을 구별하는 방법은 다른 게 없다. 입에 물을 넣고 혀를 올려 입천장에 대면 뺨을 거쳐 바로 없어지는데, 마치 물이 없는 것 같은데 삼킬 수 있으면 그것이 바로 계천이다. 호사가들은 내 말을 믿었다. 날마다 사람들이 물을 가지러 왔으니, 누군가는 물을 가져다 술을 빚고 누군가는 계천 찻집을 열었으며 누군가는 독으로 퍼다 팔았고 누군가는 관리들에게 가져다 바치기까지 했다. 동방백董方伯[33]이 월越에서 관리를 지낼 때 물을 마셔 보더니 그 맛이 달자 공급이 부족할까 걱정하여 계천을 봉쇄했고 계천의 명성은 날로 더욱 높

30 甲寅: 萬曆 42년인 1614년이다.

31 斑竹庵: 지금의 浙江省 紹興에 있는 長慶寺이다. 唐代에 지어졌는데 원래 東晉 尚書 陳囂의 대나무 정원이었다. 때문에 竹園寺라고도 하고 속칭 斑竹庵이라고도 한다.

32 右軍: 東晉의 書法家 王羲之(303-361)이다. 왕희지의 字는 逸少로 琅琊 臨沂(지금의 山東省 臨沂) 사람이다. 나중에 거처를 會稽 山陰(지금의 浙江省 紹興)으로 옮겼다. 생전에 여러 관직을 지냈는데 그중 右將軍을 맡아서 왕우군으로 불렸다

33 董方伯: 明代의 관리 董承詔이다. 동승조의 字는 聖臣이고, 武進(지금의 常州市) 출신이다. 萬曆 35년에 進士를 지냈고 浙江參議, 浙江按察使, 浙江布政使 등을 맡았다. 方伯은 布政使의 별칭이라 董方伯이라 칭한 것이다.

아졌다. 회계會稽의 도계陶溪[34]·소산蕭山의 북간北幹[35]·항주杭州의 호포虎跑[36]는 다 계천의 상대가 안 되고, 혜산의 물만이 대체로 우열을 가릴 수 없을 정도이다. 여성蠡城[37]에서 혜천의 물은 구하기가 고생스럽고 온도가 약간 높으나 계천은 신선하고 많아 또 한 수 위이다.

내 집의 머슴은 일 처리가 무모하여 계천을 길어 오라 했는데 다른 물로 바꾸었다. 내가 볼기를 치자 동료를 욕하며 그가 속였다고 고하였다. 내가 이 물이 어디 어느 우물에서 나온 물이라고 구별하자 비로소 믿고 탄복했다. 옛사람이 치수淄水와 민수澠水를 구별한다고 하면 과장이 심하여 기이한 일로 여긴다. 여러 물은 입에 넣으면 실로 쉽게 구분할 수 있는데 어째서 역아易牙를 기다려야 하는가?[38] 내 친구 조개신趙介臣[39]도 나를 믿지 않았다. 그러나 함께 일한 지 오랜 뒤에 내게 작별을 고하고 떠나면서 "집의 물이 실로 입에 댈 수가 없으니 내 입맛을 되돌리러 떠나네."라고 하였다.

---

34 陶溪: 지금의 浙江省 紹興 陶晏嶺에 있다.

35 北幹: 지금의 浙江省 蕭山에 위치한 北幹山으로 산 아래에 幹泉이 있다.

36 虎跑: 지금의 浙江省 杭州 大慈山 虎跑寺 안에 위치한 虎跑泉이다. 중국에서 '天下第三泉'이라 불린다.

37 蠡城: 春秋시기 楚나라의 都城으로, 範蠡가 건설했다고 알려져 蠡城이라 불렀다. 그 터가 지금의 浙江省 紹興이다.

38 《淮南子·道應訓》에 "白公이 孔子에게 '만일 물에다 물을 부으면 어떻습니까?'라고 묻자 공자께서 '淄水와 澠水가 합쳐져도 易牙는 물을 맛보고 알았습니다.'라고 답하셨다.(曰: 若以水投水, 何如? 孔子曰: 菑澠之水合, 易牙嘗而易牙嘗而知之.)"라고 하였다. 역아는 春秋시기 齊나라 桓公이 총애하던 신하로 음식을 잘했다고 한다.

39 趙介臣은 天啟 甲子(1624년)에 岣嶁山房에서 장대와 함께 공부했던 친구이다.

惠山泉不渡錢塘, 西興腳子挑水過江, 喃喃作怪事. 有縉紳先生造大父, 飮茗大佳, 問曰: "何地水?" 大父曰: "惠泉水." 縉紳先生顧其價曰: "我家逼近衛前, 而不知打水吃, 切記之." 董日鑄先生常曰: "濃, 熱, 滿三字盡茶理, 陸羽經可燒也." 兩先生之言, 足見紹興人之村之樸.

余不能飮潟鹵, 又無力遞惠山水. 甲寅夏, 過斑竹庵, 取水啜之, 磷磷有圭角, 異之. 走看其色, 如秋月霜空, 噗天爲白; 又如輕嵐出岫, 繚松迷石, 淡淡欲散. 余倉卒見井口有字劃, 用帚刷之, "禊泉" 字出, 書法大似右軍, 益異之. 試茶, 茶香發. 新汲少有石腥, 宿三日, 氣方盡. 辨禊泉者無他法, 取水入口, 第橋舌舐齶, 過頰即空, 若無水可咽者, 是爲禊泉. 好事者信之. 汲日至, 或取以釀酒, 或開禊泉茶館, 或甕而賣及饋送有司. 董方伯守越, 飮其水, 甘之, 恐不給, 封鎖禊泉, 禊泉名日益重. 會稽陶溪, 蕭山北幹, 杭州虎跑, 皆非其伍, 惠山差堪伯仲. 在蠡城, 惠泉亦勞而微熱, 此方鮮磊, 亦勝一籌矣. 長年鹵莽, 水遞不至其地, 易他水, 余笞之, 詈同伴, 謂發其私. 及余辨是某地某井水, 方信服. 昔人水辨淄, 澠, 侈爲異事. 諸水到口, 實實易辨, 何待易牙? 余友趙介臣亦不余信, 同事久, 別余去, 曰: "家下水實進口不得, 須還我口去."

04

난설차蘭雪茶

일주日鑄[40]는 월왕越王[41]이 검을 만든 곳이다. 그래서 그런지 차 맛이 강하고 금석金石의 기운이 있다. 구양영숙歐陽永叔은 "양절兩浙의 차 중 일주가 제일이다."[42]라고 하였고, 왕구령王龜齡은 "용산龍山은 서초瑞草, 일주日鑄는 설아雪芽이다."[43]라고 하였는데, 일주의 명성은 이 두 사람에 의해 알려지기 시작했다.

경성京城의 다객茶客들은 차만 있으면 바로 달려 왔는데 생각은 설아에 있지 않았다. 설아로 이익을 취하여 모든 것을 경성의 방식으로 하고 따로 표시하지 않았다. 삼아숙三峨叔[44]이 송라松蘿[45]를 말리는 방

40 日鑄: 지금의 浙江省 紹興에 있는 山名으로, 日鑄라는 차가 유명하다. 일주차는 또 日注茶, 日鑄雪芽라고도 한다.

41 越王: 春秋 시기 越 나라의 군주인 勾踐(기원전497-기원전465)이다. 월나라는 검 제작 기술이 발달하였다.

42 歐陽永叔은 宋代의 文人 歐陽修(1007-1072)이다. 구양수의 字는 永叔이고 號는 醉翁, 六一居士이며 吉水(지금의 江西省 吉安) 사람이다. 兩浙은 浙東과 浙西로 지금의 浙江省 일대이다. 본문에서 구양수가 말한 내용은《歸田錄》권1에서 찾아볼 수 있다. "草茶는 兩浙에서 난다. 양절의 제품 중에서 日注가 제일이다.(草茶勝於兩浙, 兩浙之品, 日注爲第一.)"

43 王龜齡: 南宋의 文人 王十鵬(1112-1171)이다. 왕십붕의 字는 龜齡이고 號는 梅溪이며 樂清(지금의 浙江省 樂清) 사람이다. 본문의 내용은《會稽風俗賦》에 수록되어 있다. "日鑄雪芽, 龍山瑞草."

44 三峨叔: 장대의 셋째 숙부 張炳芳이다. 장병방의 字는 爾含이고 號가 三峨이다.

45 松蘿: 安徽省 松蘿山에서 나는 松蘿茶를 말한다.

법을 알게 되어 서초로 시험을 해 보니 향기가 강했다. 내가 "서초는 진실로 좋은 차이나 한漢 무제武帝께서 승로반承露盤을 드신 것처럼[46] 많이 먹으면 도움이 되지 않습니다. 일주차가 너무 많아서 마치 여윈 소처럼 돼지를 눌러 죽일 수도 있습니다.[47]"라고 하였다. 이에 흡歙[48] 사람을 모집해 일주로 데려왔다. 당기는 방법 · 따는 방법 · 옮기는 방법 · 펼치는 방법 · 식히는 방법 · 볶는 방법 · 굽는 방법 · 저장하는 방법, 하나같이 송라와 같게 하였다. 다른 물을 부었더니 향이 나지 않았는데 계천禊泉[49]의 물로 끓여 작은 통에 넣었더니 향기가 짙게 풍겼다. 말리茉莉를 섞어 넣어 두세 번 배합하고 입구가 넓은 그릇에 부어 놓고 식기를 기다렸다. 빙빙 돌리면서 끓이다가 쏟아 보니 그 빛깔이 막 대나무를 벗겨 가루를 발라 놓은 것 같았다. 또 마치 산창 밖 하늘이 막 밝아 와 종이를 뚫고 새벽 햇살이 비치는 것 같았다. 푸른색과 잘 어울리는 흰색을 취해 흰 잔에 쏟아부었더니 정말 수백 줄기의 흰 난이 눈덩이와 함께 쏟아지는 것 같았다. 설아는 이 차의 빛깔은 얻었지만 향기는 얻지 못하였으니 내 장난삼아 '난설蘭雪'이라 불렀다. 4, 5년 뒤 '난설차'는 가격이 많이 올랐다. 월 지역의 호사가들

46 漢武帝: 劉徹(기원전157-기원전87)은 西漢의 제5대 황제로 한나라의 국력을 크게 강화한 황제이다. 한무제는 장생불로하길 원하여 建章宮에 承露盤을 받치고 있는 신선을 만들었고 장수하기 위해 甘露를 마셨다고 한다.

47 이 말은 《左轉》 昭公13年에 "소가 비록 수척하다고 해도 돼지 위에 엎어지면 돼지가 겁이 나서 죽지 않겠는가?(牛雖瘠, 僨於豚上, 其畏不死?)"라는 말을 인용한 것이다. 晉나라 叔向이 魯나라 子服惠伯에게 한 말로, 힘이 없어도 상대를 한번 혼내주고 싶다는 뜻을 담고 있다.

48 歙: 지금의 安徽省 歙縣이다.

49 禊泉: 장대가 甲寅 여름에 발견한 샘물이다. 《陶庵夢憶》 권3의 〈禊泉〉이 수록되어 있다.

은 송라 대신 난설차만 마셨다. 난설차면 바로 마셨고 송라와 난설차를 섞은 것 또한 마셨다. 무릇 송라는 몸값을 내려 난설차에 맞춰야 했는데 그것이 세속의 흐름을 따르는 것이었다. 이에 최근 휘주徽州와 흡주의 송라도 이름을 난설로 바꾸었다. 줄곧 유명했던 송라도 겉봉을 모두 바꿨으니, 이 또한 이상한 일이다.

日鑄者, 越王鑄劍地也. 茶味棱棱, 有金石之氣. 歐陽永叔曰: "兩浙之茶, 日鑄第一." 王龜齡曰: "龍山瑞草, 日鑄雪芽." 日鑄名起此. 京師茶客, 有茶則至, 意不在雪芽也. 而雪芽利之, 一如京茶式, 不敢獨異. 三峨叔知松蘿焙法, 取瑞草試之, 香撲冽. 余曰: "瑞草固佳, 漢武帝食露盤, 無補多欲; 日鑄茶藪, '牛雖瘠, 僨於豚上'也." 遂募歙人入日鑄. 扚法, 掐法, 挪法, 撒法, 扇法, 炒法, 焙法, 藏法, 一如松蘿. 他泉瀹之, 香氣不出, 煮禊泉, 投以小罐, 則香太濃鬱. 雜入茉莉, 再三較量, 用敞口瓷甌淡放之, 候其冷; 以旋滾湯沖瀉之, 色如竹籜方解, 綠粉初匀; 又如山窗初曙, 透紙黎光. 取青妃白, 傾向素瓷, 真如百莖素蘭同雪濤並瀉也. 雪芽得其色矣, 未得其氣, 余戲呼之"蘭雪". 四五年後, "蘭雪茶" 一哄如市焉. 越之好事者不食松蘿, 止食蘭雪. 蘭雪則食, 以松蘿而篡蘭雪者亦食, 蓋松蘿貶聲價俯就蘭雪, 從俗也. 乃近日徽歙間松蘿亦名蘭雪, 向以松蘿名者, 封面系換, 則又奇矣.

05
백양의 조수 白洋[50]潮

과거의 일을 보면 삼강三江[51]에서 보는 조수는 실로 볼만한 게 없다. 오후에 떠들썩하게 전해진 말이 "올해는 슬그머니 만조가 될 것이다."라고 하니, 해마다 같은 말이었다. 경진庚辰[52] 8월에 주항악朱恒嶽 소사少師[53]를 조문하고 백양白洋에 이르러 진장후陳章侯[54]와 기세배祁世培[55]와 함께 앉았다. 둑 위에서 조수를 보라고 소리치자 내가 앞장섰고 진장후와 기세배가 뒤따랐다. 둑 위에 서서 보니 일직선으로 뻗은 물마루가 해녕海寧[56]에서부터 밀려와 곧바로 둑 위로 세차게 부딪쳤다. 조금 더 가까이 가 보니 은은하게 하얀빛을 드러냈는

---

50 白洋: 지금의 浙江省 紹興에 있는 白洋鎮이다.

51 三江: 紹興 서북쪽에 위치한 三江口로 富春江, 錢塘江, 曹娥江이 만나는 곳이다.

52 庚辰: 崇禎 13년 1640년이다.

53 朱恒嶽: 朱燮元(1566-1638)으로, 字는 懋和이고 號는 恒嶽이며, 浙江省 紹興 사람이다. 萬曆 20년에 進士가 되어 大理評事, 四川左布政使, 兵部尚書와 같은 관직을 거쳤다. 공적을 인정받아 崇禎 때 少師가 되었다. 주섭원이 죽은 뒤 장대가 〈祭少師朱恒嶽公文〉을 썼다.

54 陳章侯: 陳洪綬(1599-1652)로, 字는 章侯이고 號는 老蓮이며 浙江省 諸暨 사람이다. 명말의 유명한 화가이자 나라가 망한 뒤 승려가 되어 청조를 위해 그림을 그리지 않았다. 산수화와 화조화가 뛰어났고 시문에도 능했다. 《陶庵夢憶》 권3에 〈陳章侯〉가 수록되어 있다.

55 祁世培: 字는 海槎으로 장대의 친구이다.

56 海寧: 지금의 浙江省 海寧으로 남쪽으로는 杭州灣에 인접하여 조수를 감상하는 명승지이다.

데, 마치 수백 수천 마리의 작은 거위 떼가 날개를 펴고 놀라 날아가는 것 같았다. 조금 더 가보니 거품과 물보라가 튀어 올랐는데, 마치 백만 마리 설사자雪獅子들이 강을 덮고 내려가는데 성난 우레의 채찍질에 백만 사자 머리가 빽빽하게 둘러싸며 앞다투어 도망가는 것 같았다. 더 가까이 가 보니 회오리바람이 몰려와 물살이 해안 위까지 덮칠 것 같았다. 보는 사람은 기세에 눌려 뒷걸음치며 둑 아래로 피했다. 조수가 둑까지 밀려와 온 힘을 다해 부딪혔고, 부딪히면서 수장丈 높이로 흩뿌리니 사람들의 옷과 얼굴이 다 젖었다. 조수는 빙빙 돌며 오른쪽으로 밀려 구산龜山[57]에서 한 번 막히자 요란한 소리를 내었다. 물살은 더 강해져 용추龍湫[58]폭포가 터진 듯하며 허공에 눈송이가 휘날리듯 물방울이 흩날렸다. 구경하던 사람들은 놀라고 눈이 부셔 반나절을 앉아 있은 뒤에야 비로소 안색이 돌아왔다. 선배들이 "절강浙江의 물마루는 감산龕山과 자산赭山[59]의 밀물과 썰물에서 시작된다."라고 하였다. 백양은 두 산 밖에 있는데도 오히려 물마루가 더 크니 어째서인가?

故事, 三江看潮, 實無潮看. 午後喧傳曰: "今年暗漲潮." 歲歲如之. 庚辰八月, 吊朱恒嶽少師, 至白洋, 陳章侯, 祁世培同席. 海塘上呼看潮, 余遄往, 章侯, 世培踵至. 立塘上, 見潮頭一線, 從海寧而來, 直奔塘上. 稍近, 則隱隱露白, 如驅千百群小鵝, 擘翼驚飛. 漸近, 噴沫, 冰

57 龜山: 白洋山으로, 烏風山이라고도 한다.

58 龍湫: 지금의 浙江省 雁蕩山에 있는 폭포이다.

59 龕山은 蕭山 동남쪽에 있고 赭山은 海寧 서남쪽에 있다.

花蹴起, 如百萬雪獅蔽江而下, 怒雷鞭之, 萬首鏃鏃, 無敢後先. 再近, 則颶風逼之, 勢欲拍岸而上. 看者辟易, 走避塘下. 潮到塘, 盡力一礴, 水擊射, 濺起數丈, 著面皆濕. 旋卷而右, 龜山一擋, 轟怒非常, 炮碎龍湫, 半空雪舞. 看之驚眩, 坐半日, 顔始定. 先輩言: 浙江潮頭自龕, 赭兩山漱激而起. 白洋在兩山外, 潮頭更大, 何耶?

06

양화천陽和泉

계천禊泉[60]에는 성에서 물을 가지러 나오는 사람이 날마다 이르렀다. 노비들이 절에 와서 불을 빌리고, 땔감을 찾고, 반찬을 찾고, 쌀을 찾다가 나중에는 술과 고기까지 찾았다. 술과 고기가 없으면 곧바로 주먹을 휘둘렀다. 승려들이 이 때문에 괴로워하였다. 이런 고충에서 벗어날 방법이 없자 계천을 원망하여 잡초나 오물을 던졌다. 그래도 해결되지 않자 도랑물을 끌어다 계천을 망쳤고 이윽고 크게 망가졌다. 내가 이 일을 알게 되어 계천 우물에 가서 머슴에게 깊게 파라고 명하였다. 절반 정도 파니 죽관竹管이 아래에 쌓여 있는 광경을 보았는데 모두 검게 썩어 악취를 풍겼다. 대나무를 다 파내자 잡초와 오물이 보였고 역시 이상한 악취가 났다. 내가 여러 번 물로 씻어내고 다시 고이길 기다렸는데 샘물이 실제로 망가지지 않았는지 다시 달고 차가웠다. 내가 떠나자 승려들은 다시 계천을 망가뜨렸다. 얼마 지나지 않아 두 번째로 오고, 세 번째로 왔지만 구하지 못하자 계천은 마침내 망가져 버렸다. 이때 계천의 물을 마셔보고 망가졌음을 안 사람이 절반이고, 계천의 물을 마셔보고도 망가졌음을 알지 못하여 계속 마신 사람이 절반이었다. 계천의 물을 마셔보고도 망가졌음을 알아도 마실 샘이 없어서 어쩔 수 없이 계속 마신 사람도 절반

60 禊泉: 장대가 甲寅 여름에 발견한 샘물이다. 《陶庵夢憶》 권3의 〈禊泉〉이 수록되어 있다.

이었다.

임신壬申[61]에 양화령陽和嶺[62]의 옥대천玉帶泉을 칭찬하는 사람이 있어 내가 마셔 보았는데 변화무쌍함은 계천에 미치지 못하였지만 맑고 차가운 것은 더 나았다. 다만 옥대라는 이름이 품위가 없었다. 내가 이렇게 말했다. 양화령은 실제로 우리 집안 조상의 분묘이다. 내 증조부가 이곳에서 태어나셨고 조상이 남긴 유풍과 업적이 산수와 함께 성장하였다. 옛날 고산孤山[63]에서 샘물이 나올 때 소동파가 '육일六一'[64]이라 이름 지었으니 지금 이 샘물의 이름도 '양화陽和'가 지당하다. 무릇 산봉우리가 생기고 샘이 생긴 것은 모두 증조부 출생 이전의 일이나 증조부의 출생 이전에 하늘이 이미 양기를 조화롭게 한 것이니, 어찌 또 의심할 것인가!

현지인 중 호사가들은 옥대가 그 이름을 잃을까 두려워하여 돌에 새겼다. 또 말하길, "장대가 계천이라고 쓰자 계천이 장대의 소유가 되었다. 지금 파산琶山도 그 조상의 무덤이라 옥대천을 마음대로 하기가 더욱 쉽다. 돌을 세워 적는 까닭은 빼앗길까 봐 두렵기 때문이다."라고 하였다. 당시 그 말을 전하는 자가 있어 양화천의 명성이 더욱 높아졌다. 명銘에 적기를, "거친 숫돌과 같은 산이 있고 가는 숫돌과 같은 샘이 있다. 태사공太史公의 남긴 업적은 공명정대하다. 고산에

---

61 壬申: 崇禎 5년인 1632년이다.

62 陽和嶺: 浙江省 紹興의 남쪽에 있다.

63 孤山: 杭州 西湖의 서북쪽 끝에 있다. 北宋 隱士 林逋가 살았던 곳이다.

64 六一: 杭州 孤山 서남 기슭에 있는 六一泉이다. 宋代의 文人 歐陽修(1007-1072)의 號가 六一居士로, 구양수는 일찍이 西湖에 사는 승려 惠勤과 친분이 있었다. 宋 元祐 4년 蘇軾(1037-1101)이 항주에 부임하였는데 혜근의 강당 뒤에 맑은 샘물이 나오는 걸 보고 구양수를 기념하기 위해 '육일천'이라 지었다.

샘물이 넘쳐 흐르니 육일이라 마음대로 지었다. 파촉巴蜀은 실로 그 세월에 맞게 번성하나 미산眉山[65]을 말하면 저절로 소식에게 속한다." 라고 하였다.

褉泉出城中, 水遞者日至. 臧獲到庵借炊, 索薪, 索菜, 索米, 後索酒, 索肉; 無酒肉, 輒揮老拳. 僧苦之. 無計脫此苦, 乃罪泉, 投之芻穢. 不已, 乃決溝水敗泉, 泉大壞. 張子知之, 至褉井, 命長年浚之. 及半, 見竹管積其下, 皆竃脹作氣; 竹盡, 見芻穢, 又作奇臭. 張子淘洗數次, 俟泉至, 泉實不壞, 又甘冽. 張子去, 僧又壞之. 不旋踵, 至再至三, 卒不能救, 褉泉竟壞矣. 是時, 食之而知其壞者半, 食之不知其壞而仍食之者半, 食之知其壞而無泉可食, 不得已而仍食之者半.

壬申, 有稱陽和嶺玉帶泉者, 張子試之, 空靈不及褉而清冽過之. 特以玉帶名不雅馴. 張子謂陽和嶺實爲余家祖墓, 誕生我文恭, 遺風余烈, 與山水俱長. 昔孤山泉出, 東坡名之"六一", 今此泉名之"陽和", 至當不易. 蓋生嶺, 生泉, 俱在生文恭之前, 不待文恭而天固已陽和之矣, 夫復何疑! 土人有好事者, 恐玉帶失其姓, 遂勒石署之. 且曰: "自張志'褉泉'而'褉泉'爲張氏有, 今琶山是其祖壟, 擅之益易. 立石署之, 懼其奪也." 時有傳其語者, 陽和泉之名益著. 銘曰: "有山如礪, 有泉如砥; 太史遺烈, 落落磊磊. 孤嶼溢流, 六一擅之. 千年巴蜀, 實繁其齒; 但言眉山, 自屬蘇氏."

65 眉山: 四川省의 眉山을 말한다. 소식의 출생지다.

07
민노자 차閔老子茶

주묵농周墨農[66]이 내게 민문수閔汶水[67]의 차茶는 입에서 뗄 수 없을 정도라고 하였다. 무인戊寅[68] 9월, 유도留都[69]에 갔다가 배가 강기슭에 닿자마자 곧바로 도엽도桃葉渡[70]에 있는 민문수를 찾아갔다. 일포日晡[71] 즈음 민문수는 다른 곳으로 외출하여 늦게 돌아온다고 하고 노파 하나만 있었다. 막 말을 꺼내려는데 노파가 갑자기 일어나 "지팡이를 어디에 두었더라?"하고는 다시 나가 버렸다. 내가 "오늘 어찌 헛걸음하겠는가?"하고는 한참을 더 기다렸다. 민문수가 돌아왔을 때는 경정更定[72]이 다 되어서였다. 그는 나를 흘겨보며 "손님이 여태 계셨소? 손님은 무엇을 하시는 분이오?"라 하자 내가 "제가 그대를 사모한 지 오래되었습니다. 오늘 그대가 만들어 주는 차를 실컷 마시지 않고서는 절대로 돌아가지 않겠습니다."라고 하였다. 문수는 기뻐하

66 周墨農: 주묵농의 字는 又新으로, 山陰(지금의 浙江省 紹興) 사람이다. 南京國子監을 맡은 장대의 친구이다.

67 閔汶水: 민문수는 南京 사람으로 桃葉渡(南京 秦淮 근처의 나루터)에 살았는데 차에 정통했던 인물이다. 본 편에서 장대와 차로 맺은 우정을 소개하였다.

68 戊寅: 崇禎 11년인 1638년이다.

69 留都: 南京이다. 明代 도성을 北京으로 천도한 뒤 남경을 유도라 불렀다.

70 桃葉渡: 南京市 秦淮區에 위치한 옛 나루터이다.

71 日晡: 오후 3시에서 5시로 申時를 말한다.

72 更定: 저녁 7시에서 9시 사이를 말한다.

며 일어나 화로 앞에 섰다. 차를 빨리 끓이는데 그 속도가 비바람이 몰아치듯 하였다. 그가 나를 끌고 어느 방으로 갔는데 창이 밝고 깨끗했고 형계호荊溪壺[73]와 성선요成宣窯[74] 십여 종이 모두 정교하고 뛰어났다. 등불 아래에서 차의 빛깔을 보니 찻잔과 구별이 안 되었다. 향기가 엄습해 오자 나는 감탄이 절로 나왔다. 내가 민문수에게 묻기를 "이 차는 어디서 만든 겁니까?"라 하자, 민문수는 "낭원閬苑[75] 것이지요."라고 하였다. 내가 다시 마셔 보고는 "저를 속이지 마십시오! 이건 낭원의 방법으로 만들었지만 그 맛이 아닙니다."라고 하였다. 민문수는 웃음을 감추며 "손님께서는 어디서 만든 건지 아시겠소?"라고 하자, 내가 다시 마셔보고는 "어째서 나개羅岕[76]와 이토록 비슷한 맛이 날까요?"라고 하였다. 민문수가 혀를 내두르며 "기이하다, 기이해!"라고 하였다. 내가 "물은 어디 물입니까?"라고 하자 "혜천惠泉[77] 물이외다."라고 하였다. 나는 또 "저를 속이지 마십시오! 혜천은 걸어서 천 리를 가야 하고 물을 긷는 데 고생스러우며 물의 예리한 결정체가 움직이지 않은데, 어째서 혜천의 물이라 하십니까?"라고 하자 민문수가 "감히 더는 속이지 못하겠습니다. 혜천의 물로 끓이는 차는 반드시

---

73 荊溪壺: 江蘇省 宜興에서 생산된 茶壺이다. 宜興에는 荊溪라는 강이 흘러 荊溪壺라고도 한다.

74 成宣窯: 成窯와 宣窯로, 明代 成化·宣德 연간의 景德鎭 官窯에서 제작된 도자기를 말한다.

75 閬苑: 중국 신화에서 西王母가 살았던 昆侖山의 산꼭대기를 낭원이라 한다.

76 羅岕: 浙江省 長興의 羅岕山에서 나는 岕茶를 말한다. 찻잎의 품질이 우수한 것으로 유명하다.

77 惠泉: 江蘇省 無錫縣 慧山 아래에 흐르는 물을 말한다. 세 곳의 샘이 있는데 물이 맑고 맛이 순해 천하기로 유명하다. 《陶庵夢憶》 권3의 〈禊泉〉에도 보인다.

우물을 깊게 파고 고요한 밤에 새 샘물이 고이기를 기다렸다가 재빨리 떠야 합니다. 산돌을 독 바닥에 차곡차곡 깔고 배가 순풍이 아니면 출발하지 말아야 물을 담은 독 안에서도 물이 생깁니다. 보통의 혜천도 다른 물보다 훌륭한데 하물며 다른 물은 어떻겠습니까!"라 하며 다시 혀를 내두르고 "기이하구나, 기이해!"라며 말을 마치기도 전에 나갔다. 잠시 후 주전자 하나를 가져와 내게 가득 따라주며 "손님, 이 차를 마셔 보세요."하였다. 내가 "향이 진하고 맛이 텁텁한데, 이건 봄에 딴 차입니까? 앞서 마셨던 건 가을에 딴 것 같은데요."라고 하자 민문수가 크게 웃으며 "내 나이 칠십에 이토록 정밀하게 차맛을 아는 이는 손님에 비할 자가 없겠소."라 하고 비로소 벗이 되었다.

周墨農向余道閔汶水茶不置口. 戊寅九月, 至留都, 抵岸, 即訪閔汶水於桃葉渡. 日晡, 汶水他出, 遲其歸, 乃婆娑一老. 方敘話, 遽起曰: "杖忘某所." 又去. 余曰: "今日豈可空去?" 遲之又久, 汶水返, 更定矣. 睨余曰: "客尚在耶! 客在奚爲者?" 余曰: "慕汶老久, 今日不暢飲汶老茶, 決不去." 汶水喜, 自起當爐. 茶旋煮, 速如風雨. 導至一室, 明窗淨幾, 荊溪壺, 成, 宣窯磁甌十余種, 皆精絕. 燈下視茶色, 與磁甌無別, 而香氣逼人, 余叫絕. 余問汶水曰: "此茶何產?" 汶水曰: "閬苑茶也." 余再啜之, 曰: "莫紿余! 是閬苑制法, 而味不似." 汶水匿笑曰: "客知是何產?" 余再啜之, 曰: "何其似羅岕甚也?" 汶水吐舌曰: "奇, 奇!" 余問: "水何水?" 曰: "惠泉." 余又曰: "莫紿余! 惠泉走千里, 水勞而圭角不動, 何也?" 汶水曰: "不復敢隱. 其取惠水, 必淘井, 靜夜候新泉至, 旋汲之. 山石磊磊藉甕底, 舟非風則勿行, 放水之生磊. 即尋常惠水, 猶遜一頭地, 況他水耶." 又吐舌曰: "奇, 奇!" 言未畢, 汶水去. 少頃, 持一壺滿斟余曰: "客啜此." 余曰: "香撲烈, 味甚渾厚, 此春茶耶? 向瀹者的是秋采." 汶水大笑曰: "予年七十, 精賞鑒者, 無客比." 遂與定交.

08

용분지龍噴池

와룡산臥龍山[78]은 야계耶溪[79]에 머리를 높이 들고 있고, 깊고 큰 연못이 그 턱 아래로 흐른다. 60년 동안 산과 계곡이 변했고 물길도 갈라졌다. 숭정崇禎 기묘己卯[80]에 나는 태수太守에게 청하여 격문을 써 돈을 기부하고 사람들을 모았다. 천 명이 땅을 파서 흙을 날라 30여 칸의 방을 허물고 20여 무畝의 토지를 개간했으며 기와와 오물을 천여 척의 배에 실어 버렸다. 길은 구불구불하고 연못의 물은 맑고 깨끗하여 금세 옛 모습으로 돌아왔다. 과거 다니지 못했던 길이 이제는 배가 노 저어 다닐 수 있을 정도가 되었다. 나는 기뻐하며 이렇게 명문을 적었다.

"흑룡을 발로 차서 깨우는 건 마치 자고 있는 흑룡을 들어 올려 깨우는 것과 같다. 역린을 거스르지 않고 생선 뼈 걸린 목을 도와 뚫어 주었다. 못의 물은 맑고 깊으며, 햇빛과 물기가 서로 돈다. 밤은 고요한데 물은 차가우며, 턱 아래 진주 같은 물이 밝은 달 같다. 광풍과 우레가 몰려오자 갈기가 휘날린다."

---

78 臥龍山: 浙江省 紹興 서쪽에 위치한 산으로 누운 용과 같은 형상이라 龍山이라고도 한다.

79 耶溪: 지금의 浙江省 紹興에 있는 平水江이다.

80 崇禎 己卯: 崇禎 12년인 1639년이다.

臥龍驤首於耶溪, 大池百仞, 出其頷下. 六十年內, 陵谷遷徙, 水道分裂. 崇禎己卯, 余請太守檄, 捐金糾眾, 畚鍤千人, 毀屋三十余間, 開土壤二十余畝, 辟除瓦礫芻穢千有餘艘, 伏道蜿蜒, 偃瀦澄靛, 克還舊觀. 昔之日不通線道者, 今可肆行舟楫矣. 喜而銘之, 銘曰: "蹴醒驪龍, 如寐斯揭; 不避逆鱗, 抉其鯁噎. 瀦蓄澄泓, 煦濕濡沫. 夜靜水寒, 頷珠如月. 風雷逼之, 揚鬐鼓鬣."

09

주문의 집의 계수나무朱文懿[81]家桂

계수나무는 향산香山[82]이 유명한데 묘목墓木으로 뒤덮였을 뿐이다. 북망北邙[83]은 적막하고 처량하여 나무가 오래 자라지 못한다. 단료하單醪河[84] 전씨錢氏의 계수나무 두 그루는 늙어서 말라 버렸다. 오직 주문의朱文懿 공公 저택 뒤의 계수나무만 줄기가 한 말 정도이고 가지와 잎이 무성하다. 그늘이 한 무 남짓한 땅을 덮어 그 아래로 손님의 자리 3, 40석은 놓을 수 있었다. 정자 · 집 · 누대 · 난간 · 계단이 없고 울타리 사이에 심어 두었다. 꽃이 필 때는 사람들이 들어와서 구경하지 못하게 하였고 주인 또한 출입을 금하며 들어가지 않았으니, 스스로 피고 지도록 두었다. 가죽나무와 상수리나무는[85]

---

81 朱文懿: 朱賡(1535-1608)로, 字는 少欽이고 號는 金庭이며 浙江省 紹興사람이다. 관직이 禮部左侍郎과 右侍郎에까지 올랐고 諡號가 文懿이다. 그는 장대의 祖父 張汝霖의 장인이다.

82 香山: 紹興 鹿池山 동쪽에 위치한 산이다.

83 北邙: 지금의 河南省 洛陽에 위치한 산으로 東漢과 魏晉시대에 왕공귀족들이 많이 묻혀 훗날 무덤의 대명사로 사용되었다.

84 單醪河: 지금의 紹興에 있는 簞醪河이다. 投醪河 혹은 勞師澤이라고도 한다. 장대의 《夜航船》에 상세히 소개되었다.

85 《莊子 · 逍遙遊》에 보면 "내게 큰 나무가 있는데 사람들은 가죽나무라 부른다. 큰 몸통은 울퉁불퉁해서 먹줄을 긋는 나무로 사용하기에도 적당하지 않고 작은 가지는 말리고 굽어 자로 사용할 수도 없으니 도랑에 서 있어도 목수들은 거들떠보지 않는다.(吾有大樹, 人謂之樗, 其大本擁腫而不中繩墨, 其小枝卷曲而不中規矩, 立之塗, 匠者不顧.)"라고 하였다. 가죽나무는 여기서 인용되었다. 또 《莊子 · 人

목재가 되지 못해 가진 수명을 다했는데, 전부 버려진 덕분이었다. 백 세 노인은 가난한 집에 많은데 자손들은 오직 늙어서 병이 많은 것을 싫어했을 뿐이니, 어찌 상서롭다 칭찬하겠는가?

桂以香山名, 然覆墓木耳, 北邙蕭然, 不堪久立. 單醪河錢氏二桂, 老而禿. 獨朱文懿公宅後一桂, 幹大如斗, 枝葉覭鬖, 樾蔭畝許, 下可坐客三, 四十席. 不亭, 不屋, 不臺, 不欄, 不砌, 棄之籬落間. 花時不許人入看, 而主人亦禁足勿之往, 聽其自開自謝已耳. 樗櫟以不材終其天年, 其得力全在棄也. 百歲老人多出蓬戶, 子孫第厭其癃癯耳, 何足稱瑞.

間世》에 보면 "목수 석씨가 齊나라에 갔는데 曲轅에 이르러 사당에 있는 상수리나무를 보았다. … 석씨가 '쓸모없는 나무다. 그 나무로 배를 만들면 가라앉고 관을 만들면 금방 썩으며 그릇을 만들면 쉽게 깨지고 문짝을 만들면 진액이 가득 흐를 것이며 기둥을 만들면 좀이 슬 것이다. 이는 목재로 쓸 나무가 아니라 아무짝에도 쓸모없는 나무이다.'라고 하였다.(匠石之齊, 至於曲轅, 見櫟社樹 … 曰: '散木也, 以爲舟則沉, 以爲棺槨則速腐, 以爲器則速毁, 以爲門戶則液樠, 以爲柱則蠹. 是不材之木也, 無所可用.')"라 하였다. 상수리나무는 여기에서 인용되었다.

10

소요루 逍遙樓[86]

전차滇茶는 예부터 얻기가 어려웠고 또 80년이 넘게 자란 것도 없었다. 주문의朱文懿[87] 공公께서 소요루逍遙樓에 심으신 전차는 진해초陳海樵[88] 선생을 위해 직접 심으신 것이다. 나뭇가지가 사방으로 펼쳐졌고 우거져서 자라면 자랄수록 더욱 무성해졌다. 주공의 여러 자손은 노목의 힘이 꽃을 버티지 못할까 걱정하여 매년 1곡斛을 가득 채울 정도로 꽃을 땄지만 그래도 가지 끝에 남아 있는 꽃들이 여전히 벌겋게 피어서 온 산을 가득 채울 정도로 많았다. 주공은 장무구張無垢[89] 후신後身[90]이다. 장무구는 주공에게 점술을 내렸는데, 전생의 인연을 꽤 자세히 말하며 주공과 어느 날에 소요루에서 만나자

---

86 逍遙樓: 紹興 龜山 아래에 있다. 장대의 진외조부 朱賡(1535-1609)이 서재로 지었다. 주갱은 명나라의 관리로 字는 少欽이고 號는 金庭이며 山陰(지금의 浙江省 紹興) 사람이다.

87 朱文懿: 朱賡(1535-1609)으로, 字는 少欽이고 號는 金庭이며 浙江省 紹興사람이다. 관직이 禮部左侍郎과 右侍郎에까지 올랐고 謚號가 文懿이다. 그는 장대의 조부 張汝霖의 장인이다.

88 陳海樵: 陳鶴(?-1560)으로, 字는 鳴野이고 號는 海樵이며 山陰(지금의 浙江省 紹興) 사람이다. 서법과 회화로 유명했으며 저서로는 《海樵集》이 있다. 진학은 朱賡(1535-1609)의 장인이다.

89 張無垢: 張九成(1092-1159)으로, 字는 子韶이고 號는 無垢居士이며 浙江 錢塘사람이다. 南宋 高宗 紹興 2년(1132)에 장원이 되었다. 저서로 《橫浦先生文集》 이 있다.

90 後身: 다시 태어난 몸이다.

고 약속하였다. 주공은 그날 한참을 서서 기다렸다. 한 노인이 와서 오랫동안 이야기를 나누었지만 주공은 크게 신경 쓰지 않았다. 그런데 노인이 주공에게 "가정柯亭 녹죽암綠竹庵 대들보 위에 미완성한 경서經書 한 권이 있는데 그대라면 완성할 수 있소."라고 하고 급히 떠났다. 주공은 비로소 그 노인이 장무구임을 깨달았다. 다음날, 녹죽암에 가서 대들보 위를 살펴보니 《유마경維摩經》[91]이란 책이 한 권 있었는데 매우 잘 베낀 필사본이었다. 후반의 두 권은 아직 마치지 못했는데 장무구의 필체 같았다. 주공이 가져가서 계속 적었는데 마치 한 사람의 손에서 나온 듯 필적이 똑같았다.

선친 말씀에 우리 집 수지루壽芝樓에 신선을 모셨는데 붓을 매달아 벽 사이에 걸었다고 한다. 무슨 일이 생기면 붓이 곧 저절로 움직여 글씨를 적어 매우 기험했다고 하셨다. 임신을 기원하면 아들을 낳았고 병에 걸려 좋은 약을 기도하면 단약을 주었다. 단약을 주는 법은 어디서 구할 수 있는지를 적어 주는 것으로, 즉시 응답해 주었다. 선친께서 자식을 기원하시니 어떤 대나무 상자 안 임천臨川[92] 붓에 단약이 있는데 상자의 열쇠를 잃어버려 오랫동안 잠겨 있다고 가르쳐 주었다. 선친께서 살펴보셨는데 뜻밖에도 열쇠가 고관觚管[93]에서 저절로 나왔다. 열어 보니 금단金丹 한 알이 있어 선의인先宜人[94]께서 삼키시자 곧바로 나를 가지셨다. 주문의 공에게 첩이 있었는데 진부인陳夫人이 사자후를

---

91 《維摩經》: 불교 경전의 하나로 유마 거사가 신통한 능력을 병으로 가장하고 문병을 오는 사람들에게 大乘을 설법한다는 내용이다.

92 臨川: 지금의 江西省 撫州로, 여기서는 붓의 생산지를 말한다.

93 觚管: 고대 글씨를 쓸 때 사용하던 나무 관이다.

94 先宜人: 이미 세상을 떠난 모친을 말한다. 고대 부녀들은 남편이나 아들 때문에 宜人이란 봉호를 얻었다.

내질러[95] 공이 괴로워하셨다. 신선에게 고하여 질투를 없애는 단약을 기원했다. 신선이 적기를, "어렵다, 어려워! 단약은 공의 베개 안에 있다."라고 하여 가져가 부인에게 먹였더니 부인이 사람들에게 "우리 노인네가 선단이 있었는데 다른 첩들에게 주지 않고 나만 먹이셨으니 아직도 나만 예뻐하시네."라고 하여 공과의 사이가 처음처럼 좋아졌다.

滇茶故不易得, 亦未有老其材八十餘年者. 朱文懿公逍遙樓滇茶, 爲陳海樵先生手植, 扶疏蓊翳, 老而愈茂. 諸文孫恐其力不勝葩, 歲刪其萼盈斛, 然所遺落枝頭, 猶自燔山熠谷焉. 文懿公, 張無垢後身. 無垢降乩與文懿, 談宿世因甚悉, 約公某日面晤於逍遙樓. 公佇立久之, 有老人至, 劇談良久, 公殊不爲意. 但與公言: "柯亭綠竹庵梁上有殘經一卷, 可了之." 尋別去, 公始悟老人爲無垢. 次日, 走綠竹庵, 簡梁上, 有維摩經一部, 繕寫精良, 後二卷未竟, 蓋無垢筆也. 公取而續書之, 如出一手.

先君言乩仙供余家壽芝樓, 懸筆掛壁間, 有事輒自動, 扶下書之, 有奇驗. 娠祈子, 病祈藥, 賜丹詔取某處, 立應. 先君祈嗣, 詔取丹於某簏臨川筆內, 簏失鑰閉久, 先君簡視之, 鑛自出觚管中, 有金丹一粒, 先宜人呑之, 即娠余. 朱文懿公有姬媵, 陳夫人獅子吼, 公苦之. 禱於仙, 求化妒丹. 乩書曰: "難, 難! 丹在公枕內." 取以進夫人, 夫人服之, 語人曰: "老頭子有仙丹, 不餉諸婢, 而余是餉, 尚昵余." 與公相好如初.

---

95 《容齋隨筆》에 보면, 蘇軾(1037-1101)의 친구인 陳慥의 아내 柳氏는 질투가 많고 사납기로 유명했다. 그래서 소식은 "龍丘居士도 가련하구나. 空과 有를 이야기하느라 밤에 자지도 못한다. 갑자기 河東의 師子吼 소리 들리니 지팡이가 손에서 떨어지고 정신이 아찔하다.(龍丘居士亦可憐, 談空說有夜不眠. 忽聞河東師子吼, 拄杖落手心茫然.)"라는 시를 적었다. 여기서 하동의 사자후 소리가 바로 아내 유씨를 말한다.

11

천경원 天鏡園[96]

천경원天鏡園 안에 욕부당浴鳧堂이 있는데 홰나무가 높고 대나무 숲이 깊어 천 층의 그늘이 만들어졌다. 마주한 난탕蘭蕩이 한 번 찰랑거리면 호숫물과 나무가 맑고 깨끗해지고, 물고기 · 새 · 물풀이 마치 공중으로 날아오르는 것 같았다. 내가 그 가운데서 책을 읽었는데 얼굴과 머리가 온통 푸른빛으로 뒤덮였고, 어두운 창에서 편 책의 글자도 모두 새파란 색이 되었다.

매해 늦은 봄이 되면 파당破塘[97]의 죽순을 캐는 사람들은 반드시 여기를 지난다. 가벼운 배가 나는 듯 나오고 중개인이 큰 죽순을 골라 호수에 던지며 정원 사람들에게 "죽순을 건지시오!"라고 외친 뒤 노를 저어 또 나는 듯 떠났다. 정원사가 작은 배를 저어 가 죽순을 건져 올렸는데, 모양은 상아 같고 색깔은 눈처럼 희었으며 연하기가 연근 같았고 맛은 설탕같이 달았다. 삶아서 먹었는데 너무 맛이 좋아 말로 형용할 수 없음이 부끄러웠다.

天鏡園浴鳧堂, 高槐深竹, 樾暗千層, 坐對蘭蕩, 一泓漾之, 水木明瑟, 魚鳥藻荇, 類若乘空. 余讀書其中, 撲面臨頭, 受用一綠, 幽窗開

96 天鏡園: 장대의 祖父 張汝霖이 공부하던 정원이다. 조부 사후 장대도 이곳에서 책을 읽었다.

97 破塘: 죽순으로 유명한 紹興의 한 마을이다.

卷, 字俱碧鮮. 每歲春老, 破塘笋必道此. 輕舠飛出, 牙人擇頂大笋一株擲水面, 呼園人曰: "捞笋!" 鼓枻飛去. 園丁劃小舟拾之, 形如象牙, 白如雪, 嫩如花藕, 甜如蔗霜. 煮食之無可名言, 但有慚愧.

12
포함소包涵所[98]

서호西湖의 배에는 누대가 있는데 사실은 부사副使 포함소包涵所가 만든 것이다. 누대의 크기는 세 가지이다. 가장 큰 것은 무대를 만들어 놓았고 가동歌童도 마련해 두었다. 그다음으로 책과 그림을 실은 것이고, 그다음으로는 미녀를 태운 것이다. 포함소 선생은 성기聲伎가 시첩侍妾과 비교가 안 된다고 여겨 석계륜石季倫과 송자경宋子京[99] 집안의 방식을 모방하여 성기를 손님과 만나게 하였다. 성기들은 매번 곱게 화장하고 말을 타고 달리며, 사뿐사뿐하고 여릿한 버들잎 같은 옷을 입고 지나가 손님들의 웃음을 자아냈다. 밝은 난간에 아름다운 문양이 새겨져 있는데, 그 아래에서 아름답게 노래하고 피리를 불고 쟁을 켜니 그 소리가 마치 꾀꼬리가 연습하는 것 같았다. 손님이 오면 곧바로 가동이 극을 공연하고 춤과 음악이 시작되는데 비교할 수 없이 훌륭했다. 한번 흥이 나면 반드시 열흘은 묵었고 구

---

98 包涵所: 包應登으로 字는 涵所이고 錢塘(지금의 浙江省 杭州) 사람으로 福建에서 提學副使를 지냈다. 《西湖夢尋》 권4에도 같은 내용을 적은 〈包衙莊〉이란 작품이 수록되어 있다.

99 석계륜은 石崇(249-300)으로, 字는 季倫이고 渤海南皮(지금의 河北省 南皮) 사람이다. 西晉 시기의 문인이자 부자로 알려져 있다. 사치스럽게 생활했고 무희와 가수들을 키웠으며 화려한 별장인 金穀園을 지었다. 宋子京은 宋祁(998-1061)로, 字는 子京이고 雍丘(지금의 河南省 商丘) 사람이다. 北宋 시기의 관리로 그 역시 사치와 향락에 빠져 살았으며 집에 수많은 무희와 가수들을 키웠다고 한다.

경꾼들이 서로 앞뒤로 따르며 언제 끝나는지를 물었다. 남원南園은 뇌봉탑雷峰塔[100] 아래에 있고 북원北園은 비래봉飛來峰 아래에 있다. 두 지역 모두 돌 숲이라 나무와 돌이 첩첩이 쌓여 가파르고 기이하였다. 또 산골짜기에 흐르는 시내 위로 다리를 만들어 산 위로 쌓은 돌산이 아닌데도 대단히 멋진 구조였다. 대청은 지붕 받침으로 들보를 들어 올렸고 중간의 기둥 네 개를 빼서 사자무獅子舞를 추어도 막힘이 없었다. 북원은 팔괘방八卦房을 지어 정원이 마치 규規[101]처럼 팔격八格으로 나뉘었으니, 그 형상이 마치 부채의 거죽과 같았다. 그 좁은 곳에 침상 하나를 가로질러 펴고 앞뒤로 장막을 드리웠다. 아래 안쪽에 드리운 장막은 침상의 바깥을 향하게 하고, 아래 바깥쪽으로 드리운 장막은 침상의 안쪽을 향하게 하였다. 포함소 선생이 그곳에 머물며 문빗장 위에 밝은 창을 열고 향을 태우며 베개에 기대면 여덟 개의 격자 안의 침상이 전부 드러났다. 그는 사치스럽게 서호에서 20년을 살았다. 금곡金穀・미오郿塢[102]처럼 검소함은 조금도 없이 바탕이 호화롭고 사치스러움의 극치라, 또 항주 사람들이 "어차피 그렇다."[103]라고 하였다. 서

100 雷峰塔: 지금의 杭州 西湖 남쪽의 夕照山 雷峰에 있다. 雷峰塔 吳越王 錢俶이 黃妃를 위해 지어 黃妃塔이라고 한다.

101 規: 그림쇠로 원형을 그리는 제구이다.

102 金穀: 西晉 石崇(249-300)의 별장 金穀園이다. 옛터는 지금의 洛陽 金穀 동굴 안이다. 석숭은 당시 상당한 부자로 당시 또 다른 부호인 王愷(?-?, 字 君夫)와 부를 겨루기 위해 금곡원을 지었다. 정원 안의 건물들은 금빛과 푸른 빛으로 휘황찬란하고 풍경들이 대단히 아름다웠다고 한다. 郿塢은 東漢 董卓(?-192)이 지은 별장이다. 그 규모가 長安城과 비슷할 정도로 대단하여 萬歲塢라고도 불렀다. 동탁은 여기에 수많은 금은보화를 숨겨 두었다고 한다. 미오의 옛터는 지금의 陝西省 眉縣에 있다.

103 원문의 "左右是左右"라는 말은 元代 馬致遠(1250?-1324?)의 《漢宮秋》 第二折과

호의 대가가 어찌 가지지 못한 게 있겠는가? 서자西子가 있을 때도 금성金星을 저축하였을 것이다.[104] 아, 실의에 빠져 허공에 글을 쓰는 건[105] 가난한 선비일 뿐이다.

西湖之船有樓, 實包副使涵所創爲之. 大小三號: 頭號置歌筵, 儲歌童; 次載書畵; 再次徛美人. 涵老聲伎非侍妾比, 仿石季倫宋子京家法, 都令見客. 靚妝走馬, 嫛婗勃窣, 穿柳過之, 以爲笑樂. 明檻綺疏, 曼謳其下, 擫籥彈箏, 聲如鶯試. 客至則歌童演劇, 隊舞鼓吹, 無不絕倫. 乘輿一出, 住必浹旬, 觀者相逐, 問其所止. 南園在雷峰塔下, 北園在飛來峰下. 兩地皆石藪, 積牒磥砢, 無非奇峭. 但亦借作溪澗橋梁, 不於山上疊山, 大有文理. 大廳以拱斗抬梁, 偷其中間四柱, 隊舞獅子甚暢. 北園作八卦房, 園亭如規, 分作八格, 形如扇面. 當其狹處, 橫亙一床, 帳前後開闔, 下裏帳則床向外, 下外帳則床向內. 涵老據其中, 扃上開明窗, 焚香倚枕, 則八床面面皆出. 窮奢極欲, 老於西湖者二十年. 金谷, 郿塢, 著一毫寒儉不得, 索性繁華到底, 亦杭州人所謂“左右是左右”也. 西湖大家, 何所不有, 西子有時亦貯金星. 咄咄書空, 則窮措大耳.

《青衫淚》第二折에서 인용된 것이다.

104 서자는 西施를 말한다. 《漢武故事》에 보면 “武帝가 태자로 있을 때 長公主의 딸을 태비로 짝지어 주려 하여 묻기를 ‘阿嬌를 얻으면 좋겠습니까?’라 하자 답하길 ‘만일 아교를 얻으면 금성을 저축한 것과 같지요’라 하였다.(武帝爲太子時, 長公主欲以女配帝, 曰問: ‘得阿嬌好否 ? ’帝曰: ‘若得阿嬌, 當以金屋貯之.)”라 하였다.

105 원문에서는 “咄咄書空”이라 하였는데, 이는 《世說新語 · 黜免》에서 인용하였다. 咄咄은 ‘뜻밖의 일에 놀라 소리를 지른다.’는 뜻이고 書空은 본래 ‘허공에 글을 쓴다.’는 뜻으로, ‘의지를 잃고 한탄하며 글을 쓴다.’는 의미이다.

13
투계사鬥雞社

천계天啟 임술壬戌[106] 연간에 닭싸움을 좋아하여 용산龍山[107] 아래에 투계사鬥雞社를 만들었다. 왕발王勃[108]의 〈투계격鬥雞檄〉을 모방하여 회원들에게 격문을 썼다. 중숙仲叔과 진일생秦一生[109]은 골동품·서화書畫·무늬가 있는 고운 비단·부채와 같은 물건을 날마다 가지고 와 내기를 했는데, 내 닭이 자주 이겼다. 중숙이 화가 나 닭 발톱에 철을 씌우고 깃털에 겨자를 발라[110] 닭이 홰치며 싸우도록 온갖 방법을 다 써서 더 이상 남은 방법이 없을 지경이었다. 그런데 또 이기지 못했다. 사람들은 서주徐州 무양후武陽侯 번쾌樊噲[111]의 자손이 천하에서 닭싸움은 제일인데, 목이 길고 부리가 뾰족하여 높은 책상 위

106 天啟壬戌: 天啟 2년인 1622년이다.

107 龍山: 浙江省 紹興 서쪽에 위치한 산으로 누운 용과 같은 형상이라 臥龍山이라고도 한다.

108 王勃: 왕발(약 650-약 676)의 字는 子安이고 絳州 龍門(지금의 山西省 河津) 사람이다. 唐代 文學家로 楊炯·盧照鄰·駱賓王과 함께 初唐四傑이라 불린다. 왕발은 〈鬥雞檄〉을 지음으로 唐 高宗 李治의 미움을 샀다.

109 秦一生: 진일생은 장대의 친구이다. 《陶庵夢憶》의 권1의 〈天硯〉, 권3의 〈鬥雞社〉, 권6의 〈天童寺僧〉, 권7의 〈雷殿〉과 〈阿育王寺舍利〉와 같이 여러 작품에 등장한다. 장대가 진일생을 위해 적은 〈祭秦一生文〉이 남아 있다.

110 《左傳》 昭公 25년에 "季氏와 郈氏의 닭이 싸울 때, 계씨가 닭에 겨자를 발라 후씨는 철판을 씌웠다.(季, 郈雞鬥, 季氏介其雞, 郈氏爲之金距.)"라 하였다.

111 樊噲: 번쾌(기원전242-기원전189)는 漢 高祖 劉邦(기원전 256-기원전195)의 功臣이다. 기원전 206년 鴻門宴에서 위기에 놓인 유방을 구한 일화로 유명하다.

의 곡식도 쪼아 먹을 수 있다고 하였다. 중숙이 마음이 동하여 몰래 사람을 보내 물었지만 비법을 얻지 못하자 더욱 화를 냈다. 그러던 어느 날 내가 패사稗史[112]를 열어 보았는데 당唐 현종玄宗이 유년酉年 유월酉月 출생으로 닭싸움을 좋아해서 나라가 망했다고 적혀 있었다. 나 또한 유년 유월 출생이라 마침내 그만두었다.[113]

天啟壬戌間好鬥雞, 設鬥雞社於龍山下, 仿王勃鬥雞檄, 檄同社. 仲叔, 秦一生日攜古董, 書畫, 文錦, 川扇等物與余博, 余雞屢勝之. 仲叔忿懣, 金其距, 介其羽, 凡足以助其腷膊敪咮者, 無遺策. 又不勝. 人有言徐州武陽侯樊噲子孫, 鬥雞雄天下, 長頸烏喙, 能於高桌上啄粟. 仲叔心動, 密遣使訪之, 又不得, 益忿懣. 一日, 余閱稗史, 有言唐玄宗以酉年酉月生, 好鬥雞而亡其國. 余亦酉年酉月生, 遂止.

---

112 稗史: 史官이 아닌 자가 소설형식으로 꾸며 쓴 역사기록이다.

113 酉年은 太歲의 地支가 酉로 된 해로 乙酉, 丁酉, 己酉 같은 닭의 해를 말하고 酉月은 陰曆 8월을 말한다. 당 현종은 685년인 乙酉年 9월에 출생하였고 장대는 1597년 정유년 10월에 출생하였다.

14
서하 棲霞[114]

무인戊寅[115] 겨울, 나는 대나무 가마를 타고 노복 하나를 데리고 서하棲霞로 놀러 가 사흘을 묵었다. 산이 위아래와 좌우로 즐비하게 늘어서 있고 암석도 매우 훌륭했는데, 전부 불상이 조각되어 있었다. 항주杭州의 비래봉飛來峰과 같은 고초를 겪었으니 대단히 안타까운 일이다.[116] 산 정상의 괴석은 가파르고 관목은 울창한데, 그곳에 한 미친 승려가 살고 있었다. 나와 이야기를 나누었는데 황당했지만 기이한 이치가 있어 완전히 궁구할 수 없음이 안타까웠다. 일포日晡[117]에 산 정상에 올라 노을을 감상하니 다시 없을 절경이라 돌 위에 앉아 넋을 잃고 마주 보았다. 다시 암자 뒤로 걸어가 장강長江에 비친 돛의 그림자를 보았다. 노관하老鸛河[118]와 황천탕黃天蕩[119]이 산기슭 아

114 棲霞: 지금의 江蘇省 南京에 위치한 棲霞山으로 攝山이라고도 한다. 南朝 시기 천불암을 새겼고 舍利塔을 지었으며 산 아래에 棲霞寺가 있다. 서하사는 당나라 隱者 서하가 도를 닦은 곳으로 전해진다.

115 戊寅: 崇禎 11년인 1638년이다.

116 비래봉에 대한 장대의 안타까운 심정은《陶庵夢憶》권2〈岣嶁山房〉을 비롯《西湖夢尋》의〈飛來峰〉등 여러 작품에서 자주 언급하였다.

117 日晡: 오후 3시에서 5시로 申時를 말한다.

118 老鸛河: 양쪽이 푸른 숲이 우거져 있고 황새가 서식하는 곳으로 鸛河라 하며 과거에는 斯水 · 均水 · 析水라고도 불렀다.

119 黃天蕩: 지금의 南京市 棲霞區 棲霞山과 龍潭 사이의 충적평원에 있다. 옛날에는 강 면적이 넓었는데 지금은 육지로 변하였다.

래에 펼쳐져 초연한 산하의 광활함을 느꼈다.

한 손님이 내 앞을 가로막고 누구인지를 보자, 내가 앞으로 나아가 절하며 물었다. 그는 바로 소백옥蕭伯玉[120] 선생이었다. 그리하여 함께 앉아 즐겁게 이야기를 나누자 승려가 차를 내왔다. 소백옥 선생이 보타補陀[121]에 대해 물어 내가 올해에 바닷가에서 돌아와 매우 익숙하게 이야기해 주었다. 《보타지補陀志》가 막 완성되어 문갑 밑에서 꺼내 선생에게 보여 주자 매우 기뻐하며 나를 위해 서문을 적어 주셨다. 불을 밝혀 산에서 내려왔는데 나를 끌어당겨 함께 묵자고 하셨다. 긴 밤 이야기가 끊이지 않자 선생은 나를 하루 더 묵게 하셨다.

戊寅冬, 余攜竹兜一, 蒼頭一, 游棲霞, 三宿之. 山上下左右, 鱗次而櫛比之岩石頗佳, 盡刻佛像, 與杭州飛來峰同受黥劓, 是大可恨事. 山頂怪石巉岏, 灌木蒼鬱, 有顛僧住之. 與余談, 荒誕有奇理, 惜不得窮詰之. 日晡, 上攝山頂觀霞, 非復霞理, 余坐石上癡對. 復走庵後, 看長江帆影, 老鸛河黃天蕩, 條條出麓下, 悄然有山河遼廓之感.

一客盤礴余前, 熟視余, 余晉與揖, 問之, 爲蕭伯玉先生, 因坐與劇談, 庵僧設茶供. 伯玉問及補陀, 余適以是年朝海歸, 談之甚悉. 補陀志方成, 在篋底, 出示伯玉, 伯玉大喜, 爲余作敘. 取火下山, 拉與同寓宿, 夜長, 無不談之, 伯玉強余再留一宿.

---

120 蕭伯玉: 蕭士偉(1585-1651)로, 字는 伯玉이고 江西省 泰和 사람이다. 관직이 光祿寺卿에까지 올랐고 저서로 《春浮園集》, 《春浮園別集》등이 있다.

121 補陀: 지금의 浙江省 普陀에 위치한 普陀山이다. 중국의 4대 불교 성지 중 하나이다.

15

호심정에서 눈을 감상하다 湖心亭[122]看雪

숭정崇禎 5년[123] 12월, 나는 서호西湖에 있었다. 사흘째 폭설이 내려 호수엔 사람 소리도 새소리도 모두 사라졌다. 이날 경정更定[124]에 나는 작은 배를 끌고 털옷과 화로를 안고 혼자 호심정湖心亭으로 눈구경을 갔다. 안개가 하얗게 응결되어 아득하니, 하늘과 구름, 산과 물, 위와 아래가 모두 새하얗다. 호수의 그림자라고는 오직 긴 다리 그림자 하나, 호심정 하나, 내가 탄 일엽편주, 그리고 배 안의 낟알같이 보이는 두세 사람뿐이었다. 호심정에 오르자 두 사람이 담요를 깔고 마주 앉아 있었고 한 동자童子가 술을 데우는데 마침 풍로가 끓고 있었다. 나를 보더니 아주 반기며 "호수에 또 어찌 이런 사람이 있는 거요!"하고 나를 끌어 함께 술을 마셨다. 나는 억지로 석 잔을 마시고는 헤어졌다. 이름을 물으니 그들은 금릉金陵[125] 사람인데 여기에 잠시 손님으로 왔다고 하였다. 배에서 내릴 때 뱃사공이 중얼거리길, "손님이 정신 나갔다고 생각했는데 손님보다 더한 사람이 있구만요!"라고 하였다.

---

122 湖心亭: 杭州 西湖 중앙에 위치한 정자로 湖心寺 혹은 清喜閣이라고도 한다.

123 崇禎 5년: 1632년이다.

124 更定: 저녁 7시에서 9시 사이를 말한다.

125 金陵: 지금의 南京이다.

崇禎五年十二月, 余住西湖. 大雪三日, 湖中人鳥聲俱絕. 是日更定矣, 余拏一小舟, 擁毳衣爐火, 獨往湖心亭看雪. 霧凇沆碭, 天與雲, 與山, 與水, 上下一白. 湖上影子, 惟長堤一痕, 湖心亭一點, 與余舟一芥, 舟中人兩三粒而已. 到亭上, 有兩人鋪氈對坐, 一童子燒酒, 爐正沸. 見余大喜, 曰: "湖中焉得更有此人!" 拉余同飲. 余強飲三大白而別. 問其姓氏, 是金陵人, 客此. 及下船, 舟子喃喃曰: "莫說相公癡, 更有癡似相公者."

16

진장후 陳章侯[126]

숭정崇禎 기묘己卯[127] 8월 13일에 남화노인南華老人[128]을 모시고 호숫가에 배를 띄우고 술을 마셨다. 달이 뜨기 전에 일찍 돌아가려하자 진장후陳章侯가 실망하며 내게 "이렇게 달이 멋진데 이불을 덮고 눕고 싶습니까?"라고 하였다. 나는 아끼는 하인에게 집에서 만든 술을 한 말을 가져오라 하였다. 작은 배를 불러 다시 단교斷橋[129]로 갔더니 진장후가 혼자 마시다 흠뻑 취해 버렸다. 옥련정玉蓮亭[130]을 지났을 때 정숙잠丁叔潛이 배를 북쪽 기슭에 대라고 하고 당서塘棲[131] 밀감을 꺼내 서로에게 건네주어 실컷 먹었다. 진장후가 마침내 배에 누워 울부짖기 시작했다. 언덕 위에서 한 아가씨가 동자에게 인사를

---

126 陳章侯: 명말의 유명한 畫家 陳洪綬(1599-1652)로, 字가 章侯이고 號는 老蓮이며 諸暨縣(지금의 浙江省 諸暨市) 사람이다. 나라가 망한 뒤 승려가 되어 청조를 위해 그림을 그리지 않았다. 산수화와 화조화가 뛰어났고 시문에도 능했다.

127 己卯: 崇禎 12년인 1639년이다.

128 南華老人: 장대의 작은 아버지 張汝懋이다.

129 斷橋: 杭州 西湖에 위치한 다리이다. 斷橋殘雪은 단교의 구부러진 위에 눈이 남아 있는 모습으로 西湖十景의 하나이다. 또한 《白蛇傳》에서 許仙과 白娘子가 만난 곳이기도 하다.

130 玉蓮亭: 서호에 위치한 정자이다. 《西湖夢尋》에 〈玉蓮亭〉에서 상세히 소개하였다.

131 塘棲는 杭州城의 북쪽을 말한다. 귤로 유명한 지역으로, 《陶庵夢憶》 권4 〈方物〉에서 언급되었다.

전하라 명하며 말하길 "상공相公의 배에 우리 아가씨를 태우고 일교一橋까지 가도 될까요?"라고 하자 내가 허락했다. 아가씨는 기뻐하며 앉았는데 가냘픈 몸에 가벼운 옷을 입었고 예쁘고 순한 모습이 마음에 들었다. 진장후가 술기운에 놀리며 말하길, "아가씨는 장일매張一妹 같은 협녀시니 이 규염객虯髥客과 함께 한잔하시겠습니까?"[132]라고 하자 아가씨가 흔쾌히 마셨다. 배가 일교에 다다르자 이미 이경二更이 되었다. 집에서 가져온 술이 떨어지자 아가씨는 떠났다. 사는 곳을 물었으나 웃으며 대답하지 않았다. 진장후가 뒤따라가서 악왕분嶽王墳[133]을 지나는 것을 보았는데 더 쫓지 못하였다.

崇禎己卯八月十三, 侍南華老人飮湖舫, 先月早歸. 章侯悵悵向余曰: "如此好月, 擁被臥耶?" 余敦蒼頭攜家釀斗許, 呼一小劃船再到斷橋, 章侯獨飮, 不覺沾醉. 過玉蓮亭, 丁叔潛呼舟北岸, 出塘棲蜜橘相餉, 鬯啖之. 章侯方臥, 船上嚎囂. 岸上有女郎, 命童子致意云: "相公船肯載我女郎至一橋否?" 余許之. 女郎欣然下, 輕紈淡弱, 婉瘱可人. 章侯被酒挑之曰: "女郎俠如張一妹, 能同虯髯客飮否?" 女郎欣然就飮. 移舟至一橋, 漏二下矣, 竟傾家釀而去. 問其住處, 笑而不答. 章侯欲躡之, 見其過嶽王墳, 不能追也.

---

132 張一妹, 虯髯客: 唐代 杜光庭의 《虯髯客傳》에 등장하는 주인공이다. 《太平廣記》 卷193에 수록되었다. 규염객은 용처럼 붉고 구불구불한 수염을 가졌다 하여 붙여진 이름이다. 張一妹는 원래 기생인데 나중에 규염객이 대성하자 술을 뿌리며 축원해 주었다.

133 嶽王墳: 南宋의 장수 嶽飛(1103-1142)의 묘이다. 악비는 사후에 鄂王으로 추봉되었다.

卷4

도암몽억
陶庵夢憶

01

불계원 不系園[1]

갑술甲戌[2] 10월, 초생楚生[3]을 데리고 불계원에 머물며 단풍을 보았다. 정향교定香橋[4]에 도착하자 약속하지도 않았는데 여덟 명의 손님이 왔다. 남경南京의 증파신曾波臣, 동양東陽의 조순경趙純卿, 금단金壇의 팽천석彭天錫, 제기諸暨의 진장후陳章侯, 항주杭州의 양여민楊與民·육구陸九·나삼羅三, 여자 배우 진소지陳素芝가 바로 그들이다.[5] 나

1 不系園: 明末 安徽 지역의 부유한 소금 상인 汪汝謙(1577-1655)이 서호를 감상하기 위해 만든 놀잇배이다. 不系라는 말은 《莊子·列禦寇》에서 비롯되었다. "기교가 있으면 수고롭고 지식이 많으면 근심스럽다. 능력이 없으면 구하는 바가 없으니 배불리 먹고 느긋하게 노닐며 매지 않은 배와 같이 떠돌고 마음을 비우고 유유히 노닐 수 있다.(巧者勞而知者憂, 無能者無所求, 飽食而遨遊, 泛若不系之舟, 虛而遨遊者也.)"

2 甲戌: 崇禎 7년인 1634년이다.

3 楚生: 朱楚生으로 여자 희곡 배우이다. 《陶庵夢憶》 권5에 〈朱楚生〉이 수록되어 있다.

4 定香橋: 杭州 西湖에 있는 다리이다.

5 曾波臣은 명말의 초상화로 유명한 畫家 曾鯨(1564-1647)이다. 波臣은 그의 字이고 원래 福建 莆田 출신인데 평생을 강소성과 절강성 일대에서 보냈다. 이후 추종자가 많아져 波臣畫派가 형성되었다. 趙純卿의 자세한 생애는 알 수 없다. 東陽은 지금의 浙江省 中部에 속한다. 彭天錫의 자세한 생애는 알 수 없다. 다만 《陶庵夢憶》 권6 〈彭天錫串戲〉에 보면 그는 金壇(지금의 江蘇省 金壇) 사람으로 희곡 연기를 매우 잘했다고 한다. 또한 원래 부유한 집안의 자제였으나 희곡을 지나치게 좋아하여 수많은 돈을 썼다고 한다. 陳章侯는 명말의 유명한 畫家 陳洪綬(1599-1652)이다. 《陶庵夢憶》 권3에 수록된 〈陳章侯〉를 참고해 볼 수 있다. 杭

는 머물러 술을 마셨다. 진장후는 서화에 쓰는 흰 비단에 조순경을 위해 고불古佛을 그렸고, 증파신은 조순경을 위해 초상을 그려 주었으며, 양여민은 삼현자三弦子를 연주했고, 나삼은 노래를 불렀으며, 육구는 퉁소를 불었다. 양여민은 다시 한 치 남짓한 자단紫檀으로 만든 계척界尺[6]을 꺼내서 작은 책상에 기대어 북조北調로 《금병매金瓶梅》를 한 차례 이야기하니, 모두 웃느라고 쓰러졌다. 이날 밤, 팽천석과 나삼, 그리고 양여민은 본강희本腔戲[7]를 맡았는데 훌륭했다. 주초생과 진소지는 조강희調腔戲[8]를 맡았는데 또한 더 훌륭했다. 진장후가 시골 마을의 소곡小歌을 부르자 내가 금琴을 가져와 반주를 했는데 옹알옹알 말을 하는 것 같았다. 조순경이 웃으며 "안타깝게도 이 아우는 재주가 하나도 없어 술자리에서 형님들의 흥을 돋을 수가 없네요."라고 하였다. 내가 "당唐 배민裴旻[9] 장군께서 상중에 계실 적에 오도자吳道子[10]를 청하여 천궁天宮을 벽에 그려 돌아가신 어머니의 혼을 제도하였다. 오도자가 '장군께서 저를 위해 검무를 한번 추어 주시면 제가 그 맹렬한 기운을

州 楊與民 · 陸九 · 羅三 · 陳素芝에 대한 자세한 생애는 알 수 없다. 아마도 항주에서 거주하며 장대와 교류했던 문인, 승려, 배우들로 추측된다.

6 界尺: 가로세로를 긋는 데 사용하는 자이다.

7 本腔戲: 昆山腔, 즉 昆曲으로 중국 전통 희곡의 곡조이다. 元代에 江蘇省 昆山에서 발생된 민간 희곡이다. 이후 明代 魏良輔에 의해 전해졌고 淸代 중엽에 이르기까지 대단히 유행하였다.

8 調腔戲: 중국 전통 희곡의 곡조로 掉腔 또는 紹興高調라고도 한다.

9 唐 裴旻: 裴旻은 唐 玄宗 開元 연간의 장수이다. 河東 聞喜(지금의 山西 聞喜) 출신으로 北平郡(지금의 河北 盧龍)에 주둔하여 수비했으며 훗날 左金吾大將軍에 올랐다. 검무로 유명하여 당시 사람들은 배민을 劍聖이라 불렀다.

10 吳道子: 오도자(686?-760?)는 吳道玄이라고도 하며 陽翟(지금의 河南 禹縣) 사람이다. 唐代 유명한 화가로 후세에 畫聖이라 칭송받았다.

받아 저승과 통할 수 있을지도 모릅니다.'라고 하자 배민이 상복을 벗어 묶고는 말에 올라 달리며 구름 속으로 검을 던졌다. 검이 십수 장 높이로 올라갔는데 마치 번개가 내리치는 것 같았다. 배민이 검집을 치켜들고 검을 받았는데, 검이 검집에 곧바로 들어가는 듯하여 보는 사람들이 놀라 벌벌 떨었다. 오도자가 바람처럼 소매를 움직이자 벽화가 금세 완성되었다. 진장후가 조순경을 위해 불상을 그리고 조순경은 검무를 추니, 이것이 바로 오늘의 홍취이다."라고 하였다. 조순경이 벌떡 몸을 일으켜 대나무 채찍을 가져왔다. 무게가 30근이나 나가는 무거운 채찍을 들고 몇 바퀴를 돌면서 호선무胡旋舞[11]를 여러 번 추어 모두를 크게 웃게 만들고 나서야 그만두었다.

甲戌十月, 攜楚生住不系園看紅葉. 至定香橋, 客不期而至者八人: 南京曾波臣, 東陽趙純卿, 金壇彭天錫, 諸暨陳章侯, 杭州楊與民, 陸九, 羅三, 女伶陳素芝. 余留飲. 章侯攜縑素爲純卿畫古佛, 波臣爲純卿寫照, 楊與民彈三弦子, 羅三唱曲, 陸九吹簫. 與民復出寸許界尺, 據小梧, 用北調說金瓶梅一劇, 使人絕倒. 是夜, 彭天錫與羅三, 與民串本腔戲, 妙絕; 與楚生, 素芝串調腔戲, 又復妙絕. 章侯唱村落小歌, 余取琴和之, 牙牙如語. 純卿笑曰: "恨弟無一長以侑兄輩酒." 余曰: "唐裴將軍旻居喪, 請吳道子畫天宮壁度亡母. 道子曰: '將軍爲我舞劍一回, 庶因猛厲, 以通幽冥.' 旻脫縗衣纏結, 上馬馳驟, 揮劍入雲, 高十數丈, 若電光下射, 執鞘承之, 劍透室而入, 觀者驚栗. 道子奮袂如風, 畫壁立就. 章侯爲純卿畫佛, 而純卿舞劍, 正今日事也." 純卿跳身起, 取其竹節鞭, 重三十斤, 作胡旋舞數纏, 大噱而去.

11 胡旋舞: 서북지역 민족의 전통춤으로, 동작이 다양한데 특히 빙빙 도는 게 특징이다.

02
진회하방秦淮河房[12]

진회하秦淮河의 하방河房은 묵기에 편하고 교류하기도 편하며 음당한 일을 하기에도 편하여 방값이 매우 비쌌지만, 방이 빈 날을 찾을 수 없을 정도였다. 화선畵船에서 퉁소를 불고 왔다 갔다 하여 그사이는 늘 복잡하였다. 하방 외곽에는 집집마다 노대露台가 있고 붉은 난간과 무늬가 새겨진 창문이 있었으며 대나무 주렴과 비단 장막이 있었다. 여름이 되면 사람들은 목욕을 마치고 노대에 뒤섞여 앉았다. 양안의 수루水樓[13]에서 말리茉莉 향이 바람을 타고 퍼져 남녀의 향을 더욱 진하게 하였다. 여자들은 각각 둥근 부채를 가볍게 잡고 있고 귀밑머리를 내렸으며 상투가 기울어져 부드럽고 예쁜 모습이 눈길을 끌었다. 해마다 단오가 되면 경성京城의 남녀들이 차고 넘쳐 앞다투어 배에 달린 등을 구경한다. 호사가들은 백 척이 넘는 작은 봉선篷船[14]에 모아 돛에 양각등羊角燈[15]을 진주처럼 꿰어 매달고 배의 앞뒤를 연결했는데, 어떤 것들은 열몇 척의 배를 연결하기도 하였다.

---

12 秦淮河: 지금의 江蘇省 南京에 있는 淮水 혹은 龍藏浦라 불리는 강이다. 동서로 흘러 남경을 지난다. 內河와 外河로 나뉘는데 옛날 內河에는 술집과 기방이 많았다. 河房은 이 강물을 사이에 두고 만들어진 집들을 말한다.

13 水樓: 물가에 세운 누각이다.

14 篷船: 덮개가 있는 배를 말한다.

15 羊角燈: 양의 뿔을 고아 얇고 투명한 껍질을 만들어 겉을 씌운 등으로 비교적 훤하게 볼 수 있는 등이다.

배는 촉룡燭龍과 화신火蜃[16]같이 웅크린 듯 구불구불하였고 서로 연결되었으며 물과 불이 세차게 부딪히며 터졌다. 배 안에서 악기 소리가 하늘을 울리고 연회석에서 노랫소리, 현악기, 관악기 소리가 떠들썩하니 마치 끓는 물 같았다. 남녀가 난간에 기대어 왁자지껄 웃자 목소리와 불빛이 어지러이 섞여 눈과 귀가 바빠졌다. 한밤중이 되자 노래는 느려졌고 등불도 거의 꺼졌으며 별들만이 남아 빛을 냈다. 종백경鍾伯敬[17]의 〈진회하등선부秦淮河燈船賦〉에도 이런 광경을 매우 상세하게 묘사해 놓았다.

秦淮河河房, 便寓, 便交際, 便淫治, 房值甚貴, 而寓之者無虛日. 畫船蕭鼓, 去去來來, 周折其間. 河房之外, 家有露臺, 朱欄綺疏, 竹簾紗幔. 夏月浴罷, 露臺雜坐. 兩岸水樓中, 茉莉風起, 動兒女香甚. 女客團扇輕紈, 緩鬢傾髻, 軟媚著人. 年年端午, 京城士女填溢, 競看燈船. 好事者集小篷船百什艇, 篷上掛羊角燈如聯珠, 船首尾相銜, 有連至十餘艇者. 船如燭龍火蜃, 屈曲連蜷, 蟠委旋折, 水火激射. 舟中鑔鈸星鐃, 讌歌弦管, 騰騰如沸. 士女憑欄轟笑, 聲光淩亂, 耳目不能自主. 午夜, 曲倦燈殘, 星星自散. 鍾伯敬有秦淮河燈船賦, 備極形致.

---

16 燭龍: 燭陰이라고 하는 鍾山의 神이다. 인간의 얼굴과 뱀의 몸을 가졌고 눈을 뜨면 낮이 되고 눈을 감으면 밤이 된다고 한다. 火蜃는 물속에 등불이 비치면 신기루같이 보이는 환상을 말한다.

17 鍾伯敬: 종백경은 명대 竟陵派의 대표인물로, 당시 문단을 이끌었던 鍾惺(1574-1624)이다. 종성은 字가 伯敬이고 號는 退穀이며, 湖北省 竟陵 출신이다. 萬曆 38년에 進士가 되었고 禮部主事를 지냈다. 종성은 秦淮의 水閣에서 역사서를 읽고 《史懷》를 지었다고 한다.

03

연주열무兗州閱武[18]

신미辛未[19] 3월에 나는 연주에 가서 직지直指[20]의 열무閱武를 보았다. 3천 기병과 7천 보병이 배치되어 진용이 매우 웅장했다. 말 발굽과 보병의 발걸음이 도도하고 힘차 구경하던 눈도 함께 달리다 맹렬하게 당겨야 비로소 돌아왔다. 그 진법陣法에서 기이한 점은 변화무쌍함에 있었다. 깃발이 움직이고 북소리가 울리면 대오가 좌우로 움직였는데 비바람처럼 빨랐다. 대열이 갖춰지면 직지 앞에 진영도를 올리고 팻말을 세워 알리길 "어떤 진영을 어떤 진영으로 바꾸어라"라고 하였다. 십여 개의 진이 연속적으로 바뀌었는데 기이하게도 가지런하지는 않았으나 편리하고 빨랐다. 백여 개의 기는 적군으로 분장하여 몇 리 밖에서 연기와 먼지를 일으켰다. 순찰병 다섯 기는 검은 바둑돌같이 작았는데, 쏜살같이 달려 군영의 문에 들어와 보고했다. 대장기를 세우고 북을 울리며 기병을 보내 매복시켰다. 적의 기병이 갑자기 쳐들어오자 북을 쳐서 순식간에 사로잡았고 포로는 진영으로 보냈다.

군영 안에 귀엽게 생긴 남자아이 30~40기를 여자로 분장시켰는

18 兗州는 지금의 山東省 兗州이다. 閱武는 군사 훈련을 말한다.

19 辛未: 崇禎 4년인 1631년이다.

20 直指: 조정에서 지방에 파견한 감찰관직인 直指使이다. 繡衣直指 혹은 直指繡衣使라고도 한다.

데, 이들은 깃발을 메고 털옷을 입었으며 소매에 수를 놓았고 상투를 틀었다. 말 등에 올라 곡예[21]를 했는데 뒤로 벌러덩 넘어지다가 다시 일어나 말에 올라 날뛰는데 뼈가 없는 듯 유연했다. 말 위에서 삼현三弦・호발胡撥・호박사琥珀詞四・사상아・밀실上兒密失・차아기叉兒機・금매두이㑣佅兜離[22] 등을 다 모아 직지의 앞에서 연주를 했는데, 북방의 저속한 곡조가 아름답게 연주되었다. 그해 참장參將 나羅아무개가 북방 사람이었는데 분장한 사람들 모두 그가 기르는 어린 가수와 첩으로, 대단히 아름다웠다. 다른 사람이라면 할 수 없었을 것이다.

辛未三月, 余至兗州, 見直指閱武. 馬騎三千, 步兵七千, 軍容甚壯. 馬蹄卒步, 滔滔曠曠, 眼與俱駛, 猛掣始回. 其陣法奇在變換, 旂動而鼓, 左抽右旋, 疾若風雨. 陣既成列, 則進圖直指前, 立一牌曰: "某陣變某陣". 連變十餘陣, 奇不在整齊而在便捷. 扮敵人百余騎, 數里外煙塵坌起. 迾卒五騎, 小如黑子, 頃刻馳至, 入轅門報警. 建大將旗鼓, 出奇設伏. 敵騎突至, 一鼓成擒, 俘獻中軍.

內以姣童扮女三四十騎, 荷旃被毳, 繡袪魋結, 馬上走解, 顛倒橫豎,

---

21 원문에 走解라 했는데, 이는 기수가 말에 올라 기예를 보여 주는 것으로 고대 百戲 중의 하나다. 金元 시대에 궁정에서 처음으로 공연되었는데 이후 말 위에서 보여 주는 기예를 통칭한다.

22 胡撥은 雲南 納西族의 전통 악기로 琵琶와 비슷하다. 琥珀詞 역시 비파와 비슷한 악기이다. 四上兒는 〈四上〉이란 곡명이다. 密失은 土兒密失로 추청되는데 蒙古族의 악기이다. 叉兒機는 叉兒榥로 추정되는데 滿洲語를 음역한 것으로 악기의 일종이다. 㑣佅兜離는 고대 소수민족의 음악을 말한다. 東夷의 음악을 佅라 하고, 南夷의 음악을 任이라 하며 西夷의 음악을 林離라 하며 北夷의 음악을 㑣라 한다. 漢代 班固의 《兩都賦》의 "四夷間奏, 德廣所及, 㑣佅兜離, 罔不具集."에서 비롯되었다.

借騎翻騰, 柔如無骨. 樂奏馬上, 三弦, 胡撥, 琥珀詞四, 上兒密失, 叉兒機, 僸休兜離, 罔不畢集, 在直指筵前供唱, 北調淫俚, 曲盡其妙. 是年, 參將羅某, 北人, 所扮者皆其歌童外宅, 故極姣麗, 恐易人爲之, 未必能爾也.

04 우수산에서 사냥을 하다牛首山[23]打獵

무인戊寅[24] 겨울, 내가 남경에 머무를 때 친척 융평후隆平侯와 그 아우 훈위勳衛, 조카 조흔성趙忻城, 귀주貴州의 양애생楊愛生, 양주揚州의 고불영顧不盈, 친구 여길사呂吉士와 요간숙姚簡叔, 시첩 왕월생王月生·고미顧眉·동백董白·이십李十·양능楊能[25]에게 모두 군복을 입혔고 시첩들에게도 입혔다. 시첩들은 붉은 비단에 여우를 새겨 넣은 전의箭

---

23 牛首山: 산의 형태가 소머리를 닮아 牛頭山이라고도 하며 지금의 江蘇省 南京에 있다.

24 戊寅: 崇禎 11년인 1638년이다.

25 隆平侯와 勳衛는 明 成帝 때 隆平侯에 봉해진 張信의 후손이다. 趙忻城은 趙之龍(?-1655)으로, 江南 虹縣(지금의 安徽省 虹縣) 사람이다. 永樂 때 忻城伯에 봉해졌고 이후 청나라 조정에 투항하였다. 楊愛生은 楊鼎卿으로, 字가 愛生이다. 貴州衛(지금의 貴州省 貴陽) 사람이다. 명말 청나라에 항거한 楊文驄의 장자이다. 顧不盈은 顧爾邁로, 字가 不盈이다. 저서로 《明璫彰瘅錄》이 있다. 呂吉士는 呂福生으로 字가 吉士이다. 紹興 사람으로 明末 復社成의 일원이다. 姚簡叔은 姚允在로, 字가 簡叔이며 會稽(지금의 浙江省 紹興) 사람이다. 산수화와 서법에 뛰어났다. 《陶庵夢憶》 권5에 〈姚簡叔畫〉가 수록되어 있다. 王月生은 남경의 유명한 기녀이다. 《陶庵夢憶》 권8에 〈王月生〉이 수록되어 있다. 顧眉(1619-1664)의 字는 眉生으로 당시 '秦淮八豔'이라 불리는 유명한 기녀 중 하나였다. 나중에 龔鼎孳(1616-1673)의 첩이 되어 徐氏로 姓을 바꾸었다. 董白(1624-1651)의 字는 小宛으로 동백 역시 '秦淮八豔'이었다. 나중에 冒襄(1611-1693)의 첩이 되었다. 李十의 본명은 湘真이고 字는 雪衣이다. 號가 十娘이다. 秦淮의 기녀이다. 楊能 역시 秦淮의 기녀로 자세한 생애는 알 수 없다.

衣[26]를 입고 소군투昭君套[27]를 쓰고 관단마款段馬[28]에 올랐다. 매를 데리고 사냥개를 끌며 백여 명의 궁수가 수행하니 펄럭이는 깃발이며 곤봉이며 딱 들어맞았다. 남문을 나와 우수산 앞뒤에서 사냥을 했는데 말에 올라 빨리 내달리다 멈추는 재미를 만끽했다. 사슴 한 마리, 노루 세 마리, 토끼 네 마리, 꿩 세 마리, 너구리 일곱 마리를 잡았다. 사냥을 마치고 헌화암獻花岩[29]에서 극을 보고 조영祖塋[30]에서 묵었다. 다음날 오후에 사냥에서 돌아와 사슴과 노루를 내어 사람들을 먹였다. 다시 융평후의 집에서 마음껏 마셨다. 강남사람들은 사냥이 무엇인지를 잘 모르고 나도 그림이나 연극에서만 보았는데 이제 직접 체험해 보니 과연 웅장하고 통쾌했다. 그러나 모름지기 공훈이 있는 부유한 집에서 할 수 있는 일이지 가난한 선비는 할 수 없는 일이었다.

戊寅冬, 余在留都, 同族人隆平侯與其弟勳衛, 甥趙忻城, 貴州楊愛生, 揚州顧不盈, 余友呂吉士, 姚簡叔, 姬侍王月生, 顧眉, 董白, 李十, 楊能, 取戎衣衣客, 並衣姬侍. 姬侍服大紅錦狐嵌箭衣, 昭君套, 乘款段馬, 鞲青骹, 絏韓盧, 統箭手百余人, 旗幟棍棒稱是, 出南門, 校獵於牛首山前後, 極馳驟縱送之樂. 得鹿一, 麂三, 兔四, 雉三, 貓狸七. 看劇於獻花岩, 宿於祖塋. 次日午後獵歸, 出鹿麂以饗士, 復縱飲於隆平家. 江南不曉獵較爲何事, 余見之圖畫戲劇, 今身親爲之, 果稱雄快. 然自須勳戚豪右爲之, 寒酸不辦也.

---

26 箭衣: 고대 궁수들이 입었던 옷으로 소매가 좁아 활을 쏘기에 편리하다.

27 昭君套: 동물의 털가죽으로 만든 여성용 모자이다.

28 款段馬: 걸음이 느린 말 혹은 망아지이다.

29 獻花岩: 우수산의 남쪽에 있는 祖堂山에 위치한 동굴로 그 위로 幽棲寺와 花岩寺 같은 건물이 있다.

30 祖塋: 祖堂山을 말한다.

05

양신묘대각 楊神廟臺閣[31]

풍교楓橋[32]의 양신묘楊神廟는 9월에 대각臺閣이 열린다. 10년 전 대각은 단지 희곡공연뿐이었다. 낙씨駱氏 형제가 대각을 주관한 뒤부터는 줄곧 정밀하고 조리있게 하였다. 말에 올라 이야기를 하는 20~30명의 기수로 분장한 이들이 전기傳奇[33]를 하는데 한 권을 다 불렀다. 또 해마다 바뀌었고 사흘간 세 번이 달랐다. 배우는 반드시 전기 속의 인물과 닮아야 쓰였다. 모두 분장을 하기 전에 한 사람이 누가 어떤 역할을 맡았는지 알려 주었다. 관객들을 포복절도하게 만들지 못하면 배역을 맡지 못했다. 대각이 열린 뒤 '호련胡椗' 역할을 맡은 사람은 줄곧 호련이라 불렸다. 호련이라고 부르지 않는 사람이 없어서 그 사람은 도리어 본래의 이름까지 잊어버렸다. 역할을 맡은 배우가 정해진 뒤에야 분장법을 의논하였다. 비단을 찢어서라도 필요한 의상은 반드시 만들었다. 만일 그 배우의 도포와 갑옷이 모름지기 어떤 색깔의 어떤 비단과 어떤 문양이 필요하면 비록 비단 한 필

31 楊神廟는 浙江 諸暨 楓橋鎮에 있다. 지금은 楓橋大廟戲臺라 하고 楊儼神을 모셨다. 太平天國 전란으로 훼손되었다가 나중에 중건되었다. 양신묘는 당시 주로 회의나 공연장으로 사용되었고 음력 9월 15일에는 제사를 지내고 장사를 하는 등 번화한 장소였다. 臺閣은 宋代 百戲의 하나로, 민간 오락 활동의 하나이다.

32 楓橋: 浙江 諸暨 동북쪽에 위치한 楓橋鎮이다. 宋代부터 항주, 소주 등지를 잇는 교통의 요지였다.

33 傳奇: 明淸 시대에 유행한 남방계통의 歌劇인 南曲의 각본을 일컫는 말이다.

에 수십 금金이 들어도 아끼지 않았다. 관대 하나, 신발 한 켤레에 주인은 정성을 다 쏟아부었다. 여러 친구 중 완전히 새롭게 만들고 훌륭히 묘사할 수 있다면, 대각이 열리기 한 달 전에 예를 갖춰 모셔오고 생각한 바를 마음대로 하도록 했다. 분장이 다 준비되면 먼저 기간을 정해 공연을 해 보았는데 백 명이 훌륭하다고 외치지 않으면 쓰지 않았다. 이러한 까닭에 사람 하나 탈것 하나에도 정성을 다하여 마치 골동품이나 명화를 감상하는 것처럼 하나의 선도 그냥 넘어가지 않았다.

현지 사람들은 작은 재앙이 닥치면 작고 흰 깃발을 들고 양신묘에 가서 액막이를 하였으니, 그로 인해 창고가 가득 찼다. 이날 대나무 장대에 깃발 서너 개를 달고 사람마다 손에 장대 서너 개를 잡고 양신묘 앞으로 달려갔다. 그 길이가 가히 7, 8리里는 되어 마치 수백 수만 마리의 흰 나비들이 골짜기와 나무 사이로 빙빙 날아다니는 것 같았다. 사방에서 몰려든 구경꾼들이 수십만 명은 되었다. 풍교 아래에 사람들은 또 자리를 깔고 천막을 쳤다. 대각 위나 말 위에서 금·진주·보석이 땅에 떨어져 그것을 주운 사람은 마치 귀신이 붙은 것처럼 자리를 뜨지 못하고 반드시 신전 앞에 돌려보냈다. 그것들이 숲이나 논두렁에 있어도 신전에 가서 물으면 떨어진 장소를 알려 주었는데 틀린 적이 없었다.

楓橋楊神廟, 九月迎臺閣. 十年前迎臺閣, 臺閣而已; 自駱氏兄弟主之, 一以思致文理爲之. 扮馬上故事二三十騎, 扮傳奇一本, 年年換, 三日亦三換之. 其人與傳奇中人必酷肖方用, 全在未扮時, 一指點爲某似某, 非人人絕倒者不之用. 迎後, 如扮胡璉者, 直呼爲胡璉, 遂無不胡璉之, 而此人反失其姓. 人定, 然後議扮法. 必裂繒爲之. 果其人其袍鎧須某色, 某緞, 某花樣, 雖匹錦數十金不惜也. 一冠一履, 主人全副精神在焉. 諸友中有能生造刻畫者, 一月前禮聘至, 匠意爲之, 唯其使. 裝束備, 先期扮演, 非百口叫絶又不用. 故一人一騎, 其中思致文理, 如玩古董名畫, 一勾一勒, 不得放過焉.

土人有小小災祲, 輒以小白旗一面到廟禳之, 所積盈庫. 是日以一竿穿旗三四, 一人持竿三四走神前, 長可七八里, 如幾百萬白蝴蝶, 回翔盤礴在山坳樹隙. 四方來觀者數十萬人. 市楓橋下, 亦攤亦篷. 臺閣上馬上, 有金珠寶石墮地, 拾者如有物憑焉不能去, 必送還神前. 其在樹叢田坎間者, 問神, 輒示其處, 不或爽.

06

설정 雪精

외조부 도난풍陶蘭風[34] 선생이 수주壽州[35]에서 부관으로 일할 때 흰 노새를 얻으셨다. 발굽까지 하얗고 하루에 2백 리里를 갔으며 관서에서 길렀다. 수주 사람이 열격噎嗝[36]하는 병에 걸리면 그 오줌으로 치료를 하였다. 신청기간이 되면 노새의 오줌을 구하는 문서가 매번 십수 장이었다. 그리하여 외조부께서는 목향木香[37]을 노새의 오줌에 담가 백성들이 와서 가져가도록 하셨다. 나중에 외조부께서는 벼슬을 그만두고 귀향하셨고 돌아가신 뒤에는 외숙부 색헌嗇軒[38]께서 노새를 내게 주셨다. 나는 십 년 정도 노새를 키웠는데 실제로 하루도 여물을 준 적이 없었다. 밤낮으로 스스로 먹을 것을 구하는 소리는 들었으나 배고파하는 모습을 본 적은 없었으니, 어디서 배부르게 먹는지 알 수가 없었다. 날이 밝을 무렵에는 반드시 문에서 공손히 기다렸고 마구간에 들어가면 말에 올라 채찍질할 때까지 기다렸으며, 오후가 되어 막지 않으면 여전히 전처럼 나아가 먹이를 구했

34 陶蘭風: 陶允嘉(1556-1622)로, 字는 幼美이고 號는 蘭風이다 浙江 山陰(지금의 浙江省 紹興) 사람으로 壽州에서 副官을 맡았다.

35 壽州: 지금의 安徽省 六安壽이다.

36 噎嗝: 음식을 삼키지 못하거나 곧바로 구토하는 증상이다.

37 木香: 향기가 나는 식물의 하나로 蜜香 혹은 青木香이라고도 한다. 그 뿌리를 약으로 사용한다.

38 嗇軒: 陶崇文으로 字는 乳周이고 號가 嗇軒으로, 잡극《宮梟記》를 썼다.

다. 나중에 점점 제 마음대로 날뛰어 다루기가 어려워졌는데 나를 보면 길이 들어서 움직이지 않았다. 내가 안장에 올라타면 화살처럼 빨리 달렸지만 다른 사람이 올라타면 성을 내며 발로 차고 이빨로 깨물어 온갖 방법으로 채찍질을 해도 듣지 않았다. 그러던 어느 날 길을 잃은 말과 성벽의 길에서 다투며 달리다 발을 헛디뎌 참호에 떨어져 죽었다. 내가 묻어 주라 명하고 시호를 '설정雪精'이라 붙였다.

外祖陶蘭風先生, 倅壽州, 得白騾, 蹄跲都白, 日行二百里, 畜署中. 壽州人病噎嗝, 輒取其尿療之. 凡告期, 乞騾尿狀常十數紙. 外祖以木香沁其尿, 詔百姓來取. 後致仕歸, 捐館, 舅氏喬軒解驂贈余. 余豢之十年許, 實未嘗具一日草料, 日夜聽其自出覓食, 視其腹未嘗不飽, 然亦不曉其何從得飽也. 天曙, 必至門祗候, 進廄候驅策, 至午勿御, 仍出覓食如故. 後漸跋扈難御, 見余則馴服不動, 跨鞍去如箭, 易人則咆哮蹄齧, 百計鞭策之不應也. 一日, 與風馬爭道城上, 失足墮濠塹死, 余命葬之, 謚之曰"雪精".

07
엄조의 사당嚴助[39]廟

도언陶堰[40]의 사도묘司徒廟는 한漢 회계태수會稽太守 엄조嚴助의 사당이다. 해마다 원소절이 되면 공양을 드렸는데, 그 일을 맡은 사람은 가족을 모아 한 해의 제사를 상의하였다. 무릇 산에 사는 사나운 동물(호랑이 · 표범 · 수사슴 · 산 오소리 같은 종류), 바다에 사는 튼튼한 어류(강돈江豚[41] · 해마 · 철갑상어 · 상어와 같은 종류), 뭍에 사는 살찐 가축(돼지는 반드시 삼백 근斤으로 하고 양은 꼭 이백 근으로 하여 하루에 한 마리씩 바꿔 준다. 닭 · 거위 · 들오리 · 집오리와 같은 종류는 토실토실하지 않으면 바치지 않는다.) 싱싱한 수산물(무릇 새우 · 생선 · 게 · 조개와 같은 종류는 살아서 팔딱팔딱 뛰는 것으로 한다.), 깃털이 반지르르한 조류(공작새 · 백한白鷴[42] · 금계錦雞 · 흰앵무새 같은 종류는 살아 있는 것을 올린다.) 털이 촘촘한 동물(흰 사슴 · 흰토끼 · 초서貂鼠[43] 같은 종류도 살아 있는 것으로 올린다.), 타 지역의 산물(복건의 신선한 여지 · 용안龍眼 · 북빈파과北蘋婆果 · 사과 · 기름모과 나무와 같은 종류), 제철이 아닌 것

39 嚴助: 엄조(?-기원전 122)의 본명은 莊助인데 漢 明帝 劉莊을 피휘하여 嚴助로 이름을 바꾸었다. 吳縣 사람으로 會稽 太守를 지냈으며 저서로《相兒經》,《嚴助賦》가 있다.

40 陶堰: 지금의 浙江省 紹興으로 陶家堰이라고도 한다.

41 江豚: 강돈은 이가 있는 돌고랫과의 포유류로 상괭이라고도 한다.

42 白鷴: 백한은 닭목 꿩과 조류인데 주로 중국의 남부지방의 산지에 서식한다.

43 貂鼠: 초서는 족제빗과에 속하는 짐승의 하나로, 담비라고도 한다.

(복숭아 · 매화 · 배 · 살구 · 소귀나무 · 비파나무 · 앵두와 같은 종류는 방금 딴 것처럼 잘 보관된 것), 만들 수 없는 것(곰 발바닥 · 오랑우탄 입술 · 표범의 태반 같은 것), 본성이 아닌 것(담근 술 · 설탕에 잰 과일과 같은 종류), 이성적이지 않은 것(운남雲南의 꿀 · 아미峨眉의 설구雪蛆와 같은 종류[44]) · 상상할 수 없는 것(천화룡정天花龍蜓 · 조루과조雕鏤瓜棗 · 연소미면撚塑米面 같은 종류)과 같은 공양물로, 없는 게 없었다. 정원이 실제로 공양물로 가득 차 제왕의 종묘와 사직단에 놓인 것도 이보다 더 융숭할 수가 없다.

정월 13일, 큰 배 스무 척에 악기를 싣고 아이를 분장시켜 이야기를 하였는데, 조리가 없어도 많이 하기만 하면 되었다. 도시와 시골 사람들은 수로와 육로로 좇아와 배를 따라 몸을 돌려 구경을 하였다. 이를 두고 '등머리 보기(看燈頭)'라고 하였다. 밤이 되면 사당에서 극 공연을 하였는데 극단은 반드시 월중越中의 상삼반上三班이나 항주에서 고용하여 공연비가 하루에도 수만 전錢이 들었다. 《백개伯喈》와 《형차荊釵》[45]를 공연하였는데 노인 하나가 무대 아래에 앉아 대본을 보면서 점검하였다. 한 글자라도 빠지면 관객들이 일어나 소리를 질러 배우들이 처음부터 다시 공연을 하였다. 월중의 '전백개全伯喈' · '전형차全荊釵'라는 이름이 여기서부터 시작된 것이다.

천계天啟 3년[46]에 우리 형제는 남원南院의 왕잠王岑 · 노천老串 양사楊四 · 서맹아徐孟雅 · 원사圓社 하남河南 장대래張大來 같은 이들을 데리

---

44 雪蛆: 설구는 손가락만 한 크기의 벌레이다. 陰山에서 나서 峨嵋山 북쪽에서도 볼 수 있는데 맛이 좋고 해열에 효과가 있다. 冰蛆 혹은 雪蠶이라고도 한다.

45 《伯喈》·《荊釵》: 明代 四大傳奇인 《琵琶記》와 《荊釵記》이다.

46 天啟 3년: 1623년이다.

고 엄조 사당에 가서 구경을 하였다. 사당에 도착하여 축구놀이를 하였는데 장대래는 '흙 한 덩이', '펜 구슬'로 세상에 유명해졌다. 장대래의 발에 공이 닿으면 빙글빙글 돌며 굴렀는데 마치 아교로 붙이고 끈으로 묶고 구멍을 뚫어 꽂은 것 같아 사람들이 훌륭하다고 칭찬한 것이다. 극 공연이 절반에 이르자 왕잠은 이삼랑李三娘으로, 양사는 화공두로火工竇老로, 서맹아는 홍일수洪一嫂로, 마소경馬小卿은 당시 12세였는데 교제咬臍로 분하여 《마방磨房》·《별지撇池》·《송자送子》·《출렵出獵》을 공연했다. 극에 우스운 연기와 대사를 넣고 노래와 대사를 섞으니, 절묘함이 정수에 들어 또다시 칭찬을 하였다. 마침내 배를 타고 돌아갔다. 극장은 기를 빼앗겨 징소리도 울리지 못하고 등도 빛을 내지 못했다.

陶堰司徒廟, 漢會稽太守嚴助廟也. 歲上元設供, 任事者聚族謀之終歲. 凡山物粗粗(虎, 豹, 麋鹿, 獾豬之類), 海物噩噩(江豚, 海馬, 鱘黃, 沙魚之類), 陸物癡癡(豬必三百斤, 羊必二百斤, 一日一換. 雞, 鵝, 鳧, 鴨之屬, 不極肥, 不上貢), 水物哈哈(凡蝦, 魚, 蟹, 蚌之類, 無不鮮活), 羽物毨毨(孔雀, 白鷳, 錦雞, 白鸚鵡之屬, 即生供之), 毛物毧毧(白鹿, 白兔, 活貂鼠之屬, 亦生供之), 洎非地(閩鮮荔枝, 圓眼, 北蘋婆果, 沙果, 文官果之類), 非天(桃, 梅, 李, 杏, 楊梅, 枇杷, 櫻桃之屬, 收藏如新擷), 非制(熊掌, 猩唇, 豹胎之屬), 非性(酒醉, 蜜餞之類), 非理(雲南蜜唧, 峨眉雪蛆之類), 非想(天花龍蛋, 雕鏤瓜棗, 捻塑米面之類)之物, 無不集. 庭實之盛, 自帝王宗廟社稷壇壝所不能比隆者.

十三日, 以大船二十艘載盤軨, 以童崽扮故事, 無甚文理, 以多爲勝. 城中及村落人, 水逐陸奔, 隨路兜截轉折, 謂之"看燈頭". 五夜, 夜在廟演劇, 梨園必倩越中上三班, 或雇自武林者, 纏頭日數萬錢. 唱伯喈, 荊釵, 一老者坐台下對院本, 一字脫落, 群起噪之, 又開場重做. 越中有"全伯喈","全荊釵"之名起此.

天啟三年, 余兄弟攜南院王岑, 老串楊四, 徐孟雅, 圓社河南張大來輩往觀之. 到廟蹴踘, 張大來以"一丁泥""一串珠"名世. 球著足, 渾身旋滾, 一似粘疐 有膠, 提掇有線, 穿插有孔者, 人人叫絕. 劇至半, 王岑扮李三娘, 楊四扮火工竇老, 徐孟雅扮洪一嫂, 馬小卿十二歲扮咬臍, 串磨房, 撇池, 送子, 出獵四出. 科諢曲白, 妙入筋髓, 又復叫絕. 遂解維歸. 戲場氣奪, 鑼不得響, 燈不得亮.

08

유락乳酪[47]

유락은 장쾌駔儈[48]가 만들면서 맛과 냄새가 사라져 더는 맛이 없었다. 우리 집에서 젖소 한 마리를 키웠는데 밤에 우유를 짜서 대야에 담아 두면 동이 틀 무렵 유화乳花[49]가 한 자 남짓 연이어 솟아올랐다. 그것을 구리 솥에 넣어 끓이고 난설차蘭雪茶를 우려내어, 유락 한 근과 난설차 네 사발을 넣고 오래 끓인다. 옥에서 나온 액이나 진주에서 나온 액 같은 우유가 눈처럼 포송포송하고 이슬처럼 매끄러웠다. 한 번 불면 난초 향보다 진하여 폐부에 스며드니 하늘에서 내린 공양이 따로 없었다. 때로는 술과 화로花露[50]를 섞어 찌기도 했는데, 뜨거울 때가 맛있었다. 때로는 콩가루를 섞고 수분을 걸러 내 두부로 만들었는데, 차가울 때가 맛있었다. 때로는 기름에 튀기거나, 얇게 만들거나, 떡처럼 뭉치거나, 술을 넣어 굳히거나, 소금에 절이거나, 식초에 무쳤는데, 어떤 방법으로 만들어도 맛이 훌륭했다. 소주蘇州 사람들은 지나치게 옹졸하여 사탕수수즙에 삶아 거르고 모으고 다

47 乳酪: 소젖이나 양젖을 가공하여 만든 식품이다.

48 駔儈: 장판마다 돌아다니며 과일이나 나무 따위의 홍정을 붙이고 돈을 받던 중도위를 말한다.

49 乳花: 원래는 차를 끓일 때 생기는 젖빛 거품이나 본문에서는 젖이 발효되어 방울방울 꽃처럼 튀어오르는 것을 말한다.

50 花露: 연꽃이나 인동덩굴의 꽃 따위를 증류한 증류수이다.

듬고 찍어서 대골포나帶骨鮑螺[51]를 만들어, 천하일미라 불렀다. 그 제조법이 매우 비밀스러워 밀방密房에 두고 잠갔고 종이로 단단히 봉쇄해 부자지간이라도 쉽게 전하지 않았다.

乳酪自駔儈爲之, 氣味已失, 再無佳理. 余自豢一牛, 夜取乳置盆盎, 比曉, 乳花簇起尺許, 用銅鐺煮之, 瀹蘭雪汁, 乳斤和汁四甌, 百沸之. 玉液珠膠, 雪腴霜膩, 吹氣勝蘭, 沁入肺腑, 自是天供. 或用鶴觴, 花露入甑蒸之, 以熱妙; 或用豆粉攙和, 漉之成腐, 以冷妙. 或煎酥, 或作皮, 或縛餅, 或酒凝, 或鹽醃, 或醋捉, 無不佳妙. 而蘇州過小拙和以蔗漿霜, 熬之, 濾之, 鑽之, 掇之, 印之, 爲帶骨鮑螺, 天下稱至味. 其制法秘甚, 鎖密房, 以紙封固, 雖父子不輕傳之.

51 帶骨鮑螺: 기름에 지지거나 구운 젖 맛이 나는 치즈 과자이다. 모양이 전복이나 소라 모양이라 붙은 이름이다.

09

이십사교풍월二十四橋[52]風月

광릉廣陵[53]의 이십사교二十四橋의 풍류는 한구邗溝[54]에 여전히 그 흔적이 남아 있다. 초관鈔關[55]을 지나면 대략 반 리里 즈음에 가로로 걸쳐진 아홉 길의 골목이 있다. 골목이 아홉 개라 주위에 전후좌우로 구불구불한 골목길이 수십 수백 개다. 골목 어귀는 좁고 긴 창자처럼 구불구불하다. 마디마디가 이어져 있고 정교한 집과 은밀한 문이 있어 유명한 기녀와 못생긴 기녀가 뒤섞여 살고 있다. 유명한 기녀는 숨겨져 사람들이 보지 못하니 안내자가 없으면 들어갈 수 없다. 못생긴 기녀는 많을 때는 5, 6백 명인데 매일 저녁이 되면 기름으로 목욕을 하고 향을 피우고 골목 어귀로 나온다. 찻집과 술집 앞에 기대앉아 있는데 이것을 두고 '참관站關'이라고 한다. 찻집과 술집 언덕 위에 사등롱紗燈籠 백 개가 켜지면 여러 기녀들이 반짝이는 그 사이에서 가려져 더욱 돋보인다. 얼굴에 흉터가 있는 이는 주렴으로 가리고 발이 큰 이는 문지방으로 가린다. 등불 앞과 달빛 아래에서는

52 二十四橋는 지금의 江蘇省 揚州에 있다. 이 다리의 이름에 대해서는 두 가지 설이 있는데 하나는 24개의 다리를 총칭한다는 것이고 다른 하나는 이 다리 하나만을 가리키는 것이다.

53 廣陵: 지금의 江蘇省 揚州의 옛 이름이다.

54 邗溝: 春秋시기 吳王 夫差를 위해 만든 運河로, 邗水·邗江·邗溟溝라고도 한다.

55 鈔關: 明淸 때 관세를 부과하는 곳인데 여기서는 揚州의 南門을 말한다.

사람의 본모습을 볼 수 없으니 이른바 "온통 희면 백 가지 추함이 가려진다."는 말은 분가루의 힘을 두고 하는 말이다. 나그네와 지나가는 손님은 방추처럼 왔다 갔다 하며 눈을 닦고 서로 엿보다가 마음에 드는 기녀가 있으면 앞으로 가까이 가서 잡아끌고 간다. 그러면 기녀가 갑자기 신분을 드러내고 정중하게 손님에게 앞서 가도록 하고 자신은 천천히 따라간다. 골목 어귀에 들어서면 미리 엿보던 사람이 골목에서 문을 향해 "아무개 아가씨 손님 있으세요!"라 외치고 안에서 천둥 같은 응답 소리가 들린다. 횃불을 들고 즉시 나갔는데 나머지도 일일이 따라 나가 남은 이가 20~30명에 불과했다. 어두컴컴한 이경二更이 되자 등불과 촛불이 차츰 사그라지고 찻집도 온통 칠흑같은 어둠이 깔리니 인기척이 사라졌다. 찻집 심부름꾼은 기녀들을 내쫓기 미안해 하품만 연발한다. 여러 기녀들이 돈을 모아 찻집 심부름꾼에게 한 치쯤 되는 초를 사서 늦게 오는 손님을 기다린다. 교태로운 목소리로 〈벽파옥劈破玉〉 같은 소곡小曲을 부르기도 하고, 자기들끼리 서로 우스갯소리를 하며 일부러 떠들썩하게 만들어 시간을 헷갈리게 한다. 그러나 목이 쉰 웃음소리에 점점 애처로움이 실렸다. 한밤중이 되자 할 수 없이 돌아가야 했는데 살금살금 어둠 속을 더듬어 마치 귀신 같았다. 포주를 만나서 얼마나 굶주리고 얼마나 매를 맞는지는 아무도 알 수 없다.

내 친척 동생 탁여卓如는 턱수염이 예쁘고 정이 많으며 잘 웃는다. 초관에 도착하면 꼭 기녀를 찾아 놀았는데, 내게 농담을 하길 "오늘이 아우의 즐거움은 왕공王公에 못지 않습니다."라고 하자 내가 "어찌 그렇게 말하는가?"라 하니, "왕공대인王公大人은 수백 명의 시첩이 있어 저녁이 되면 총애를 받고 싶어 안절부절 못하나 시중드는 이는 한 명에 불과합니다. 그러나 이 아우가 초관을 지나면 수백 명의 미인이 눈짓으로 정을 주며 저를 반안潘安[56]같은 미남으로 봅니다. 제가 턱으로 지시하고, 기색으로 부리며, 마음대로 고르는데, 마음에 꼭 드는 이를 불러 시중들게 합니다. 왕공대인이 어찌 저보다 낫겠습니까?"라며 다시 크게 웃자 나도 크게 웃었다.

廣陵二十四橋風月, 邗溝尚存其意. 渡鈔關, 橫亙半里許, 爲巷者九條. 巷故九, 凡周旋折旋於巷之左右前後者, 什百之. 巷口狹而腸曲, 寸寸節節, 有精房密戶, 名妓, 歪妓雜處之. 名妓匿不見人, 非向導莫得入. 歪妓多可五六百人, 每日傍晚, 膏沐熏燒, 出巷口, 倚徙盤礴於茶館酒肆之前, 謂之"站關". 茶館酒肆岸上紗燈百盞, 諸妓掩映閃滅於其間, 疤戾者簾, 雄趾者閾. 燈前月下, 人無正色, 所謂"一白能遮百醜"者, 粉之力也. 遊子過客, 往來如梭, 摩晴相覷, 有當意者, 逼前牽之去; 而是妓忽出身分, 肅客先行, 自緩步尾之. 至巷口, 有偵伺者, 向巷門呼曰: "某姐有客了!" 內應聲如雷. 火燎即出, 一俱去, 剩者不過二三十人. 沉沉二漏, 燈燭將燼, 茶館黑魆無人聲. 茶博士不好請出, 惟作呵欠, 而諸妓醵錢向茶博士買燭寸許, 以待遲客. 或發嬌聲, 唱擘破玉等小詞, 或自相謔浪嘻笑, 故作熱鬧, 以亂時候; 然笑言啞啞聲中, 漸帶淒楚. 夜分不得不去, 悄然暗摸如鬼. 見老鴇, 受餓, 受笞俱不可知矣.

余族弟卓如, 美須髯, 有情癡, 善笑, 到鈔關必狎妓, 向余噱曰: "弟今日之樂, 不減王公." 余曰: "何謂也?" 曰: "王公大人侍妾數百, 到晚耽耽望幸, 當御者不過一人. 弟過鈔關, 美人數百人, 目挑心招, 視我如潘安, 弟頤指氣使, 任意揀擇, 亦必得一當意者呼而侍我. 王公大人豈過我哉!" 復大噱, 余亦大噱.

---

56 潘安: 西晉의 미남으로 유명한 潘嶽(247-300)이다. 반악의 字가 安仁이고 潘安으로 불린다.

10

세미당등世美堂燈[57]

어렸을 적에 노복의 목에 걸터앉아 왕신건王新建[58]의 등을 보러 갔다. 등이 모두 귀하고 화려했는데, 주등珠燈[59]에 장식된 요사料絲[60]는 막론하고 양각등羊角燈[61] 같은 것도 금박으로 세밀하게 그림을 그려 넣었고 술을 매달았다. 그러나 백 개의 등을 매달아 놓아 촛불을 들어야 지나갈 수 있었기에 대단히 불편했다. 내가 《수호전水滸傳》의 〈등경燈景〉이란 시詩를 보았는데 "누대의 위아래로 등불을 환히 비추니 사람이 수레와 말 오가는 것이 다 보인다."[62]라고 하였으니, 등불의 이치를 다한 것이다. 내가 생각하기에 등은 수가 많은 데에 있지 않고 항상 밝음을 구하는 데에 있다. 내가 매번 등을 달면 반드시 서까래만 한 큰 초를 사용하며 따로 몇 사람에게 명하여 등화灯花

57 世美堂: 세미당은 明代의 文人 歸有光(1506-1571)의 부인 王氏의 증조부 王致謙이 明 成化 초년에 지은 것이다.

58 王新建: 왕신건은 明末 강남의 유명한 소장가 중 한 명이다. 張聯芳 · 朱敬循 · 項元汴 · 周銘仲과 함께 五大 소장가로 불렸다.

59 珠灯: 오색구슬로 장식된 등을 말한다.

60 料絲: 채색등을 만드는, 일종의 실처럼 가늘고 긴 물질이다. 마노나 자석영을 으깬 뒤 다져서 실로 만들어 붙여진 이름이다.

61 羊角燈: 양의 뿔을 고아 얇고 투명한 껍질을 만들어 겉을 씌운 등으로 당시 흔하게 사용했다.

62 이 시는 《水滸傳》 第72回의 〈柴進簪花入禁院李逵元夜鬧東京〉에 보인다. "樓台上下火照火, 車馬往來人看人."

를 자르고 석탄을 태우게 한다. 그리하여 불빛이 겹겹이 쌓인 담장까지 비추어 아주 작은 것도 보이지 않는 것이 없었다. 10년 전 마을에 이李아무개란 사람이 민중閩中[63]에서 영윤令尹[64]을 맡았는데 무대撫臺[65]가 등을 몇 개 만들어 달라고 부탁하였다. 이에 불상을 조각한 장인을 뽑아 공교함을 다하고 기교도 지극히 하여 10개를 만들었는데 무릇 2년이 걸렸다. 등이 완성되었으나 무대가 이미 죽어 버려서 돌아와 상자 속에 넣어 두었다. 다시 10년쯤 뒤에 내가 등을 좋아하는 걸 알고 이 등을 모두 내게 주었다. 내가 그에게 사례금으로 50금을 주었는데 등 열 개도 이 하나만 못하여 이 등을 주主로 삼았다. 이어서 소주등燒珠燈·요사등·양각등·척사등剔紗燈과 같은 여러 등을 보조로 삼았다. 친구 중 하이금夏耳金이라는 자는 색종이를 잘라서 꽃을 만들 정도로 솜씨가 기막힌데, 등 덮개를 빙사冰紗[66]로 하여 안개가 자욱하게 피어 작약꽃을 덮고 있는 정취를 만들었다. 게다가 굵은 철사로 경계를 만들고 모양을 고심하여 촉금蜀錦에 척사剔紗로 문양을 내었는데 그 경계를 칠한 게 선명하고 아름다우며 출중했다. 하이금은 매년 제물을 바쳐 신을 위로했는데 반드시 등불을 한 개 만들었고 밝히고 나면 내가 매번 후한 값을 치르고 사 왔다. 내 어린 종복은 보관

63 閩中: 원래는 秦朝에서 설치한 郡으로 지금의 福州에 속한다. 진나라 말기에 폐지되었고 이후 복건 일대를 가리키는 말이 되었다.

64 令尹: 春秋戰國 시기에 楚 나라의 執政官의 명칭으로 宰相에 해당하는 관직이다. 나중에는 縣이나 府와 같은 지방 행정장관을 말하였다.

65 撫臺: 무대는 巡撫로, 明淸 시기에 지방을 순시하며 軍政과 民政을 감찰하던 대신이다.

66 冰紗: 冰涼紗로, 실을 뽑는 과정에서 雲母를 더한 것이다. 열과 땀을 배출하는 효과가 있다.

을 잘하는데 비록 종이 등이라도 십 년 동안 썩지 않아 이러한 까닭에 나날이 등이 많아졌다. 또 남경에서 조사원趙士元[67]의 협사병夾紗屛을 비롯하여 등 몇 개를 얻어 왔는데 모두 귀신같은 솜씨로 결코 사람의 힘으로 만든 것 같지 않았다. 원소절元宵節에 가지고 있는 모든 등불을 꺼내어 밝혔더니 잔치가 되었다. 집안의 모든 하인이 나와 악기를 연주하였다. 화분을 잘 만드는 노복이 있었는데, 여름에 양털을 불려서 평평한 돈대를 만들었는데 높이가 2척 정도였다. '지용금련[地湧金蓮, 역자주. 땅에서 용솟음치는 금련]'화포를 만들었는데 발사할 때 소리가 마치 뇌포와 같았고 화개花蓋가 한 무畝가 넘었다. 따로 박자를 맞출 필요 없이 맑은 태평소 소리가 응답하였으니, 불꽃이 흔들리는 속도에 맞춰 태평소의 소리를 맞추고 불꽃이 흔들이는 높이에 따라 태평소의 높이도 맞추었다. 등이 있는데 극 공연이 없으면 등의 정취를 만끽할 수 없다. 그러나 또 춤과 음악이 없으면 불꽃도 발하지 못한다. 나는 어린 하인에게 원元 잡극雜劇 40~50본을 공연하게 했다. 원 잡극을 공연하면서 네 번 나왔으니, 춤이 한 번, 타악기가 한 번, 현악기가 한 번이었다. 그 농도와 간격, 그리고 밀도의 절묘함이 모두 주인의 위치에 달려 있었다. 만일 다른 사람이 다른 장소에서 했다면 이렇게 할 수 없었을 것이다. 그리하여 월중越中 등불의 성황을 자랑할 때는 반드시 세미당등을 말하는 것이다.

兒時跨蒼頭頸, 猶及見王新建燈. 燈皆貴重華美, 珠燈料絲無論, 即羊角燈亦描金細畫, 纓絡罩之. 懸燈百盞, 尚須秉燭而行, 大是悶人.

---

67 趙士元: 조사원은 당시 유명한 등 공예장인이다.

余見水滸傳“燈景詩”有云:“樓臺上下火照火, 車馬往來人看人.”已盡燈理. 余謂燈不在多, 總求一亮. 余每放燈, 必用如椽大燭, 專令數人剪卸燼煤, 故光迸重垣, 無微不見. 十年前, 里人有李某者, 爲閩中二尹, 撫臺委其造燈, 選雕佛匠, 窮工極巧, 造燈十架, 凡兩年, 燈成, 而撫臺已物故, 攜歸藏櫝中. 又十年許, 知余好燈, 擧以相贈, 余酬之五十金, 十不當一, 是爲主燈. 遂以燒珠, 料絲, 羊角, 剔紗諸燈輔之. 而友人有夏耳金者, 剪采爲花, 巧奪天工, 罩以冰紗, 有煙籠芍藥之致. 更用粗鐵線界劃規矩, 匠意出樣, 剔紗爲蜀錦, 墁其界地, 鮮豔出人. 耳金歲供鎭神, 必造燈一盞, 燈後, 余每以善價購之. 余一小傒善收藏, 雖紙燈亦十年不得壞, 故燈日富. 又從南京得趙士元夾紗屛及燈帶數副, 皆屬鬼工, 決非人力. 燈宵, 出其所有, 便稱勝事. 鼓吹弦索, 廝養臧獲, 皆能爲之. 有蒼頭善制盆花, 夏間以羊毛煉泥墩, 高二尺許, 築“地湧金蓮”, 聲同雷炮, 花蓋畝餘. 不用煞拍鼓鐃, 淸吹嗩吶應之, 望花緩急爲嗩吶緩急, 望花高下爲嗩吶高下. 燈不演劇, 則燈意不酣; 然無隊舞鼓吹, 則燈焰不發. 余敕小傒串元劇四五十本. 演元劇四出, 則隊舞一回, 鼓吹一回, 弦索一回. 其間濃淡, 繁簡, 松實之妙, 全在主人位置. 使易人易地爲之, 自不能爾爾. 故越中誇燈事之盛, 必曰“世美堂燈”.

11

영료寧了

조부모께서는 진귀한 새 기르길 좋아하셨다. 무학 세 쌍, 백한白鷴 한 쌍, 공작새 두 쌍, 칠면조 한 마리, 흰 앵무새, 녹색 앵무새 십수 마리가 새장에 있었다. 새 중에 '영료寧了'라는 이름을 가진 기이한 새가 있었는데, 비둘기처럼 작은 몸에 구관조 같은 검은 깃털을 가졌다. 사람의 말을 할 수 있었는데 조금도 모호하지 않았다. 할머니가 몸종을 부르시면 곧장 "계집애야, 마님이 부르셔!"라고 응답했다. 손님이 오면 "마님, 손님이 오셨으니 차를 내오세요!"라고 했다. 어느 새색시가 늦잠 자길 좋아하자 새벽에 별안간 "새색시야, 날이 밝았어, 일어나! 마님이 부르시니 빨리 일어나!"라고 외쳤다. 새색시가 일어나지 않자 "새색시, 냄새나고 더러운 계집아, 분수도 모르는 음탕한 년!"이라며 욕을 했다. 새색시가 심히 미워하여 독약을 놓아 죽였다. 영료는 아마도 구관조였을 것이다. 촉蜀 서주敘州[68]에서 자라 사람 말을 할 수 있었다. 하루는 이인夷人이 사들였다가 놀라서 죽었는데 그 영험함이 영료와 매우 비슷했다.

大父母喜豢珍禽: 舞鶴三對, 白鷴一對, 孔雀二對, 吐綬雞一只, 白鸚鵡, 鷯哥, 綠鸚鵡十數架. 一異鳥名"寧了", 身小如鴿, 黑翎如八哥,

68 敘州: 지금의 四川省 宜賓이다.

能作人語, 絕不含糊. 大母呼媵婢, 輒應聲曰: "某丫頭, 太太叫!" 有客至, 叫曰: "太太, 客來了, 看茶!" 有一新娘子善睡, 黎明輒呼曰: "新娘子, 天明了, 起來吧! 太太叫, 快起來!" 不起, 輒罵曰: "新娘子, 臭淫婦, 浪蹄子!" 新娘子恨甚, 置毒藥殺之. "寧了"疑即"秦吉了", 蜀敘州出, 能人言. 一日夷人買去, 驚死, 其靈異酷似之.

12

장씨성기張氏聲伎

사태부謝太傅[69]는 성기聲伎[70]를 기르지 않았는데, "이해하지 못할까 두려워서 키우지 않는다."라고 하였다. 왕우군王右軍[71]은 "나이가 들면 사죽絲竹 악기에 의지해 성정을 도야하는데 자손들이 깨달을 수 있을까 항상 걱정이다."라고 하였다. 이 두 사람이 말한 '이해'와 '깨달음'은 매우 정확한 표현이다. 대개 음악의 도道는 사람의 가장 미묘한 곳에 들어가 한 번 이해하면 스스로도 멈출 수가 없고 한 번 깨달으면 스스로도 금할 수 없다. 우리 집 성기는 전대에는 없었는데 조부께서 만력萬曆 연간에 범장백範長白, 추우공鄒愚公, 황정보黃貞父, 포함소包涵所[72]와 같은 여러 선생과 방법을 연구하시고 처음으

69 謝太傅: 東晉의 관리 謝安(320-385)이다. 사안의 字는 安石이고 본적은 陳郡 陽夏(지금의 河南省 太康)인데 나중에 會稽 東山(지금의 上虞縣 東山)으로 옮겼다. 관직이 吏部尚書에 까지 올랐고 사후에 太傅란 시호를 하사받았다.

70 聲伎: 옛날 궁정이나 귀족 가문에서 양성하던, 노래와 춤을 하는 藝人을 말한다.

71 王右軍: 東晉의 書法家 王羲之(303-361)이다. 왕희지의 字는 逸少로 琅琊 臨沂(지금의 山東省 臨沂) 사람인데 나중에 會稽 山陰(지금의 浙江省 紹興)으로 옮겼다. 생전에 여러 관직을 지냈는데 그 중 右將軍을 맡아서 왕우군이라 불렀다.

72 範長白은 北宋 範仲淹(989-1052)의 17대손 範允臨(1558-1641)이다. 범윤림의 字는 長倩이고 號가 長白이다. 吳縣(지금의 江蘇省 蘇州) 사람으로 그림을 잘 그렸다. 《陶庵夢憶》 권5에 〈範長白〉이 수록되어 있다. 鄒愚公은 鄒迪光(1550-1626)으로, 字는 愚穀 · 愚公이며 無錫 사람이다. 그림을 잘 그렸고 저서로 《鬱儀樓集》 · 《調象庵集》 · 《石語齋集》 등이 있다. 黃貞父는 黃寓庸(1558-1626)으로, 字가 貞父이고 號가 寓庸이다. 仁和(지금의 浙江省 杭州) 사람이며 《陶庵夢憶》 권

로 극단을 만드셨다. 극단은 먼저 '가찬반可餐班'이 있었는데 장채張彩・왕가찬王可餐・하윤何閏・장복수張福壽가 유명하였다. 그다음은 '무릉반武陵班'으로, 하운사何韻士・부길보傅吉甫・하청지夏清之가 유명하였다. 그다음은 '제선반梯仙班'으로, 고미생高眉生・이개생李岕生・마람생馬藍生이 유명하였다. 그다음은 '오군반吳郡班'으로, 왕원생王畹生・하여개夏汝開・양소생楊嘯生이 유명하였다. 그다음은 '소소소반蘇小小班'으로, 마소경馬小卿・반소비潘小妃이 유명하였다. 그다음은 평자平子[73]의 '무원반茂苑班'으로, 이함향李含香・고개죽顧岕竹・응초연應楚煙・양록이楊騄駬가 유명하였다. 주인의 이해가 날이 갈수록 정교해지자 성기들의 기예 또한 갈수록 훌륭해졌다. 내 나이 반백 살에 어린 종복은 나이가 들었고, 나이가 들었다가 다시 어려졌으며, 어렸다가 또 나이가 들었으니, 모두 다섯 번이나 바뀌었다. '가찬반'이나 '무릉반' 같은 사람들은 모두 삼대三代의 법물法物처럼 다시 볼 수 없다. '제선반'과 '오군반' 사이에 있는 자들은 모두 등이 굽은 노인이 되었으며 '소소소반' 또한 거의 절반이 다른 세상 사람이 되었다. 무원반은 내 아우가 먼저 세상을 떠나 주인이 여러 번 바뀌었다.

나는 기운 빠진 노인이 되었으나 푸른 눈을 가진 페르시아인처럼 아름다움과 추함을 구별할 수 있다. 산에 사는 사람이 바다에 갔다가 돌아오면 각종 해산물들이 모두 눈앞에 아른거리니, 모르는 산사람에게도 눈으로나마 함께 맛보자 청하는 것이다.

---

1 〈奔雲石〉에도 언급되어 있다. 夏汝開는 장대 집안에서 훈련시켰던 배우이다.

73 平子: 평자는 장대의 아우 張峰으로, 그의 字가 平子이다.

謝太傅不畜聲伎, 曰: “畏解, 故不畜.” 王右軍曰: “老年賴絲竹陶寫, 恒恐兒輩覺.” 曰“解”, 曰“覺”, 古人用字深確. 蓋聲音之道入人最微, 一解則自不能已, 一覺則自不能禁也. 我家聲伎, 前世無之, 自大父於萬曆年間與範長白, 鄒愚公, 黃貞父, 包涵所諸先生講究此道, 遂破天荒爲之. 有“可餐班”, 以張彩, 王可餐, 何閏, 張福壽名; 次則“武陵班”, 以何韻士, 傅吉甫, 夏清之名; 再次則“梯仙班”, 以高眉生, 李岕生, 馬藍生名; 再次則“吳郡班”, 以王畹生, 夏汝開, 楊嘯生名; 再次則“蘇小小班”, 以馬小卿, 潘小妃名; 再次則平子“茂苑班”, 以李含香, 顧岕竹, 應楚煙, 楊騄駬名. 主人解事日精一日, 而傒童技藝亦愈出愈奇. 余曆年半百, 小傒自小而老, 老而復小, 小而復老者, 凡五易之.

無論“可餐”, “武陵”諸人, 如三代法物, 不可復見, “梯仙”, “吳郡”間有存者, 皆爲佝僂老人, 而“蘇小小班”亦強半化爲異物矣, “茂苑班”則吾弟先去, 而諸人再易其主.

余則婆娑一老, 以碧眼波斯, 尚能別其妍醜. 山中人至海上歸, 種種海錯皆在其眼, 請共舐之.

13

특산물方物

월중越中의 식탐은 나를 능가할 사람이 없으니, 나는 특산물 먹는 걸 좋아한다. 북경北京에는 빈파과蘋婆果 · 황렵黃鼠 · 마아송馬牙松이 있다.[74] 산동山東에는 양두채羊肚菜 · 추백리秋白梨 · 문관과文官果 · 첨자甜子가 있다.[75] 복건福建에는 복귤福橘 · 복귤병福橘餠 · 우피당牛皮糖 · 홍부유紅腐乳가 있다.[76] 강서江西에는 청근靑根 · 풍성포豐城脯가 있다.[77] 산서山西에는 천화채天花菜가 있다.[78] 소주蘇州에는 대골포나帶骨鮑螺 · 산사정山査丁 · 산사고山査糕 · 송자당松子糖 · 백원白圓 · 감람포橄欖脯가 있다.[79] 가흥嘉興에는 마교어포馬交魚脯 · 도장황작陶莊黃雀이 있

74 蘋婆果는 사과이다. 黃鼠은 다람쥐이다. 馬牙松은 배추이다.

75 羊肚菜는 표면이 양의 배처럼 울퉁불퉁한 식용버섯인데, 羊肚菌 혹은 羊肚蘑라고도 한다. 秋白梨는 중국 북쪽 지역에서 가장 오래된 배의 일종이다. 文官果는 文冠果라고 불리는 중국 북쪽 지역에서 생산되는 과일이다. 열매가 우렁이처럼 달아 식용으로도 사용되고 기름을 짜는 데도 쓰인다. 甜子는 정확히는 알 수 없으나 단 음식으로 보인다.

76 福橘은 귤의 일종이고 福橘餠은 복귤로 만든 전병이다. 牛皮糖은 사탕에 전분을 넣어 만든 엿의 일종이다. 紅腐乳는 빨간 콩을 발효시켜 만든 두부이다.

77 靑根은 長江 유역에서 주로 서식하는 靑根魚이다. 가시가 크고 적으며 육질이 연하여 민물고기 중에 상급에 속한다. 豐城脯는 江西省 중부 豐城 지역에서 나는 말린 고기이다.

78 天花菜는 일명 꽃채소라 불리는 콜리플라워이다. 원산지는 지중해 연안이나 明代에 이미 중국에 도입되었다.

79 帶骨鮑螺는 기름에 지지거나 구운 젖맛이 나는 치즈 과자이다. 모양이 전복이나

다.[80] 남경南京에는 투앵도套櫻桃 · 도문조桃門棗 · 지율단地栗團 · 와순단窩筍團 · 산행당山査糖이 있다.[81] 항주杭州에는 수박 · 계두자雞豆子 · 화하우花下藕 · 구아韭芽 · 현순玄筍 · 당서塘棲 밀감이 있다.[82] 소산蕭山에는 양매楊梅 · 순채蓴菜 · 비둘기 · 청즉青鯽 · 방시方柿가 있다.[83] 제기諸暨에는 사향고양이 · 앵두 · 호율虎栗이 있다.[84] 승嵊에는 궐분蕨粉 · 세비細榧 · 용유당龍遊糖이 있다.[85] 임해臨海는 침두과枕頭瓜가 있고 태주台州에는 와릉감瓦楞蚶 · 강요주江瑤柱가 있다.[86] 포강浦江에는 화육火肉이 있다.[87] 동양東陽에는 남조南棗가 있다.[88] 산음山陰에는 파당순破塘筍 ·

소라 모양이라 붙은 이름이다. 山査丁과 山査糕는 산사나무 열매로 만든 음식으로 보인다. 松子糖은 잣으로 만든 강정이다. 白圓은 알 수 없다. 橄欖脯는 감람으로 만든 음식으로 보인다.

80 馬交魚脯는 포를 뜬 삼치이다. 陶莊黃雀은 가흥 안 도장지역에서 참새로 만든 음식이다.

81 套櫻桃는 앵두이다. 桃門棗는 대추로 만든 음식, 地栗團은 올방개로 만든 음식, 窩筍團은 줄기상추로 만든 음식, 山査糖은 산사나무 열매로 만든 음식으로 보인다.

82 雞豆子는 가시연의 열매이다. 花下藕는 연근으로 만든 음식이다. 韭芽는 연한 부추이다. 玄筍은 죽순이다. 당서塘棲 밀감은 항주의 귤로, 당서는 항주의 옛 이름이다.

83 蕭山은 절강성 동부 지역이다. 楊梅는 소귀나무 열매이다. 蓴菜는 순나물이다. 청즉青鯽은 청붕어이다. 方柿는 네모난 감이다.

84 諸暨는 浙江 중부 지역이다. 虎栗은 정확히 무엇인지 알 수 없으나 밤 종류가 아닐까 한다.

85 嵊은 浙江 동부 지역이다. 蕨粉은 고사리 뿌리를 가공해서 만든 가루이다. 細榧는 비자나무의 씨앗인데 식용으로도 사용되고 약재로도 사용된다. 香榧 · 真榧 · 榧子라고도 한다. 龍游糖은 정확히 무엇인지 알 수 없으나 절강성 서쪽 용유 지역의 단 특산물로 보인다.

86 臨海는 浙江 중부 연안 지역이다. 枕頭瓜는 베개처럼 길죽한 오이과 채소이다. 台州는 浙江 중부 연안 지역이다. 瓦楞蚶은 조개의 일종이다. 江瑤柱는 돌조개과에 딸린 바닷조개의 일종이다.

사귤謝橘 · 독산릉獨山菱 · 민물 게 · 삼강둔정三江屯蟶 · 백합白蛤 · 강어江魚 · 시치鰣魚 · 이하자裏河鰦가 있다.[89] 먼 곳에 있는 것은 1년에 한 번, 가까운 곳에 있는 것은 한 달에 한 번이나 하루에 한 번 먹었다. 눈을 부릅뜨고 하루 종일 먹을거리만 생각했으니, 죄업이 실로 무겁다. 그러나 지금 생각해 보면 사방에서 전란이 끊이지 않고 한 치마다 나뉘고 찢어져 전당강이 가까운데도 쉽게 건너지 못하니, 지난날 사방으로 먹거리를 전한 건 복과 덕이라 이르지 않을 수 없다.

越中清饞, 無過余者, 喜啖方物. 北京則蘋婆果 · 黃鼠 · 馬牙松; 山東則羊肚菜 · 秋白梨 · 文官果 · 甜子; 福建則福橘, 福橘餅, 牛皮糖, 紅腐乳; 江西則青根, 豐城脯; 山西則天花菜; 蘇州則帶骨鮑螺, 山查丁, 山查糕, 松子糖, 白圓, 橄欖脯; 嘉興則馬交魚脯, 陶莊黃雀; 南京則套櫻桃, 桃門棗, 地栗團, 窩筍團, 山查糖; 杭州則西瓜, 雞豆子, 花下藕, 韭芽, 玄筍, 塘棲蜜橘; 蕭山則楊梅, 蓴菜, 鳩鳥, 青鯽, 方柿; 諸暨則香狸, 櫻桃, 虎栗; 嵊則蕨粉, 細榧, 龍遊糖; 臨海則枕頭瓜; 台州則瓦楞蚶, 江瑤柱; 浦江則火肉; 東陽則南棗; 山陰則破塘筍, 謝橘, 獨山菱, 河蟹, 三江屯蟶, 白蛤, 江魚, 鰣魚, 裏河鰦. 遠則歲致之, 近則月致之, 日致之. 耽耽逐逐, 日爲口腹謀, 罪孽固重. 但由今思之, 四方兵燹, 寸寸割裂, 錢塘衣帶水, 猶不敢輕渡, 則向之傳食四方, 不可不謂之福德也.

87 浦江의 火肉은 浙江 金華에서 나는 소금에 절인 돼지 뒷다리 훈제 햄이다.

88 東陽은 浙江 중부 지역이고 南棗는 대추의 일종이다.

89 破塘筍은 소흥 파당촌의 특산 죽순이다. 謝橘은 귤이다. 獨山菱은 소흥 서쪽의 獨山 지역의 특산 마름열매이다. 三江屯蟶은 소흥 북쪽의 三江의 특산 조개이다. 白蛤은 백합과의 조개이다. 江魚는 석수어를 말한다. 鰣魚는 준칫과의 바닷물고기이다. 裏河鰦는 피라미의 일종이다.

14

기지상의 벽祁止祥癖[90]

사람에게 벽癖이 없으면 사귀어서는 안 되니, 그런 사람은 깊은 정이 없기 때문이다. 사람에게 허물이 없으면 사귀어서는 안 되니, 그런 사람은 진실한 기운이 없기 때문이다. 내 친구 기지상은 서화書畫에 벽이 있고, 축구에 벽이 있으며, 고발鼓鈸[91]에 벽이 있고, 귀신 극에 벽이 있고, 이원梨園[92]에 벽이 있다. 임오壬午[93]에 남경에 갔는데 기지상이 아보阿寶를 데려와 내게 보여 주었다. 내가 "서역의 가릉새[94] 같은 이를 어디에서 얻었습니까?"라고 하였다. 아보는 선녀처럼 요염하고 아름다웠고 천진난만하고 응석을 잘 부렸으며 일부러 투정을 부리면서 다른 사람과 가까이하려 하지 않았다. 마치 감람을 씹는 듯 삼키면 떫은데 감미로움이 입안에 되감기는 것과 같았다. 또 마치 담배를 피우고 술을 마시듯 목에 넘기기가 어렵지만 취하면 부

---

90 祁止祥: 기지상은 祁豸佳(1594-1670)로, 字가 止祥이고 號는 雪瓢이며, 山陰(지금의 浙江省 紹興) 사람이다. 장대의 친구로 書法과 繪畫, 그리고 曲辭에 능했다. 장대는 기지상을 '曲學知己'라 하며 〈壽祁止祥八十〉라는 詩를 적어 주었다. 癖은 어떤 사물에 대해 오랫동안 습관이 되어 형성된 편집증에 가까운 성향을 말한다.

91 鼓鈸: 고대 타악기의 하나다.

92 梨園: 唐代 궁정의 藝人에게 노래와 춤을 가르치고 훈련시키던 곳인데 나중에 극단을 칭하는 말이 되었다.

93 壬午: 崇禎 15년인 1642년이다.

94 가릉새: 불가의 용어로 迦陵頻伽라고 한다. 우는 소리가 아름다운 새인데 여기서는 아보의 아름다운 목소리를 비유한다.

드러워지는 것과 같았다. 처음에는 얄미운 듯해도 조금 지나면 생각이 났다. 기지상은 음률에 정통하였고 못을 물고 철을 씹은 듯 의지도 굳건하여 한 글자도 백 번을 연습한 뒤 직접 입에서 입으로 전수해 주었다. 그러니 아보와 같은 배우들은 모두 곡의 의미를 잘 이해하였다. 을유乙酉[95]에 남경이 함락되었다. 기지상은 집으로 도망가다 길에서 산적을 만났다. 산적이 칼을 목에 들이대 목숨이 위태로웠는데, 아보가 보물이었다. 병술丙戌[96]에 군대를 감독하는 관리가 태주台州에 주둔하고 난민들은 약탈과 노략질을 일삼았다. 기지상은 주머니와 상자를 모두 빼앗겼는데, 아보가 노래를 불러 주인을 먹여 살렸다. 집으로 돌아오고 딱 보름 만에 기지상은 아보를 데리고 다시 멀리 떠났다. 기지상은 처자식을 헌신짝처럼 버리고 미소년을 목숨처럼 여겼으니, 그의 벽이 이와 같았다.

人無癖不可與交, 以其無深情也; 人無疵不可與交, 以其無真氣也. 余友祁止祥有書畫癖, 有蹴鞠癖, 有鼓鈸癖, 有鬼戲癖, 有梨園癖. 壬午至南都, 止祥出阿寶示余, 余謂: "此西方迦陵鳥, 何處得來?" 阿寶妖冶如蕊女, 而嬌癡無賴, 故作澀勒, 不肯著人. 如食橄欖, 咽澀無味, 而韻在回甘; 如吃煙酒, 鯁餶無奈, 而軟同沾醉. 初如可厭, 而過即思之. 止祥精音律, 咬釘嚼鐵, 一字百磨, 口口親授, 阿寶輩皆能曲通主意. 乙酉, 南都失守, 止祥奔歸, 遇土賊, 刀劍加頸, 性命可傾, 阿寶是寶. 丙戌, 以監軍駐台州, 亂民鹵掠, 止祥囊篋都盡, 阿寶沿途唱曲, 以膳主人. 及歸, 剛半月, 又挾之遠去. 止祥去妻子如脫屣耳, 獨以孌童崽子爲性命, 其癖如此.

---

95 乙酉: 順治 2년인 1645년이다.

96 丙戌: 順治 3년인 1646년이다.

15

태안주 객점泰安州[97]客店

객점客店이 태안주泰安州에 이르면 감히 더는 객점으로 볼 수 없다. 내가 태산에 가 향을 피웠는데 객점에 도착하기 1리里쯤 전부터 나귀와 말을 기르는 마구간을 스물세 칸이나 보았다. 조금 더 가 보니 희곡 배우의 집도 스무 채가 넘었고 더 가 보니 은밀한 문과 기방이 있었는데 요염한 기녀들이 그 안에 있었다. 나는 여기가 마을인 줄 알았지 객점 하나가 이런 줄은 몰랐다. 객점에 투숙하는 사람은 먼저 대청에서 이름을 적고 등록을 한다. 사람마다 객점에 3전錢 8분分의 계약금을 내고 또 산 입장료로 1전 8분을 낸다. 객점의 방은 세 등급으로 나뉜다. 하등 객실은 저녁에 채소가 나오고 아침에도 채소가 나온다. 점심은 산에서 소주素酒[98]와 말린 과일로 허기를 채우게 하니 이를 '접정接頂'이라 한다. 저녁에는 객점으로 돌아와 '하賀'라는 술자리를 차렸다. 향을 피우고 관직을 구하면 관직을 얻고, 아들을 구하면 아들을 얻으며, 이익을 구하면 이익을 얻기에 '하'라고 한다. '하' 또한 세 등급으로 나뉜다. 상급은 따로 좌석이 마련되어 있고 탕병糖餅[99]·다섯 종류의 과실·열 가지 반찬·과일·극 공연이 있다. 중급에는 두 사람이 함께 앉는데 또 탕병이 있고 말린 과일도 있으며

---

97 泰安州: 지금의 山東省 泰安이다.

98 素酒: 증류하지 않은 술의 하나인데 도수가 비교적 낮다.

99 糖餅: 밀가루와 설탕을 주원료로 가공한 것으로, 다양한 맛과 제조법이 있다.

극 공연도 있다. 하급에는 서너 사람이 함께 앉는데 또 탕병과 말린 과일은 있지만 극 공연은 없고 연주와 노래가 있다. 세어 보면 객점에서 극 공연을 하는 곳은 스무 곳이 넘는데 노래와 연주는 수를 셀 수가 없다. 부엌도 스무 곳이 넘었고 분주하게 다니는 노복도 1, 2백 명은 되었다. 산을 내려온 뒤에 손님은 음식 · 술 · 기녀를 원하는 대로 즐길 수 있으니, 이게 모두 하루 동안의 일이었다. 이렇게 산을 오르내린 손님들이 매일같이 이르나 새로운 손님과 오래된 손님의 객실은 서로 겹치지 않았고, 육식과 채식도 뒤섞이지 않았으며, 손님을 맞이하고 보내는 노복도 겸하지 않았으니, 도무지 알 수 없는 일이었다. 태안주 한 곳에 이 객점과 비슷한 곳이 대여섯이나 되니, 더욱 기이하다.

客店至泰安州, 不復敢以客店目之. 余進香泰山, 未至店里許, 見驢馬槽房二三十間; 再近, 有戲子寓二十余處; 再近, 則密戶曲房, 皆妓女妖冶其中. 余謂是一州之事, 不知其爲一店之事也. 投店者, 先至一廳事, 上簿掛號, 人納店例銀三錢八分, 又人納稅山銀一錢八分. 店房三等: 下客夜素, 早亦素, 午在山上用素酒, 果核勞之, 謂之"接頂". 夜至店, 設席賀, 謂燒香後求官得官, 求子得子, 求利得利, 故曰賀也. 賀亦三等: 上者專席, 糖餅, 五果, 十肴, 果核, 演戲; 次者二人一席, 亦糖餅, 亦肴核, 亦演戲; 下者三四人一席, 亦糖餅, 肴核, 不演戲, 用彈唱. 計其店中, 演戲者二十餘處, 彈唱者不勝計. 庖廚炊爨亦二十余所, 奔走服役者一二百人. 下山後, 葷酒狎妓惟所欲, 此皆一日事也. 若上山落山, 客日日至, 而新舊客房不相襲, 葷素庖廚不相混, 迎送廝役不相兼, 是則不可測識之矣. 泰安一州與此店比者五六所, 又更奇.

도암몽억 陶庵夢憶

卷 5

01
범장백範長白[1]

범장백範長白의 정원은 천평산天平山 아래 수만 개의 돌에 쌓여 있다. 길들이기 어려운 용의 본성처럼 수많은 돌이 전부 홀笏[2]을 들고 일어나 있는 것 같고 그 옆으로 범문정範文正[3] 공公의 묘가 있다. 정원 바깥에는 긴 둑이 있고 복숭아나무와 버드나무, 그리고 굽은 다리가 있으며 구불구불한 호수도 있다. 다리의 끝에서 정원과 다시 만났는데 입구를 일부러 작게 만들었다. 그 문으로 들어가면 장랑長廊과 겹쳐진 벽이 있고 곧장 지나가면 산기슭이 나온다. 그곳에는 회루繪樓, 만각幔閣, 밀실秘室, 곡방曲房이 있는데 모두 숨겨 놓아 사람들이 보지 못하게 하였다. 산의 왼쪽에는 도원桃源이 있는데 가파른 벽과 소용돌이치는 물살에 복숭아 꽃이 조각조각 흘러나왔다. 오른쪽 고산孤山에는 수천 그루의 매화나무가 있었다. 개울 건너 소난정小蘭亭[4]은 우거진 숲 사이로 대나무가 길게 자랐으며 굽은 물줄기가 졸

---

1 범장백은 範允臨(558-1641)으로, 명대의 서화가이다. 字는 長倩이고 號가 長白이며, 蘇州府 吳縣(지금의 江蘇省에 속함) 사람이다. 萬曆 23년에 進士가 되었고 관직이 福建布政司參議에 이르렀다. 노년에는 蘇州 天平山 자락에서 정원을 짓고 음악을 즐기며 살았다.

2 笏: 고대 대신들이 조회를 할 때 손에 들고 있던 판이다. 주로 옥이나 상아, 대나무로 만들었고 글자를 새길 수 있었다.

3 範文正: 範仲淹(989-1052)으로, 字는 希文이고 謚號가 文正이며, 吳縣(지금의 江蘇 吳縣) 사람이다. 北宋의 정치가이자 문인이다.

4 小蘭亭: 浙江省 紹興의 서남쪽에 있다. 越王 勾踐이 여기에 난초를 심었다는 전

졸 흘렀으니, 하나하나가 잘 갖추어져 있었다. 대나무는 서까래처럼 굵고 맑았으며 깨끗하였다. 다듬어진 듯 매끄럽고 윤기가 나는 것이 부채의 뼈대 같았으니, 이는 난정에는 없던 것이다. 이곳은 분명 고대 유적이고 이름도 분명 옛사람들에게서 비롯되었으니, 여기에 주인의 학식이 드러난다. 그러나 복숭아를 냇가에 심고, 매화는 산에 심으며, 대나무를 숲에 심으면, 스스로의 정원으로 이름 지을 수 있으니 다른 사람의 울타리에 기댈 필요가 없다.

내가 정원에 도착하자 주인이 나왔다. 주인은 내 조부와 관적이 같은데 용모가 기이하고 추하기로 유명했다. 이날 그가 막 관직을 맡았을 때 대부께서 농담을 하시길, "어릿광대는 관대를 하지 않는데 범형은 관대를 하셨구려."[5]라고 하였다. 사람들은 이 일을 농담으로 전하였다. 나는 급히 그를 한번 보고 싶었다. 그가 나왔는데 과연 용모가 기이했다. 양두석羊肚石으로 조각한 작은 원숭이처럼 하얀 코와 광대, 그리고 턱이 이지러져 제자리를 잃은 듯하였다. 머리에 쓴 관과 발에 신은 신은 정교하고 깔끔하였고 우스갯소리나 농담을 할 것 같은 얼굴이었으나 눈빛은 그렇지 않았다. 개산당開山堂에서 술을 조금 마셨는데 아름다운 문양으로 꾸민 장막이 드리워져 있는데 대단히 화려했다. 비각秘閣에서 노래를 부르고 관현악기가 유유히 울려 퍼졌다. 겹겹이 쌓은 돌담을 넘으니 그제야 그것이 여악女樂인 줄 알았다. 술을 마신 뒤 다시 소난정으로 자리를 옮겼고 날이 어두워지자 작별을 고하였다. 주인이 "편안히 앉아 계시다 '소언少焉'을 보시게." 라고 하였다. 내가 이해하지 못하자 주인은 "우리 고향의 한 관리 어

설이 있다.

5 원문에서 추한 용모를 표현한 醜와 어릿광대를 표현한 丑는 발음이 같다.

르신께서는 전고典故로 글자랑 하기를 좋아하셨지. 《적벽부赤壁賦》에 '잠시 후 달이 동산 위에 나왔다少焉出於東山之上'[6]는 구절에서 달을 '소언少焉'이라 했다네. 아까 말한 '소언'은 달을 말하는 것이라오."라고 하였다. 이에 머물러 달을 보니 저녁 경치가 과연 훌륭하였다. 주인이 "사방에서 손님이 왔지만 정원의 눈 풍경은 미처 보지 못했다네. 산돌은 우뚝 솟아 있는데 눈이 은빛의 파도처럼 소용돌이치니 오세五泄[7]가 뒤집어져 용추龍湫가 으깨진 것 같지. 세상의 장관인데 종자宗子[역자주 장대의 字]가 보지 못한 게 아쉽구려."라고 하였다. 달그림자를 밟으며 나와 현묘玄墓[8]에 이르러 보생숙葆生叔[9]의 서화선書畫船[10]에서 하루를 묵었다.

範長白園在天平山下, 萬石都焉. 龍性難馴, 石皆笏起, 傍爲範文正公墓. 園外有長堤, 桃柳曲橋, 蟠屈湖面, 橋盡抵園, 園門故作低小, 進門則長廊復壁, 直達山麓. 其繪樓, 幔閣, 秘室, 曲房, 故故匿之, 不使人見也. 山之左爲桃源, 峭壁回湍, 桃花片片流出. 右孤山, 種梅千樹. 渡澗爲小蘭亭, 茂林修竹, 曲水流觴, 件件有之. 竹大如椽, 明靜娟潔, 打磨滑澤如扇骨, 是則蘭亭所無也. 地必古跡, 名必古人, 此是主人學問. 但桃則溪之, 梅則嶼之, 竹則林之, 盡可自名其家, 不必寄人籬下也.

余至, 主人出見. 主人與大父同籍, 以奇醜著. 是日釋褐, 大父贓之

---

6 蘇軾(1037-1101)의 《前赤壁賦》에 적힌 구절이다.

7 五泄: 지금의 浙江省 諸暨 서북쪽으로 현지인들은 폭포를 泄라고 했는데 폭포가 五級山 돌 위에서 쏟아져 내려 붙여진 이름이다.

8 玄墓: 지금의 江蘇省 蘇州 吳縣에 있는 玄墓山이다. 東晉 鬱泰玄의 묘가 있다.

9 葆生叔: 작가의 숙부 張聯芳(1576-1644)이다.

10 書畫船: 文人들의 유람선을 말한다.

曰: “丑不冠帶, 範年兄亦冠帶了也.” 人傳以笑. 余亟欲一見. 及出, 狀貌果奇, 似羊肚石雕一小猱, 其鼻堊齉頤猶殘缺失次也. 冠履精潔, 若諧謔談笑面, 目中不應有此. 開山堂小飮, 綺疏藻幕, 備極華褥, 秘閣請謳, 絲竹搖颺, 忽出層垣, 知爲女樂. 飮罷, 又移席小蘭亭, 比晩辭去. 主人曰: “寬坐, 請看‘少焉’.” 余不解, 主人曰: “吾鄕有縉紳先生, 喜調文袋, 以赤壁賦有‘少焉月出於東山之上’句, 遂字月爲‘少焉’. 頃言‘少焉’者, 月也.” 固留看月, 晩景果妙. 主人曰: “四方客來, 都不及見小園雪, 山石谽谺, 銀濤蹴起, 掀翻五泄, 搗碎龍湫, 世上偉觀, 惜不令宗子見也.” 步月而出, 至玄墓, 宿葆生叔書畫舫中.

02

우원 于園

우원于園은 과주瓜州 항구의 오리포五里鋪에 있었는데, 한 부자가 다섯 곳에 만든 정원이다. 높은 사람의 초대장이 없으면 문이 잠겨 들어갈 수 없다. 보생숙葆生叔이 과주의 동지同知[11]로 있을 때 나를 데리고 정원에 갔는데, 주인이 세심하게 대해 주었다. 정원은 달리 특이한 게 없었지만 돌만은 독특했다. 전당前堂에는 2장丈 높이의 돌 비탈이 있고 그 위에 과자송果子松[12] 몇 그루가 심겨 있었다. 돌비탈을 따라가 보니 모란과 작약이 가득하여 사람은 올라가지 못하였으니, 실로 기이하였다. 뒤쪽 대청에는 큰 연못이 있었다. 연못 한가운데에 기이한 봉우리가 우뚝 솟아 있었고 깎아지른 절벽도 있었다. 위아래가 가파르고 험난하여 사람들이 연못 바닥을 걷다가 고개를 들어 연꽃을 보면 도리어 하늘에 있는 듯하여 아름답고도 기이하였다. 침실의 문지방 바깥의 작은 골짜기는 우렁이처럼 빙빙 도는 형태라 어둡고 그윽하여 기이하였다. 더 뒤로 가면 수각水閣 하나가 나왔는데 배처럼 길었다. 작은 강을 건너니 사방의 관목이 울창하고 새들

---

11 同知: 明清 시기의 官名인데, 知府의 副職을 말한다. 正5品으로 각 부마다 정해진 인원은 없었다. 동지는 지방의 소금이나 쌀, 제방, 수리 등 분야별로 정해진 업무를 담당하였다.

12 果子松:은 果松으로 紅松 혹은 海松이라고도 한다. 소나무과에 속하는 常綠喬木이다.

이 짹짹거려 마치 깊은 산 속에 앉아서 거나하게 취한 듯하였다. 과주에 있는 여러 정원은 모두 가산假山으로 만들었는데, 가산은 바위를 품고 산과 돌을 쌓은 사람 손에서 잉태되었다. 쪼개고 깎아 정밀하게 아들, 딸을 낳았다 해도 정원에 둔다면 사람들은 아무 느낌이 없을 것이다. 의진儀眞[13]의 왕원汪園은 돌을 덮는 데만 4, 5만萬이 들었는데 그곳의 가장 뛰어난 곳은 '비래飛來'라는 봉이다. 그러나 어둡고 질퍽거려 사람마다 욕을 하였다. 나는 땅에 버려진 하얀 돌 하나를 발견하였다. 높이는 한 장이고 너비가 두 장으로 묵직하고 퉁퉁하였는데 그게 매력이었다. 또 검은 돌 하나는 너비가 여덟 장이고 높이가 한 장 오 척으로 작고 가늘었는데 그게 또 매력이었다. 이 두 개의 돌만 있으면 충분하였다. 2, 3만은 아낄 수 있으니 그 이자를 받아 대대로 이 두 돌만 지키는 건 어떨까?

于園在瓜州步五里鋪, 富人於五所園也. 非顯者刺, 則門鑰不得出. 葆生叔同知瓜州, 攜余往, 主人處處款之. 園中無他奇, 奇在磥石. 前堂石坡高二丈, 上植果子松數棵, 緣坡植牡月芍藥, 人不得上, 以實奇. 後廳臨大池, 池中奇峰絶壑, 陡上陡下, 人走池底, 仰視蓮花, 反在天上, 以空奇. 臥房檻外, 一壑旋下, 如螺螄纏, 以幽陰深邃奇. 再後一水閣, 長如艇子, 跨小河, 四圍灌木鬖叢, 禽鳥啾唧, 如深山茂林, 坐其中, 頹然碧窈. 瓜州諸園亭, 俱以假山顯, 胎於石, 娠於磥石之手, 男女於琢磨搜剔之主人, 至于園可無憾矣. 儀真汪園, 葦石費至四五萬, 其所最加意者, 爲"飛來"一峰, 陰翳泥濘, 供人唾罵. 余見其棄地下一白石, 高一丈, 闊二丈而癡, 癡妙; 一黑石, 闊八尺, 高丈五而瘦, 瘦妙. 得此二石足矣, 省下二三萬, 收其子母, 以世守此二石何如?

---

13 儀眞: 지금의 江蘇省 揚州 儀征이다.

03

여러 공예諸工

죽기 · 칠기 · 동기銅器 · 도자기를 만드는 건 천한 기술이다. 가흥嘉興의 납죽臘竹, 왕이王二의 칠죽漆竹, 소주蘇州 강화우薑華雨의 섭록죽𥴩簶竹, 가흥嘉興 홍칠洪漆의 칠기, 장동張銅의 동기銅器, 휘주徽州 오명관吳明官의 도자기, 이 모두는 대나무 · 옻 · 동 · 도자기의 명가名家로 집안을 일으켰고, 그 장인들은 진신縉紳 선생과 같은 반열에 올라 동등한 예우를 받았다. 세상의 어떤 물건이 사람을 귀하게 만드는 데에 충분치 않을까? 단지 사람들이 스스로를 천시했을 따름이다.

竹與漆與銅與窯, 賤工也. 嘉興之臘竹, 王二之漆竹, 蘇州薑華雨之𥴩篆竹, 嘉興洪漆之漆, 張銅之銅, 徽州吳明官之窯, 皆以竹與漆與銅與窯名家起家, 而其人且與縉紳先生列坐抗禮焉. 則天下何物不足以貴人, 特人自賤之耳.

04

요간숙의 그림姚簡叔畫

요간숙姚簡叔[14]의 그림은 천고에 불후하고 그 사람 또한 천고에 불후하다. 무인戊寅[15]에 요간숙이 위공魏公[16]의 색이 되었다. 나는 도엽도桃葉渡에 머물렀는데 왕래하는 이는 민문수閔汶水와 증파신曾波臣[17] 한둘뿐이었다. 요간숙과는 일면식도 없었는데 그가 나를 만나러 왔을 때, 처음 보자마자 평생을 사귄 오랜 친구처럼 즐거웠다. 이윽고 내 숙소에서 자면서 자질구레한 일을 처리해 주었는데 내가 모르게 하였다. 짬이 나면 나를 진회秦淮 강가의 술집으로 끌고가 곤드레만드레 취해 비틀거리며 돌아왔다. 남경에서 공훈이 있는 친족·원로·친구·승려·고명한 인사·유명한 기생들과 요간숙이 교류하면 반드시 나까지 교류하게 하였는데, 한 명도 빼놓지 않았다.

나와 함께 열흘을 살다가 어느 날 노복이 찾아왔는데 그제야 그가 첩과 함께 사는 줄 알았다. 요간숙은 성실하고 생각이 깊어 총명함을 드러내지 않았고, 사람됨이 쌀쌀하여 함께하기 어려웠다. 항상 고독해 하며 다른 사람이 쉽게 다가가거나 멀어지게 하지도 않았다.

14 姚簡叔: 姚允在로, 字는 簡叔이며 會稽(지금의 浙江省 紹興) 사람이다. 산수화와 서법에 뛰어났다. 《陶庵夢憶》 권4에 〈牛首山打獵〉이 수록되어 있다.

15 戊寅: 崇禎 11년인 1638년이다.

16 魏公: 魏國公 徐弘基(1595-1645)이다. 서홍기는 徐達의 10대손으로 萬曆 23년에 위국공을 계승받았다. 요간숙은 서홍기의 집의 손님으로 머물렀다.

17 閔汶水, 曾波臣: 《陶庵夢憶》 권3의 〈閔老子茶〉와 권4 〈不系園〉에 보인다.

나와의 교류는 무슨 연고인지는 몰라도 구하려 해도 쉽게 구할 수 없는 일이었다. 친구들을 방문하기 위해 보은사報恩寺[18]에 가 그림책 백 폭을 꺼내 보니 송원宋元 시대의 명필名筆이었다. 요간숙은 종이를 뚫어지게 쳐다보고 오동나무 책상에 기대어 깊은 생각에 빠졌는데, 얼굴에 아무런 기색이 없었다. 돌아갈 때 내게 소한신蘇漢臣[19] 그림 한 장을 모방해 그려 주었다. 한 아이가 욕조를 잡고 목욕을 하는데, 발 한쪽은 물에 담그고 있고 다른 한쪽은 움츠리면서 욕조에서 꺼내려 하고 있었다. 궁인宮人은 욕조 옆에 웅크리고 앉아 한 손으로 아이를 감싸 안고 다른 한 손으로는 아이의 코를 풀어 주었다. 옆에 앉아 있는 궁녀에게 한 아이가 목욕을 하며 그 무릎에 엎드려 있었고, 궁녀는 금실로 수놓은 옷을 입히고 있었다. 또 다른 그림에는 궁녀들이 곱게 꾸미고 서서 기다리고 있는데 두 갈래로 머리를 빗어 꼬리처럼 내렸다. 한 시녀가 쟁반을 받들고 두 사발을 늘어놓았는데 표정이 손님을 향한 것 같았다. 또 다른 궁녀도 쟁반을 가지고 찻숟가락을 정리하는데 자세히 보니 단정하였다. 원본 그림을 다시 가져와 보니 한 획도 놓친 게 없었다.

姚簡叔畫千古, 人亦千古. 戊寅, 簡叔客魏爲上賓. 余寓桃葉渡, 往來者閔汶水, 曾波臣一二人而已. 簡叔無半面交, 訪余, 一見如平生歡,

---

18 報恩寺: 지금의 南京市 秦淮區 中華門外에 있다. 三國時代 東吳 赤烏 3년(240)에 처음 지어졌고 明 永樂 10년(1412)에 중건되었다.

19 蘇漢臣: 소한신(1094-1172)은 宋代 궁정화가로, 汴梁(지금의 河南省 開封) 사람이다. 섬세하고 사실적인 묘사로 유명하였는데, 대표적으로 〈貨郎圖〉·〈秋庭嬰戲圖〉·〈雜技戲孩圖〉 같은 작품이 있다.

邃榻余寓. 與余料理米鹽之事, 不使余知. 有空, 拉余飮淮上館, 潦倒而歸. 京中諸勳戚, 大老, 朋儕, 緇衲, 高人名妓與簡叔交者, 必使交余, 無或遺者.

與余同起居者十日, 有蒼頭至, 方知其有妾在寓也. 簡叔塞淵不露聰明, 爲人落落難合, 孤意一往, 使人不可親疏. 與余交, 不知何緣, 反而求之不得也. 訪友報恩寺, 出冊葉百方, 宋元名筆. 簡叔眼光透入重紙, 據梧精思, 面無人色. 及歸, 爲余仿蘇漢臣一圖: 小兒方據澡盆浴, 一腳入水, 一腳退縮欲出; 宮人蹲盆側, 一手掖兒, 一手爲兒擤鼻涕; 旁坐宮娥, 一兒浴起伏其膝, 爲結繡裾. 一圖, 宮娥盛裝端立有所俟, 雙鬟尾之; 一侍兒捧盤, 盤列二甌, 意色向客; 一宮娥持其盤, 爲整茶鍬, 詳視端謹. 覆視原本, 一筆不失.

05

노봉의 달爐峰月[20]

노봉爐峰은 최고봉이다. 산봉우리가 첩첩이고 산세가 구불구불하며 깎아지른 듯이 우뚝 치솟아 있다. 천장암千丈岩은 구석에 난 이빨처럼 뒤얽혀 있는데 돌 사이의 거리가 한 장 남짓이다. 몸을 구부려 아래를 보면 다리가 떨려 앞으로 나가지 못하였다. 왕문성王文成[21]이 어렸을 때 이 사이를 뛰어넘어서 사람들이 그 담력에 탄복하였다. 내 숙부 이온爾蘊[22]은 모포로 몸을 감싸고 끈으로 묶어서 내려왔고 나는 나무꾼 두 명을 데리고 바닥에서부터 기어 올라왔으니, 우리 둘 다 멍청하기 그지없다고 할 수 있다.

정묘丁卯[23] 4월에 나는 천와암天瓦庵[24]에서 글을 읽었는데 오후에 친구 두세 명과 정상에 올라 낙조를 보았다. 한 친구가 "조금만 기다렸다가 달이 나오면 돌아갑시다. 이렇게 좋은 때는 만나기 어려운데,

20 爐烽: 지금의 浙江省 會稽山의 최고봉인 香爐峰이다. 해발 353미터이고 봉우리가 향로 모양이며 산세가 비교적 험하다.

21 王文成: 明末의 文人 王守仁(1472-1529)으로, 字는 伯安이고 號는 陽明이며 시호가 文成이다. 浙江省 餘姚사람이다.

22 爾蘊: 장대의 일곱째 숙부 張燁芳(?-1615)으로, 字가 爾蘊이고 號는 七磐이다. 《陶庵夢憶》권6 〈目蓮戲〉에서 희곡에 대한 이야기와 함께 언급되었다.

23 丁卯: 天啟 7년인 1627년이다.

24 天瓦庵: 爐峰 表勝庵 아래에 절벽을 뒤로 한 天瓦山房을 말한다. 《陶庵夢憶》권2 〈表勝庵〉이 수록되어 있다.

호랑이를 만날지도 모르지만 그 또한 운명이오. 게다가 호랑이에게도 도道가 있는데 밤에는 산을 내려가 돼지와 개 같은 먹이를 찾을 뿐, 산에 올라와 달을 감상할 리 있겠소?"라고 하니, 그 말이 또 일리가 있었다. 넷은 금간석金簡石 위에 책상다리를 하고 앉았다. 이날은 보름으로, 해가 지니 달이 나왔다. 산속의 풀과 나무들이 모두 이상한 빛을 내어 슬며시 겁이 났다. 환한 달빛이 길을 밝게 비추어 우리는 서로를 부축하고 지팡이를 짚으며 산을 내려갔다. 몇 걸음 못 가서 산 중턱에서 고함 소리가 들렸다. 내 노복과 산에 사는 승려 일고여덟이 화로와 단도, 그리고 나무 막대를 들고 왔다. 우리 일행이 호랑이를 만나 길을 잃었다고 생각하여 산을 내려오며 소리를 지른 것이었다. 내가 뒤이어 응답하니 뛰어 올라와 우리를 부축하며 산을 내려갔다. 다음날 산등성이에서 누군가 "어젯밤 경정更定[25] 즈음에 횃불 수십 개를 든 대도大盜 백여 명이 장공령張公嶺[26]을 지나던데, 어디서 나왔는지 모르겠단 말이야."라고 하자, 우리 일행이 몰래 웃으며 아무 말도 하지 않았다. 사령운謝靈運은 남산에서 벌목하며 임해에 도착하였는데, 그를 따르는 자가 수백이었다. 태수太守 왕수王琇가 두려워하며 그들을 산적이라 여겼지만 사령운인 줄 알고 나서는 안심하였다.[27] 우리 일행이 그 밤에 태수에게 산적이라며 잡히지 않은 것 역시

25 更定: 저녁 7시에서 9시 사이를 말한다.

26 張公嶺: 장공령은 노봉의 동쪽에 있다.

27 謝靈運(395-433)은 南北朝 때의 詩人이다. 사령운의 본명은 公義이고 字가 靈運이며 陳郡 陽夏(지금의 河南省 太康) 출신이다. 晉 安帝 때 조부 謝玄의 작위를 세습하여 康樂公이 되었다. 사령운은 정치적으로 뜻을 이루지 못하여 관직에 있었을 때도 마음대로 산수를 유람했고 관직을 그만두고 나서는 더욱 더 기묘한 경치나 불교에 심취했다. 사령운은 산을 오르면 가파른 곳까지 갔는데 한 번은 始

다행이었다.

爐峰絶頂, 復岫回巒, 鬥聳相亂, 千丈岩陬牙橫梧, 兩石不相接者丈許, 俯身下視, 足震慴不得前. 王文成少年曾趵而過, 人服其膽. 余叔爾蘊以氈裹體, 縋而下, 余挾二樵子, 從壑底搲而上, 可謂癡絶.

丁卯四月, 余讀書天瓦庵, 午後同二三友人登絶頂, 看落照. 一友曰: “少需之, 俟月出去. 勝期難再得, 縱遇虎, 亦命也. 且虎亦有道, 夜則下山覓豚犬食耳, 渠上山亦看月耶?” 語亦有理. 四人踞坐金簡石上. 是日, 月正望, 日沒月出, 山中草木都發光怪, 悄然生恐. 月白路明, 相與策杖而下. 行未數武, 半山嘄呼, 乃余蒼頭同山僧七八人, 持火燎, 蠻刀, 木棍, 疑余輩遇虎失路, 緣山叫喊耳. 余接聲應, 奔而上, 扶掖下之. 次日, 山背有人言: “昨晚更定, 有火燎數十把, 大盜百余人, 過張公嶺, 不知出何地?” 吾輩匿笑不之語. 謝靈運開山臨澥, 從者數百人, 太守王琇驚駴, 謂是山賊, 及知爲靈運, 乃安. 吾輩是夜不以山賊縛獻太守, 亦幸矣.

寧 南山에서 벌목을 하며 臨海까지 이르렀다. 이때 수백 명이 따랐다고 한다. 당시 臨海太守 王琇가 놀라서 처음에는 산적이라 생각했으나 나중에 사령운의 일행임을 알고 안심하였다고 한다.

06
상호湘湖[28]

서호西湖는 원래 밭을 파서 호수로 만들어 호수가 된 것이다. 상호湘湖도 밭을 파서 호수로 만들려 했지만 호수가 되지 못하였다. 서호를 호수로 만든 이는 소동파蘇東坡로, 호수로 만들고자 하는 뜻이 있어 서호를 만든 것이다. 상호를 호수로 만든 이는 임장자任長者로, 호수로 만들길 원치 않았는데 호수로 만든 것이다. 임장자는 상호에 수백 경頃의 밭을 가진 갑부로 불렸다. 한 점술가가 점괘를 보더니 하룻밤에 가난해진다고 하였지만 임장자는 그 말을 믿지 않았다. 그러다 현관縣官이 임장자에게 상호를 만들길 청하였다. 상호를 만들어 소산蕭山의 밭에 물을 대려 했기 때문이다. 호수를 만들라는 조서가 내려오자 임장자는 하룻밤에 밭을 모두 잃게 되었으니, 점술가의 말대로 가난해졌다. 이렇게 상호는 지금은 비록 호수지만 원래는 밭이었다. 판을 박아 세우지 않고 방죽을 쌓지 않으면 물은 금방 말랐다. 이러한 까닭에 호수의 수로는 상호를 잘 아는 사람이 아니면 지척도 가지 못한다. 상호를 유람하려는 자가 들어가기를 고집하면, 반드시 호수에 있는 작은 배와 상호의 수로에 대해 잘 아는 사람을 찾아야지, 그렇지 않으면 열 번은 거슬러 오르고 세 번은 막혀 목구멍

---

28 湘湖: 지금의 浙江省 杭州 동남쪽 蕭山 일대의 호수로, 서호와는 자매호수라 불린다. 상호는 옛 越王城으로 勾踐이 군대를 주둔시키고 吳나라 군사와 싸웠던 곳이다.

에 생선 뼈가 걸린 듯 답답할 것이다. 이호裏湖와 외호外湖는 다리로 나뉘는데 이호가 더욱 아름답다. 무릇 서호는 오직 호심정湖心亭만이 눈 속의 눈동자이나, 상호는 작은 언덕, 작은 돈대, 작은 산이 모두 수면에 어지러이 뒤섞여 있다. 사방이 산기슭으로 둘러싸여 겹겹이 우뚝 솟은 형상이 호수까지 이어지니 더욱 기이하고 가파르다.

나는 서호는 명기名妓처럼 사람마다 모두 데리고 놀고 싶어 하고, 감호鑒湖는 규수처럼 바라만 볼 뿐 감히 어쩌지 못하며, 상호는 처녀처럼 눈을 깔고 수줍어하는 모습으로 마치 시집가기 전과 같다고 말한 적이 있다.[29] 이것은 이미 정해진 평가로 정확하여 바꿀 수 없다.

西湖, 田也而湖之, 成湖焉; 湘湖, 亦田也而湖之, 不成湖焉. 湖西湖者, 坡公也, 有意於湖而湖之者也; 湖湘湖者, 任長者也, 不願湖而湖之者也. 任長者有湘湖田數百頃, 稱巨富. 有術者相其一夜而貧, 不信. 縣官請湖湘湖, 灌蕭山田, 詔湖之, 而長者之田一夜失, 遂赤貧如術者言. 今雖湖, 尚田也, 不下插板, 不築堰, 則水立涸, 是以湖中水道, 非熟於湖者不能行咫尺. 遊湖者堅欲去, 必尋湖中小船與湖中識水道之人, 溯十闕三, 鯁咽不之暢焉. 湖裏外鎖以橋, 裏湖愈佳. 蓋西湖止一湖心亭爲眼中黑子, 湘湖皆小阜, 小墩, 小山, 亂插水面, 四圍山趾, 棱棱礪礪, 濡足入水, 尤爲奇峭.

---

29 《西湖夢尋》의 〈明聖二湖〉에서 장대는 서호와 감호, 그리고 상호에 다음과 같이 평가하였다. "나는 상호는 처녀처럼 어쩔 줄 몰라 하며 수줍어하는 모습으로 마치 혼인하지 않았을 때를 보는 것 같다. 감호는 명문가의 규수처럼, 바라만 볼 뿐 감히 어찌해 볼 수 없는 듯하다. 서호는 曲中의 名妓처럼 가무와 여색이 모두 아름답다. 그러나 문가에 기대어 미소를 보이면 사람마다 데리고 놀 수 있다.(余以湘湖爲處子, 眠娗羞澀, 猶及見其未嫁之時; 而鑒湖爲名門閨淑, 可欽而不可狎; 若西湖則爲曲中名妓, 聲色俱麗, 然倚門獻笑, 人人得而媟褻之矣.)"

余謂西湖如名妓, 人人得而媟褻之; 鑒湖如閨秀, 可欽而不可狎; 湘湖如處子, 目氐娗羞澀, 猶及見其未嫁時也. 此是定評, 確不可易.

07

류경정의 설서柳敬亭說書[30]

남경南京의 류마자柳麻子는 피부가 검고 얼굴에 흉터와 부스럼이 가득하였다. 행동은 거리낌이 없었고 느긋했으며 몸이 토목같이 단단했는데, 설서說書를 잘하였다. 하루에 단 한 번 설서를 하였는데 정해진 값이 한 냥이었다. 열흘 전 먼저 서신과 재물을 보내 약속을 정해야 하나 늘 짬을 얻을 수 없었다. 당시 남경에는 두 명의 인기인이 있었는데, 기녀 왕월생王月生[31]과 류마자가 바로 그들이었다.

나는 그가 공연하는 〈경양강무송타호景陽岡武松打虎〉 백문白文[32]을 들어 본 적이 있는데 《수호전水滸傳》의 내용과 많이 달랐다.[33] 그의 묘

---

30 柳敬亭說書: 柳敬亭(1587-1670)은 본명은 曹永昌이며 號는 葵宇이다. 나중에 법을 어겨 柳逢春으로 개명하고 號를 敬亭이라고 했다. 얼굴에 곰보자국이 많아 사람들은 그를 柳麻子라 불렀다. 당시 남경에서 說書를 잘하기로 유명했다. 說書는 중국 고대의 전통 희곡 예술로, 대략 宋代부터 시작되었다. 송대의 講史나 원대의 平話 같이 노래는 부르지 않고 말로 이야기를 전하는 공연예술이다.

31 王月生: 明末의 기녀로 하급 기방 출신이지만 남다른 품격을 지녀 당시 몸값이 비쌌다. 장대와 친분이 있어 《陶庵夢憶》에 자주 등장하며 권8에 〈王月生〉도 수록되어 있다.

32 白文: 주석 있는 책의 본문을 말하는데 희곡에서는 연주나 노래를 하지 않고 한 사람이 혼자서 이야기를 전달하는 것이다.

33 〈景陽岡武松打虎〉은 《水滸傳》의 한 대목이다. 景陽岡이라는 험준한 고개에서 武松이 호랑이를 때려잡았다는 내용이다.

사는 터럭까지 그려질 만큼 세밀했고 또 내용을 덧붙이거나 빼는 것도 깔끔해 많은 말을 하지 않았다. 그가 고함을 지르면 마치 큰 종이 울리듯 하였고 결정적인 대목에 이르면 마구 으르렁거리며 울려 거센 파도처럼 온 집안을 뒤흔들었다. 무송武松이 주점에 가 술을 사려는 대목에서 가게에 아무도 없자 순간 버럭 소리를 쳤는데, 주점 안의 빈 독과 벽돌이 웅웅거리며 울리는 듯하였다. 이렇게 중요하지 않은 부분도 특색이 드러나게 하니 세밀함이 이와 같았다. 주인은 반드시 숨을 죽이고 조용히 앉아 유경정의 말에 귀를 기울이다가 입을 열었다. 잠시 후 아랫사람이 귀에 달라붙어 살짝 속삭이는 모습이 보이고, 듣는 사람 중에 하품을 하고 기지개를 켜며 얼굴에 피곤한 기색을 보이면, 곧 말을 하지 않았는데 억지로 시킬 수 없었다. 매일 밤 병야丙夜[34] 즈음이 되면 책상을 닦고 등잔의 심지를 돋우며 흰 잔으로 조용히 차를 마시며 천천히 입을 열었다. 그 말의 속도와 무게, 호흡과 억양은 사람의 감정에 들어가고 사람의 이성에도 들어가며 근육에도 들어가고 뼈마디에도 들어가니, 세상의 설서하는 자들의 귀를 모아 경청하게 하면 아마도 부끄러움에 혀를 깨물고 죽지 않는 자가 없을 것이다. 류마자의 용모는 기이하고 추했지만 그의 말솜씨는 뛰어났고 눈빛은 살아 있었으며 옷도 깔끔하여 그야말로 왕월생과 똑같이 아름다웠으니, 그래서 그들의 몸값이 똑같은 것이다.

南京柳麻子, 黧黑, 滿面疤癗, 悠悠忽忽, 土木形骸, 善說書. 一日說

---

34 丙夜: 하룻밤을 다섯으로 나눈 셋째 부분으로 11시부터 1시 사이이며 三更이라고도 한다.

書一回, 定價一兩. 十日前先送書帕下定, 常不得空. 南京一時有兩行情人: 王月生 · 柳麻子是也.

余聽其說景陽岡武松打虎白文, 與本傳大異. 其描寫刻畫, 微入毫發, 然又找截幹淨, 並不嘮叨. 勃夬聲如巨鍾, 說至筋節處, 叱吒叫喊, 洶洶崩屋. 武松到店沽酒, 店內無人, 謈地一吼, 店中空缸空甓皆甕甕有聲. 閑中著色, 細微至此. 主人必屛息靜坐, 傾耳聽之, 彼方掉舌. 稍見下人呫嗶耳語, 聽者欠伸有倦色, 輒不言, 故不得強. 每至丙夜, 拭桌剪燈, 素瓷靜遞, 款款言之, 其疾徐輕重, 吞吐抑揚, 入情入理, 入筋入骨, 摘世上說書之耳, 而使之諦聽, 不怕其不齰舌死也. 柳麻子貌奇醜, 然其口角波俏, 眼目流利, 衣服恬靜, 直與王月生同其婉孌, 故其行情正等.

08

번강 진씨네 귤樊江[35]陳氏橘

번강樊江의 진씨陳氏는 밭을 개간하여 과수원을 만들고 구기자와 국화를 심어 둘렀다. 보리를 심어 구장蒟醬[36]을 만들고 직접 차조를 재배해 술을 담갔는데, 술이 향기롭고 차가우며 연한 금빛의 호박 같은 색이라 술꾼들이 칭찬했다. 직접 과일과 열매를 심고 꿀로 명과冥果[37]를 만들었다. 사귤謝橘 백 그루를 심어 푸르고 시큼한 것은 따지 않고 붉거나 서리를 맞았거나 꼭지가 잘린 것을 땄다. 이러한 까닭에 그가 딴 귤은 껍질이 두툼하고 쩍 벌어지며 색이 노랗고 진하며 속 열매도 단단하면서도 연했다. 섬유질을 까면 금방 벗겨지며 맛은 달콤하고 신선했다. 제사문第四門·도언陶堰·도허道墟를 비롯하여 당서塘棲의 귤도 모두 이 귤과 비교할 수 없었다.[38] 나는 매해 꼭 직접 과수원에 가서 귤을 샀다. 늦어도, 비싸도, 적어도 여기서 샀다. 귤을

---

35 樊江: 지금의 浙江省 紹興 皐埠鎮이다. 西漢의 장수 樊噲(기원전 242-기원전 189)의 고향이라 전해진다.

36 蒟醬: 나도후추로 열매로 만든 醬이다. 나도후추 열매는 뽕나무 열매와 비슷하고 매운 맛이라 장으로 만들어 먹었다.

37 冥果: 신선한 과일을 설탕이나 꿀 같은 것에 담근 것이다.

38 第四門은 소흥 동쪽의 五雲門을 말한다. 소흥성에 있는 아홉 개의 성문 가운데 넷째이다. 陶堰은 소흥성 동쪽 지역이고 道墟는 소흥성 동북부 지역으로, 오늘날 上虞에 속한다. 塘栖는 杭州城의 북쪽을 말한다. 귤로 유명한 지역으로《陶庵夢憶》권3의〈陳章侯〉와 권4〈方物〉에서도 언급되었다.

사 온 뒤에는 누런 모래로 만든 항아리 밑에다 금성金城[39]의 볏짚이나 마른 솔잎을 깔고 그 안에 보관했다. 열흘이 지나서 볏짚이 젖으면 새 볏짚으로 갈았다. 이렇게 하니 3월 말까지 보관할 수 있었는데 새로 딴 것처럼 달콤하고 부드러웠다. 구기자와 국화로 둘러싼 과수원의 주인은 귤 백 그루를 심어 매년 비단 백 필을 수확했으니, '목노木奴'[40]라는 말이 부끄럽지 않다.

樊江陳氏辟地爲果園, 枸菊圍之. 自麥爲蒟醬, 自秫釀酒, 酒香冽, 色如淡金蜜珀, 酒人稱之. 自果自蓏, 以螫乳醴之爲冥果. 樹謝橘百株, 青不擷, 酸不擷, 不樹上紅不擷, 不霜不擷, 不連蒂剪不擷. 故其所擷, 橘皮寬而綻, 色黃而深, 瓤堅而脆, 筋解而脫, 味甜而鮮. 第四門, 陶堰, 道墟以至塘棲, 皆無其比. 余歲必親至其園買橘, 寧遲, 寧貴, 寧少. 購得之, 用黃砂缸藉以金城稻草或燥松毛收之. 閱十日, 草有潤氣, 又更換之. 可藏至三月盡, 甘脆如新擷者. 枸菊城主人橘百樹, 歲獲絹百匹, 不愧木奴.

39 金城: 금성은 西漢 때 만들어진 郡으로 지금의 甘肅省 蘭州, 青海, 西寧 일대이다. 금성은 란주의 별칭이나 본문에서 말하는 지역이 란주인지는 확실치 않다.

40 木奴: 귤을 노복으로 생각하여 귤나무 한 그루가 마치 옷도 음식도 필요하지 않는 노복을 부리는 것과 같다는 뜻이다.

09
치원당治沅堂

예부터 탁자법拆字法[41]이 있었다. 선화宣和[42] 연간에 성도成都 사석謝石[43]이 글자를 나누어 화복禍福을 점쳤는데, 과연 그 명성과 같았다. 흠종欽宗[44]이 듣고는 '조朝'자字를 적어서 중귀인中貴人[45]에게 가지고 가서 시험해 보게 하였다. 사석은 글자를 보고 중귀인을 자세히 살펴보고 "이것은 관찰觀察[46]께서 적으신 것이 아닙니다."라고 하자 중귀인이 몹시 놀랐다. 사석은 "'조'자를 떼어 보면 '10월 10일(十月十日)'인데 이는 이번 달 이날에 태어난 천인天人이니, 황제가 아닙니까?"라고 하자, 온 나라가 괴이하게 여기고 놀랐다. 우리 월越지역에 사문정謝文正[47]의 대청 이름이 '보석당保錫堂'인데 나중에 주인이 다른

41 拆字法: 탁자법은 글자를 분해하여 점을 치는 방법이다. 점을 보러 온 사람이 글자 하나를 적으면 점쟁이가 그 글자를 두 개 이상으로 나누어 새로운 해석으로 점괘를 내는 방식이다.

42 宣和: 北宋 徽宗의 연호로 1119년에서 1125년까지 사용했다.

43 謝石: 사석(327-389)의 字는 潤夫이고 四川 成都 사람이다. 北宋 徽宗 연간 절자법으로 신통하다고 알려진 점술가였다.

44 欽宗: 北宋의 마지막 황제 趙桓(1100-1156)이다.

45 中貴人: 환관으로, 太監을 말한다.

46 觀察: 唐代에 설치된 관직명으로 절도사가 없는 곳에 관찰사를 두었다. 宋代에도 이 관직명을 따랐지만 유명무실한 직책이었고 나중에는 관리를 부르는 말로 사용되었다.

47 謝文正: 謝遷(1449-1531)으로, 字는 於喬이고 號는 木齋이며 謚號가 文正이다. 浙江 餘姚 사람이다. 明代 東閣大學士를 지냈으며 저서로 《謝文正公文集》, 《木

사람으로 바뀌었다. 새 주인이 오자 급히 그 현판을 버렸다. 어떤 사람이 그 이유를 묻자 "분명히 '바보가 금당의 주인으로 바뀌었다.(呆人易金堂)'고 적혀 있었기 때문이오."라고 하였다. 주석문朱石門[48]은 문선서文選署의 중당 현판에 '전극典劇'이란 두 글자를 적었는데 후임자가 여러 관리들을 돌아보며 "너희는 공의 뜻을 아느냐? 이 두 글자를 떼어서 다시 붙이면 '굽어진 곳, 여덟 개의 칼(曲處曲處, 八刀八刀)'일 뿐이다."라고 하였다. 흡주歙州[49] 허상국許相國[50]의 손자 허지길許志吉이 대리평사大理評事[51]를 맡아 위당魏璫[52]의 지시를 받고 황산黃山을 파는 사건을 처리하였다. 기세가 매우 등등하여 현지의 관리들이 아첨하여 현판 하나를 보냈는데, '대복어문大卜於門'이라 적혀 있었다. 마을 사람이 밤에 몰래 가서 거기에 필획을 더하고 빼서 세 가지로 만들었다. 하나는 '천하미문天下未聞'이고, 다른 하나는 거꾸로 읽어서 '엄수

溪歸田稿》 등이 있다.

48 朱石門: 朱敬循으로, 字는 石門이고 浙江省 紹興 사람이다. 明代 右通政使를 지냈다. 주경순은 朱賡(1535-1609)의 아들로 장대 祖母의 형제이다.

49 歙州: 지금의 安徽省의 가장 남쪽이다. 북으로 黃山, 동으로 杭州, 남으로 千島湖와 인접해 있다.

50 許相國: 許國(1527-1596)으로, 字는 維楨이고 號는 穎陽이며 지금의 安徽省 歙縣 사람이다. 明代 禮部尚書 겸 東閣大學士를 지냈다. 그의 손자 許志吉도 明代의 관리로 太仆寺丞와 大理寺正를 지냈다. 魏忠賢(1568-1627)에게 의탁했다가 훗날 참형을 당했다.

51 大理評事: 주로 형사 사건을 담당하는 관직이다.

52 魏璫: 明末의 宦官 魏忠賢(1568-1627)을 말한다. 위충현의 字는 完吾이고 입궁 후에 李进忠으로 개명했다가 다시 본래의 성으로 돌아왔다. 섭정에 가까울 만큼 마음대로 정권을 행사하여 조정에 아첨하는 관리들로 가득 찼고, 반대파인 동림당의 관리들은 처형당하거나 파직당하였다. 璫은 옥으로 만든 장식품으로 漢代 환관들이 차고 다녀 훗날 환관을 가리키는 말이 되었다.

하견閹手下犬'이며, 마지막 하나는 '태평나문太平[53]拿問'으로 고쳤다. 나중에 직지直指[54]가 묻자 태평으로 죄인을 데려갔다 하니 과연 그 말과 같았다. 무릇 이 몇 가지는 모두 의미가 있었다. 우리 고향의 한 관리 어르신은 '치원당治沅堂'이라는 이름을 지었다. 그 뜻을 이해하지 못하는 사람이 있어 물었지만, 웃으며 대답하지 않았다. 애써 답을 구하자 관리 어리신이 웃으며 "다른 뜻이 없습니다. '삼태삼원三台三元'[55]의 뜻을 말했을 뿐입니다!"라고 하자 듣던 사람이 밥을 내뿜었다.

古有拆字法. 宣和間, 成都謝石拆字, 言禍福如響. 欽宗聞之, 書一"朝"字, 令中貴人持試之. 石見字, 端視中貴人曰: "此非觀察書也." 中貴人愕然. 石曰: "'朝'字離之爲'十月十日', 乃此月此日所生之天人, 得非上位耶?" 一國駭異. 吾越謝文正廳事名"保錫堂", 後易之他姓. 主人至, 亟去其扁, 人問之, 曰: "分明寫'呆人易金堂'." 朱石門爲文選署中額"典劇"二字, 繼之者顧諸吏曰: "爾知諸公意乎? 此二字離合言之, 曰: '曲處曲處, 八刀八刀'耳." 歙許相國孫志吉爲大理評事, 受魏璫指, 案賣黃山, 勢張甚, 當道媚之, 送一扁曰"大卜於門". 里人夜至, 增減其筆劃凡三: 一曰"天下未聞"; 一倒讀之曰"閹手下犬"; 一曰"太平拿問". 後直指提問, 械至太平, 果如其言. 凡此數者皆有義味. 而吾鄕縉紳有名"治沅堂"者, 人不解其義, 問之, 笑不答, 力究之, 縉紳曰: "無他意, 亦止取'三台三元'之義云爾!" 聞者噴飯.

---

53 太平: 지금의 安徽省 馬鞍山市에 있는 太平府이다.

54 直指: 조정에서 지방에 파견한 감찰관직인 直指使이다.

55 三台는 三公으로 고대 최고위 관직인 太師, 太傅, 太保를 말한다. 이 세 관직은 실질적인 업무는 없고 이름뿐이다. 三元은 鄕試의 1등인 解元 · 會試의 1등인 會元 · 殿試의 1등인 狀元을 말한다.

10

호구의 중추절虎丘[56]中秋夜

호구虎丘의 8월 15일은 현지인과 떠돌이, 사대부 집안의 일가족, 여악女樂과 성기聲伎, 기방의 유명한 기생과 여배우, 민간의 젊은 부녀자, 어린아이와 잘생긴 소년, 방탕한 불량소년, 부잣집 식객, 어린 종과 협잡꾼의 무리까지 모이지 않은 자가 없었다. 생공대生公臺에서부터 천인석千人石·학간鶴澗·검지劍池·신문정申文定의 사당을 지나,[57] 그 아래로 시검석試劍石[58]과 일이산문一二山門에 이르기까지 모두 바닥에 자리를 깔고 앉았다. 높은 곳에 올라 바라보면 기러기가 평평한 모래밭에 내려앉아 있는데 노을빛이 강가에 펼쳐지는 듯하다. 날이 저물어 달이 뜨자 백여 곳에서 악기를 세게 불고 쳐댔다.

56 虎丘: 지금의 江蘇省 蘇州市 閶門 밖 山塘街에 있다. 春秋시기 吳王 夫差(기원전 528-기원전 473)가 부친을 묻었는데 장사를 지내고 사흘 뒤 흰 호랑이가 그 위에 웅크리고 있었다고 전해진다.

57 生公臺는 晉朝의 高僧 竺道生이 불경을 설법한 곳인 生公講臺이다. 千人石은 虎丘에 있는 큰 돌로 천 명이 함께 앉을 수 있을 정도라 千人坐라고도 한다. 鶴澗은 호구의 뒤쪽에 있다. 唐代 道士가 여기서 학을 길렀다고 한다. 劍池는 千人石 북쪽의 암벽 아래에 있다. 吳王 闔閭(기원전 537-기원전 496)가 검을 묻은 곳으로 알려져 있다. 申文定은 明代 內閣首輔를 지닌 관리 申時行(1535-1614)이다. 字는 汝默이고 號는 瑤泉이며 諡號가 文定이다. 長洲(지금의 江蘇省 蘇州) 사람으로 저서로 《賜閑堂集》이 있다.

58 試劍石: 예리한 검에 의해 잘린 것처럼 잘린 돌이다. 시검석은 중국의 江蘇, 廣西, 湖北 등지에 있는데 江蘇省 蘇州 虎丘에 위치한 시검석이 대표적이다. 吳王 闔閭가 천하의 명검을 시험해 보기 위해 잘랐다는 전설이 있다.

〈십번요발十番鐃鈸〉을 연주하고 〈어양섬과漁陽摻撾〉같은 곡[59]을 연주하니 천지가 뒤집히듯 우르릉거렸고 솥 안의 물이 끓는 듯하여 소리를 질러도 듣지 못했다. 경정更定[60]에 북과 징소리는 점점 잦아들었는데 관현악기 소리는 오히려 번잡해지고 홍이 나 노랫소리와 섞였다. 〈금범개錦帆開〉와 〈징호만경錦帆開澄湖萬頃〉[61] 같은 대곡大曲을 함께 불렀다. 웅크리고 앉은 사람들의 소리와 징소리, 관현악기 소리와 노랫소리가 뒤섞여 박자를 분간할 수 없었다. 밤이 깊어지자 사람들이 점점 흩어졌다. 사대부 집안의 사람들은 모두 배에서 내려 물놀이를 했다. 자리마다 노래를 부르고 사람마다 기예를 보여 주었다. 남쪽과 북쪽의 음악이 섞이고 관악기와 현악기가 번갈아 연주되었으며 청중들은 노랫소리가 들리자 비로소 감상평을 시작했다. 이고二鼓[62]가 되자 사람들이 조용해졌다. 관현악기도 모두 그치고 오로지 한 줄기의 퉁소 소리만 들려왔다. 애원하듯, 목이 메이듯, 맑고 부드러운 소리가 사람의 목소리와 함께 서로 이끌며 여전히 서넛이 남아 번갈아 연주하고 노래를 하였다. 삼고三鼓[63]가 되자 달이 홀로 떠 있고 밤공기도 차가워졌다. 사람들은 모두 적막에 휩싸였고 모기나 등에도 어지럽히지 않았다. 이때 한 남자가 나타나 높은 바위에 앉아 노래를 불렀다. 퉁소나 박자를 맞춰 주는 나무토막도 없었다. 그의 노랫소리는 실처럼 가늘게 시작되더니 점점 격앙되면서 돌을 부수고 구름을 뚫

---

59 〈十番鐃鈸〉은 十番鑼鼓이라고도 하는 타악기 곡명이다. 〈漁陽摻撾〉도 鼓曲 곡명이다. 두 곡 모두 당시 절강일대에서 유행하였다.

60 更定: 저녁 7시에서 9시 사이를 말한다.

61 〈錦帆開〉와 〈澄湖萬頃〉은 모두 《浣紗記》에 나오는 노래의 구절이다.

62 二鼓: 二更, 즉 밤 9시에서 11시 사이를 말한다.

63 三鼓: 三更, 즉 밤 23시에서 새벽 1시 사이를 말한다.

을 듯 우렁찼다. 연결하고 뛰어넘고 올라갔다 내려가며 한 자 한 자 노래하였다. 듣는 사람은 미세한 부분까지 파고들어 피가 마르는 것 같아 감히 박수도 못 치고 고개만 끄덕였다. 그런데 이때에도 기러기 떼처럼 줄지어 앉은 사람들이 백수십 명이었다. 소주蘇州가 아니면 음악을 아는 자를 어찌 구할까?

虎丘八月半, 土著流寓, 士夫眷屬, 女樂聲伎, 曲中名妓戲婆, 民間少婦好女, 崽子孌童及遊冶惡少, 清客幫閑, 傒僮走空之輩, 無不鱗集. 自生公台, 千人石, 鵝澗, 劍池, 申文定祠, 下至試劍石, 一二山門, 皆鋪氈, 席地坐, 登高望之, 如雁落平沙, 霞鋪江上. 天暝月上, 鼓吹百十處, 大吹大擂, 十番鐃鈸, 漁陽摻撾, 動地翻天, 雷轟鼎沸, 呼叫不聞. 更定, 鼓鐃漸歇, 絲管繁興, 雜以歌唱, 皆"錦帆開, 澄湖萬頃"同場大曲, 蹲踏和鑼絲竹肉聲, 不辨拍煞. 更深, 人漸散去, 士夫眷屬皆下船水嬉, 席席征歌, 人人獻技, 南北雜之, 管弦迭奏, 聽者方辨句字, 藻鑒隨之. 二鼓人靜, 悉屏管弦, 洞簫一縷, 哀澀清綿, 與肉相引, 尚存三四, 迭更爲之. 三鼓, 月孤氣肅, 人皆寂闃, 不雜蚊虻. 一夫登場, 高坐石上, 不簫不拍, 聲出如絲, 裂石穿雲, 串度抑揚, 一字一刻. 聽者尋入針芥, 心血爲枯, 不敢擊節, 惟有點頭. 然此時雁比而坐者, 猶存百十人焉. 使非蘇州, 焉討識者!

11
미공麋公

만력萬曆 갑진甲辰[64]에 한 늙은 의원이 큰 뿔 사슴 한 마리를 길렀다. 발가락에 철갑을 씌우고 무늬있는 가죽으로 말뱃대끈을 만들어 그 위에 깔았으며 입에 재갈을 물려 타고 다녔다. 뿔에는 조롱박과 약병을 매달아 병에 따라 약을 꺼내 주었는데, 환자가 복용하면 바로 나았다. 부친께서 보시고 기뻐하시며 그 사슴을 사고 싶어 하셨다. 노인은 흔쾌히 풀어서 주려 하셨는데 부친께서 30 금金을 주고 사셨다. 5월 1일은 조부의 생신이었다. 조부께서는 체구가 크시어 사슴 등에 걸터앉아 몇백 걸음만 가면 사슴이 숨을 헐떡였다. 조부께서는 작은 천으로 굴레를 만들라 명하셨고 산으로 강으로 놀러 다니셨다. 그다음 해에 운간雲間[65]에 가서서 진미공陳眉公[66]께 사슴을 주셨다. 진미공은 말랐고 쇠약하여 사슴을 타고 2, 3리里도 충분히 가셨으니 무척 기뻐하셨다. 나중에 진미공은 사슴을 타고 서호西湖의 육교六橋와 삼축三竺[67]사이를 다니셨다. 머리에는 대나무 관을 쓰고 깃털 옷

---

64 萬曆甲辰: 萬曆 32년인 1604년이다.

65 雲間: 지금의 上海 松江 지역에 대한 옛 별칭이다.

66 陳眉公: 陳繼儒(1558-1639)로, 字는 仲醇이고 號는 空青, 眉公, 麋公이다. 華亭(지금의 上海 松江) 사람이다. 문장과 그림에 뛰어났고 장대의 조부인 張汝霖과 교류했다.

67 六橋는 杭州 西湖 外湖 蘇堤의 여섯 다리를 말한다. 三竺은 杭州 靈隱山의 세 곳의 사찰을 三竺 혹은 三天竺이라 한다. 三天竺은 上天竺과 中天竺, 그리고 下天

을 입고 우거진 버드나무가 드리워진 둑을 왔다 갔다 하시자 보는 사람마다 신기하다고 칭찬하며 적선謫仙[68]이라고 불렀다. 나중에 진미공이 호를 미공麋公으로 바꾼 것은 바로 이 때문이다.

萬曆甲辰, 有老醫馴一大角鹿, 以鐵鉗其趾, 設韉轡其上, 用籠頭銜勒, 騎而走, 角上掛葫蘆藥甕, 隨所病出藥, 服之輒愈. 家大人見之喜, 欲售其鹿, 老人欣然, 肯解以贈, 大人以三十金售之. 五月朔日, 爲大父壽, 大父偉碩, 跨之走數百步, 輒立而喘, 常命小傒籠之, 從游山澤. 次年, 至雲間, 解贈陳眉公. 眉公羸瘦, 行可連二三里, 大喜. 後攜至西湖六橋, 三竺間, 竹冠羽衣, 往來於長堤深柳之下, 見者嘖嘖, 稱爲"謫仙". 後眉公復號"麋公"者, 以此.

竺이다.

68 謫仙: 인간 세계에 쫓겨 내려온 仙人을 말한다.

12

양주의 청명절揚州淸明

양주揚州의 청명절淸明節에는 성안 남녀가 모두 나와 집집마다 성묘를 다닌다. 비록 한 집에 묘가 여럿이라 해도 이날에는 반드시 다 성묘를 해야 했다. 그러므로 준마가 끄는 가벼운 마차를 타고 퉁소와 북을 실은 화선畫船을 타며, 두세 번 갈아타고 왕복하는 번거로움을 마다하지 않았다. 문지기같이 가난한 집에서도 음식과 지전을 가지고 묘소에 가서 제사를 마치면 자리를 깔고 술과 음식을 먹었다. 초관鈔關 · 남문 · 고도교古渡橋 · 천영사天寧寺 · 평산당平山堂 일대[69]에 이르기까지 곱게 단장한 이들이 들판을 꾸미고 나들이옷을 입은 이들이 시내를 꾸몄다. 가는 곳마다 행상이 있는데 길가에 골동품과 아이들의 장난감을 진열해 놓았다. 도박꾼들은 빈터에 놓은 작은 걸상에 앉아 양옆에 반소매 속옷, 비단 치마, 땀수건, 구리로 만든 화로, 주석으로 만든 술 항아리, 도자기, 옻칠 상자, 돼지 허벅지, 신선한 생선, 가을 배, 복귤福橘[70] 같은 것들을 진열해 놓고, 친구를 부르고 무리를 끌어 돈을 땅에 던졌는데, 이를 '질성跌成'[71]이라 하였다. 혹

---

69 天寧寺는 지금의 江蘇省 揚州 북쪽에 위치한 天寧禪寺이다. 東晉 때 지어졌고 원래 謝安의 별장이었는데 그의 아들이 사찰로 개조했다. 平山堂은 江蘇省 揚州 서북쪽 大明寺 안에 있다. 宋 仁宗 慶曆8년에 당시 揚州太守를 맡았던 歐陽修(1007-1072)가 지었다.

70 福橘: 福州에서 많이 생산되는 귤의 일종이다.

71 跌成: 돈을 땅바닥에 던져서 하는 도박으로 글자가 있는 면과 없는 면을 이용해

은 육전六錢, 팔전八錢, 십전十錢을 육성六成, 팔성八成, 십성十成이라고 하였다. 수십 수백 곳에 이런 도박판에 사람들이 빙 둘러싸고 구경을 하였다. 이날, 사방을 떠돌아다니는 방랑객들과 휘주徽商 상인, 산서山西 상인, 기방의 유명한 기녀, 모든 호사가들이 너나 할 것 없이 다 모였다. 긴 둑이건 풀이 무성한 곳이건 말을 타고 매를 날렸다. 높은 언덕이건 평평한 땅이건 닭싸움이나 축구를 하였다. 무성한 숲이건 시원한 그늘이건 완阮[72]이나 쟁箏을 연주하였다. 건달들은 씨름을 하였고, 아이들은 종이 연을 날렸으며, 늙은 중은 인과응보를 이야기하였고, 장님은 설서를 하였다. 서 있는 사람이 빽빽했고 웅크리고 앉아 있는 사람도 가득하였다.

해 질 무렵 노을이 지자 말과 수레가 어지럽게 뒤섞였다. 관리 집안의 숙녀는 마차의 휘장을 걷어 올리고, 하녀와 몸종은 지쳐서 돌아갈 준비를 하며, 산 꽃을 비스듬히 꽂은 여인들은 서로 밀치락 달치락하며 앞을 다투어 성문으로 들어섰다. 내가 본 것 중 서호西湖의 봄, 진회秦淮의 여름, 호구虎丘[73]의 중추절이 이 광경과 견줄 수 있다. 그러나 그것들은 모두 한곳에 가득 모여 화가가 가로 폭으로 그린 그림이라면, 이 양주의 청명절은 꼬챙이에 꿴 생선이나 기러기 떼의 줄처럼 펼쳐보면 길이가 삼십 리里인 화가의 두루마리와 같다. 남송南宋 장택단張擇端[74]은 〈청명상하도淸明上河圖〉에서 북송北宋의 수도인 변경汴京의

승부를 가린다.

72 阮: 현악기의 하나인데, 月琴 또는 阮咸이라고 한다. 琵琶와 비슷한 악기이다.

73 虎丘: 지금의 江蘇省 蘇州市 閶門 밖 山塘街에 있다. 春秋시기 吳王 夫差가 부친을 묻었는데 장사를 지내고 사흘 뒤 흰 호랑이가 그 위에 웅크리고 있었다고 전해진다. 《陶庵夢憶》 권5에 〈虎丘中秋夜〉이 수록되어 있다.

74 張擇端: 장택단(1085-1145)의 字는 正道이고 琅琊 東武(지금의 山東省 諸城) 사

경물을 그려 고국에 대한 그리운 마음[75]을 표현했다. 내 눈을 크게 뜨고 본 이 양주의 청명절을 어찌 꿈에서도 그리워하지 않을 수 있을까?

揚州清明, 城中男女畢出, 家家展墓. 雖家有數墓, 日必展之. 故輕車駿馬, 簫鼓畫船, 轉折再三, 不辭往復. 監門小戶亦攜肴核紙錢, 走至墓所, 祭畢, 席地飲胙. 自鈔關, 南門, 古渡橋, 天寧寺, 平山堂一帶, 靚妝藻野, 袨服縟川. 隨有貨郎, 路旁擺設古董古玩並小兒器具. 博徒持小杌坐空地, 左右鋪衵衫半臂, 紗裙汗帨, 銅爐錫注, 瓷甌漆奩, 及肩彘鮮魚 · 秋梨福橘之屬, 呼朋引類, 以錢擲地, 謂之"跌成"; 或六或八或十, 謂之"六成""八成""十成"焉. 百十其處, 人環觀之. 是日, 四方流寓及徽商, 西賈, 曲中名妓, 一切好事之徒, 無不咸集. 長塘豐草, 走馬放鷹; 高阜平岡, 鬥雞蹴踘; 茂林清樾, 劈阮彈箏. 浪子相撲, 童稚紙鳶, 老僧因果, 瞽者說書, 立者林林, 蹲者蟄蟄. 日暮霞生, 車馬紛遝. 宦門淑秀, 車幕盡開, 婢媵倦歸, 山花斜插, 臻臻簇簇, 奪門而入. 余所見者, 惟西湖春, 秦淮夏, 虎丘秋, 差足比擬. 然彼皆團簇一塊, 如畫家橫披; 此獨魚貫雁比, 舒長且三十里焉, 則畫家之手卷矣. 南宋張擇端作清明上河圖, 追摹汴京景物, 有西方美人之思, 而余目盱盱, 能無夢想!

람이다. 北宋의 畫家로 정원, 인물, 자연 묘사에 뛰어났다. 대표작으로 〈清明上河圖〉, 〈金明池爭標圖〉 등이 있다.

75 원문에서는 "西方美人之思"이라 하였다. 서방미인은 서쪽 周 나라의 聖王을 말한다. 《詩經 · 國風 · 簡兮》에 "누구를 생각하나 서방의 미인이라네 저 미인이야말로 서방 사람이라네.(雲誰之思, 西方美人. 彼美人兮, 西方之人兮.)"에서 인용되었다. 서방미인을 그리워하는 마음은 이후에 "고국을 그리워하는 마음"이란 뜻으로 사용되었다.

13

금산의 배 경주金山競渡[76]

서호西湖의 배 경주는 열두세 번 보았는데, 기사己巳[77]에 진회秦淮에서 보았고, 신미辛未[78]에는 무석無錫에서 보았으며, 임오壬午[79]에는 과주瓜州와 금산사金山寺에서 보았다. 서호의 배 경주는 배 경주하는 사람을 구경하는 게 제일 볼만한데, 무석에서도 그랬다. 진회에는 등선燈船은 있지만 용선龍船은 없었다. 용선은 과주에 견줄 만한 곳이 없지만 용선을 보는 것은 또 금산사에 견줄 만한 곳이 없었다. 과주의 용선은 10~20척인데 선수와 선미에 용을 그려 분노를 표현하였다. 뱃전에 앉은 스무 명의 사람은 큰 노를 들고 사나움을 보여 주었다. 배 중간에 채색한 돛을 달아 앞뒤로 깃발과 일산을 펼쳐 화려함을 보여 주었다. 징과 북을 쳐서 박자를 보여 주었다. 선미에 무기 한 대를 진열하여 예리함을 보여 주었다. 용머리에서 한 사람이 물구나무서기를 하며 뛰어 아슬아슬함을 보여 주었다. 용 꼬리에 어린아이가 매달려 위태로움을 보여 주었다. 5월 초하루부터 15일까지 매

76 배 경주는 중국의 전통 놀이이다. 보통 음력 5월 초에 진행되는데 戰國 시대 楚나라의 詩人 屈原(기원전 343?-BC 278?)을 기념하기 위해서 만들어졌다. 굴원은 長沙에 있는 汨羅水에 빠져 죽었는데, 용선 경주는 강에 빠진 굴원의 시신을 빨리 건지기 위한 것에서 유래하였다.

77 己巳: 崇禎 2년인 1629년이다.

78 辛未: 崇禎 4년인 1631년이다.

79 壬午: 崇禎 15년인 1642년이다.

일 장소를 정하고 나타났다. 5일에 금산에서 출발하여 진강鎭江에서도 나타났다. 거친 파도에 물거품이 흩날리고 여러 용이 싸우다가 간혹 소용돌이 속으로 뒤집히면 백 개의 손이 순식간에 붙잡고 둘러싸서 끌어냈다. 금산 위에서 구경하던 사람들이 모여들어 강을 사이에 두고 바라보는데 개미떼나 벌떼가 모여 움직이려고 꿈틀대는 것 같았다. 날이 저물면 만 척의 배가 일제히 출발하여 양안의 사람들이 와글와글 들끓었다.

看西湖競渡十二三次, 己巳競渡於秦淮, 辛未競渡於無錫, 壬午競渡於瓜州, 於金山寺. 西湖競渡, 以看競渡之人勝, 無錫亦如之. 秦淮有燈船無龍船, 龍船無瓜州比, 而看龍船亦無金山寺比. 瓜州龍船一二十只, 刻畫龍頭尾, 取其怒; 旁坐二十人持大楫, 取其悍; 中用彩篷, 前後旌幢繡傘, 取其絢; 撞鉦撾鼓, 取其節; 艄後列軍器一架, 取其鍔; 龍頭上一人足倒豎, 敁敠其上, 取其危; 龍尾掛一小兒, 取其險. 自五月初一至十五, 日日畫地而出. 五日出金山, 鎭江亦出. 驚湍跳沫, 群龍格鬥, 偶墮洄渦, 則百蚳捷捽, 蟠委出之. 金山上人團簇, 隔江望之, 蟻附蜂屯, 蠢蠢欲動. 晚則萬艓齊開, 兩岸沸沸然而沸.

14

유휘길 여배우劉暉吉[80]女戲

여배우는 요염함으로 배역에 대한 이해를 장식하고, 천천히 말하여 배역에 대한 이해를 풀어 주며, 몸짓으로 배역에 대한 이해를 헤아리니, 이러한 까닭에 여배우는 온전히 이해하는 것에 달려 있다. 그런데 유휘길劉暉吉은 이와 다르다. 유휘길은 기이한 감정과 환상을 가지고 기존의 극단이 가진 부족함을 채우려 하였다. 예를 들면 〈당唐 명황明皇이 월궁에 놀러가다(唐明皇遊月宮)〉[81]에서, 섭법선葉法善[82]이 나오자 무대가 갑자기 어두워지더니 손에 검이 떨어지자 벼락이 치는 소리가 한 번 들렸다. 별안간 검은 장막이 걷히더니 달 하나가 드러났는데 둥근 것이 그림쇠 같았다. 사방에 양각등羊角燈[83]을 매달아 오색찬란한 구름의 분위기를 만들었다. 한가운데에 상의常儀가 앉아 있었으며 오강吳剛은 계수나무를 베었고 흰토끼는 약을 찧고 있

80 劉暉吉: 劉光鬥로 字가 暉吉이며 武進(지금의 江蘇省 常州) 사람이다. 明代 廣西御史와 大理寺丞과 같은 관직을 맡았다.

81 唐明皇遊月宮: 唐 明皇은 唐 玄宗 李隆基(685-762)이다. 민간에서 전해지는 이야기로 당 현종이 밤에 月宮으로 놀러 다녔다고 한다.

82 葉法善: 섭법선(616-722)은 唐代의 유명한 도사로, 字는 道元이다. 민간에 그와 관련된 기이한 이야기가 많이 전해졌다.

83 羊角燈: 양의 뿔을 고아 얇고 투명한 껍질을 만들어 겉을 씌운 등으로 비교적 흔하게 볼 수 있는 등이다.

었다.[84] 가벼운 비단 휘장 안에서 새월명賽月明[85] 여러 개를 사르니 새파란 불꽃이 마치 막 동이 터오는 듯하였다. 천을 흩뿌려 다리를 만들어 놓으니 달 속의 굴을 밟는 것 같았다. 그 경계가 신기하여 보는 사람들로 하여금 이것이 공연인지를 잊어버리게 하였다. 다른 예를 들어보면, 무대의 등 같은 것은 십수 명의 사람이 손에 하나씩 들고 갑자기 숨었다가 또 갑자기 나타났는데, 온갖 기이하고 환상적인 것들이 나타나 보통 사람은 상상하지 못할 정도였다. 만일 당唐 명황明皇이 살아서 보았다면, 또 분명 눈을 크게 뜨고 입을 벌리며 어안이 벙벙해져서 "어떻게 무대 위에서 이렇게 기이한 광경을 연출할 수 있는가!"라고 할 것이다. 팽천석彭天錫[86]이 내게 "여배우가 유휘길에게 가면 어찌 꼭 남자일 필요가 있겠는가? 어찌 나와 같은 사람이 필요하겠는가?"라고 하였는데, 팽천석은 희곡계의 남사南史와 동호董狐[87] 같은 자이다. 남을 인정한 적이 거의 없었는데 유독 유휘길 집안의 배우에게는 진심으로 탄복했으니, 그가 대충 감상한 것이 아니다.

---

84 常儀: 중국 신화의 인물 嫦娥를 말한다. 상아는 後羿의 아내인데 나중에 신선이 되어 月宮을 향해 날아간다. 중국 전설에 따르면 달에는 5백 丈 높이의 계수나무가 있는데 吳剛이 월궁에서 계수나무를 베는 벌을 받았다고 한다. 계수나무를 베면 상처가 아물었기 때문에 한시도 쉬지 않고 나무를 베어야 한다. 또한 달에서 흰토끼가 약을 찧는다는 전설도 있다.

85 賽月明: 불꽃의 일종이다.

86 彭天錫: 팽천석의 자세한 생애는 알 수 없다. 다만 《陶庵夢憶》 권6 〈彭天錫串戲〉에 보면 그는 金壇(지금의 江蘇省 金壇) 사람으로 희곡 연기를 매우 잘했다고 한다. 또한 원래 부유한 집안의 자제였으나 희곡을 지나치게 좋아하여 수많은 돈을 썼다고 한다.

87 南史와 董狐는 春秋 시대 齊나라의 史官 南史와 晉나라의 史官 董狐를 말한다. 이들은 모두 직언을 꺼리지 않았던 인물이다.

女戱以妖冶恕，以嘽緩恕，以態度恕，故女戱者全乎其爲恕也．若劉暉吉則異是．劉暉吉奇情幻想，欲補從來梨園之缺陷．如唐明皇遊月宮，葉法善作，場上一時黑魆地暗，手起劍落，霹靂一聲，黑幔忽收，露出一月，其圓如規，四下以羊角染五色雲氣，中坐常儀，桂樹吳剛，白兔搗藥．輕紗幔之內，燃賽月明數株，光焰青黎，色如初曙，撒布成梁，遂躡月窟，境界神奇，忘其爲戱也．其他如舞燈，十數人手攜一燈，忽隱忽現，怪幻百出，匪夷所思，令唐明皇見之，亦必目睜口開，謂氍毹場中那得如許光怪耶！彭天錫向余道："女戱至劉暉吉，何必男子！何必彭大！" 天錫，曲中南董，絕少許可，而獨心折暉吉家姬，其所鑒賞，定不草草．

15
주초생朱楚生

주초생朱楚生은 여배우일 뿐이고 조강희調腔戲[88]를 할 뿐이다. 그 과백科白의 훌륭함은 본강本腔[89]이라도 그녀의 십 분의 일도 못 따라간다. 무릇 사명四明[90]의 요익성姚益城[91] 선생은 음률에 정통한데, 일찍이 주초생을 비롯하여 여럿과 절정을 궁리하여 인간의 감정과 이치를 훌륭하게 파고들었다. 《강천모설江天暮雪》·《소광검霄光劍》·《화중인畫中人》과 같은 희곡은 비록 곤산昆山[92]의 나이 많은 선생이라 해도 그 세세한 모사에 터럭 하나 보태지 않을 것이다. 극단 중의 배우는 주초생을 돋보이게 만들어야만 살아남았으니 그리하여 극단은 더욱 훌륭해졌다. 주초생은 비록 미인이 아니었지만 절세가인이라 해도 그녀가 가진 고상한 운치는 없었다. 청아하고 고상하며, 미간에 외로움이 있고 속눈썹에 깊은 정이 있었다. 눈을 가늘게 뜨고 얌전히 걷는 모습에 이해심이 있었다. 희곡에 목숨을 걸고 최선을 다해 연기하였

---

88 調腔戲: 중국 전통 희곡의 곡조로 掉腔 또는 紹興高調라고도 한다.

89 本腔: 昆山腔, 즉 昆曲으로 중국 전통 희곡의 곡조이다. 元代에 江蘇省 昆山에서 발생된 민간 희곡이다. 이후 明代 魏良輔에 의해 전해졌고 淸代 중엽에 이르기까지 대단히 유행하였다.

90 四明: 지금의 浙江省 寧波이다.

91 姚益城: 姚宗文으로, 字는 袭之이고 號는 益城이며, 杭州 慈溪 사람이다. 명대의 관리로 都御史를 지냈고 저서로 《益城集》이 있다.

92 昆山: 지금의 江蘇省 蘇州 昆山市이다. 昆曲이 탄생한 곳이다.

다. 곡백曲白에 틀린 부분이 있으면 금세 고쳐서 바로잡았는데 비록 몇 달이 지난 뒤라도 잘못된 부분은 반드시 고치고 잘라내 말한 바와 같이 하였다. 주초생은 몸은 같이 있지만 마음은 다른 곳에 있는 경우가 많았다. 정이 깊고 마음이 쉽게 흔들렸다. 하루는 나와 함께 정향교定香橋에 있었는데 일포日晡[93]가 되어 연기가 피어오르고 숲이 어두워지자 고개를 숙이고 말없이 비 오듯 눈물을 쏟았다. 내가 이유를 묻자 다른 말로 둘러대었다. 근심으로 마음이 괴로웠으니 결국 그 감정 때문에 죽었다.

朱楚生, 女戱耳, 調腔戱耳. 其科白之妙, 有本腔不能得十分之一者. 蓋四明姚益城先生精音律, 與楚生輩講究關節, 妙入情理, 如江天暮雪, 霄光劍, 畫中人等戱, 雖昆山老教師細細摹擬, 斷不能加其毫末也. 班中腳色, 足以鼓吹楚生者方留之, 故班次愈妙. 楚生色不甚美, 雖絕世佳人, 無其風韻. 楚楚謖謖, 其孤意在眉, 其深情在睫, 其解意在煙視媚行. 性命於戱, 下全 力爲之. 曲白有誤, 稍爲訂正之, 雖後數月, 其誤處必改削如所語. 楚生多坐馳, 一往深情, 搖颺無主. 一日, 同余在定香橋, 日晡煙生, 林木窅冥, 楚生低頭不語, 泣如雨下, 余問之, 作飾語以對. 勞心忡忡, 終以情死.

93 日晡: 오후 3시에서 5시로 申時를 말한다.

16

양주의 수마 揚州瘦馬[94]

양주揚州에는 매일 수마瘦馬의 몸에 붙어먹고 사는 사람들이 수십 수백이다. 첩을 얻으려는 자들이 속내를 드러내지 않고 은밀히 소식을 전하면 매파나 중개인들이 전부 그 집 문 앞에 모여드는데, 마치 파리 떼가 누린내를 맡고 꼬여 때려잡아도 사라지지 않는 것 같다.

날이 밝으면 나오라고 재촉한다. 먼저 도착한 중개인이 먼저 데리고 떠나면 나머지는 그 뒤를 따르며 시중을 든다. 수마의 집에 도착하여 앉으면 차가 나오고 매파가 수마를 데리고 나와 "아가씨가 손님께 절을 올립니다."라고 하면 절을 한다. 매파가 "아가씨가 앞으로 걷습니다."하면 걸었다. "아가씨가 몸을 돌립니다."라고 하면 몸을 돌려 밝은 곳에 서서 얼굴을 보였다. "아가씨가 손을 내밀어 봅니다."하니 소매를 걷고 손과 팔과 피부를 보였다. "아가씨가 상공相公을 뵙습니다."라고 하니 곁눈질로 보며 눈을 보였다. "아가씨는 몇 살입니까?"하고 묻자, 몇 살이라고 대답하여 목소리를 드러냈다. "아가씨가 다시 걸어 봅니다."하니 손으로 치마를 잡아당겨 발을 보였다. 그런데 발을 보는 방법은 또 있다. 문에서 나올 때 치맛자락 소리가 먼저 나면 분명 발이 크다. 치마를 높이 매어 사람이 나오기 전에 발이 먼

---

94 瘦馬: 어떤 목적으로 남에게 팔려가거나 고관과 귀인의 첩으로 팔려간 젊은 여성을 말한다. 팔려간 여성들은 대부분 가난한 집안 출신이었기에 마르고 날씬하여 '瘦馬, 즉 수척한 말'이라고 불렀다.

저 나오면 분명 발이 작다. "아가씨가 돌아가길 청합니다."라고 하면 한 사람이 들어가고 다른 사람이 나왔다. 한 집에 가면 꼭 대여섯 명은 보았으니, 다른 곳도 모두 이와 같았다. 마음에 들면 금비녀나 비녀를 귀밑머리에 끼웠는데, 이를 '삽대插帶'라고 한다. 마음에 들지 않으면 돈 수백 문文을 꺼내 매파나 그 집 노비에게 보상을 하고 또 다른 곳에 가서 보았다. 매파가 지치면 또 다른 여러 매파가 시중을 든다. 하루 이틀에서 네댓새까지 지치지 않으면 끊임없이 본다. 그러나 50~60명을 보다 보면 하얀 얼굴과 붉은 옷이 천편일률적으로 느껴진다. 처음 글을 배운 사람이 한 글자를 백 번에서 천 번을 쓰면 그 글자조차 알아볼 수 없는 것처럼 말이다. 마음으로 생각한 것과 눈으로 본 것이 두서가 없어 할 수 없이 잠시 한 명을 정한다. 삽대를 하면 본가本家에서 붉은 단자를 하나 내온다. 그 위에 채색한 비단 약간, 금화金花 약간, 재례財禮 약간, 포필布匹 약간이라고 적고 붓에 먹물을 묻혀 손님에게 주어 살펴보게 한다. 손님이 돈과 예물, 비단과 포목을 만족시키면 공손히 손님을 돌려보낸다. 집에 도착하기 전에 악단과 짐꾼, 붉고 푸른 채색 비단, 양고기와 술이 손님의 문 앞에서 기다린다. 잠시 후에 예물과 음식이 모두 마련되면 악단이 악기를 연주하며 끌고 간다. 반 리里도 못 가서 꽃가마 · 꽃등 · 초롱불 · 횃불 · 점술가 · 들러리 · 종이 · 초 · 제사 지낼 과일과 희생물 · 술 등이 문 앞에서 돌며 기다린다. 요리사가 짐을 하나 매고 오는데, 그 안에 채소 · 과일 · 안주 · 반찬 · 다과 · 화분 · 꿀떡 · 탁자 · 방석 · 술주전자 · 술잔 · 수저 · 용 · 호랑이 · 수성壽星 조각 · 살장撒帳[95]에 쓸 물건이 있다.

95 撒帳: 고대 중국의 혼례 풍속 중 하나로 신부가 침대에 앉으면 여인들이 돈이나 과일 등을 던져서 액막이를 해 주는 것이다.

붉은 실을 묶고 소곡을 부르며 악기를 연주하는 등의 일들이 또 다 갖추어진다. 답신을 기다리지 않고 주인의 명령도 기다리지 않으며 꽃가마와 송친送親[96] 가마가 일제히 가서 신부를 맞이한다. 악기가 연주되고 등불도 비추니 신부 가마와 송친 가마가 한꺼번에 도착한다. 신부가 절을 하고 송친이 자리에 앉으며 짧은 노래를 부르고 악기 소리가 떠들썩하게 울린다. 이들은 오후가 되기도 전에 수고비를 받고 급히 떠나 다른 집에 가서 또 이와 같은 일을 하였다.

揚州人日飲食於瘦馬之身者數十百人. 娶妾者切勿露意, 稍透消息, 牙婆, 駔儈, 咸集其門, 如蠅附膻, 撩撲不去.

黎明, 即促之出門, 媒人先到者先挾之去, 其餘尾其後, 接踵伺之. 至瘦馬家, 坐定, 進茶, 牙婆扶瘦馬出, 曰: "姑娘拜客." 下拜. 曰: "姑娘往上走." 走. 曰: "姑娘轉身." 轉身向明立, 面出. 曰: "姑娘借手睄睄." 盡褫其袂, 手出, 臂出, 膚亦出. 曰: "姑娘睄相公." 轉眼偷覷, 眼出. 曰: "姑娘幾歲了?" 曰幾歲, 聲出. 曰: "姑娘再走走." 以手拉其裙, 趾出. 然看趾有法, 凡出門裙幅先響者, 必大; 高系其裙, 人未出而趾先出者, 必小. 曰: "姑娘請回." 一人進, 一人又出. 看一家必五六人, 咸如之. 看中者, 用金簪或釵一股插其鬢, 曰"插帶". 看不中, 出錢數百文, 賞牙婆或賞其家侍婢, 又去看. 牙婆倦, 又有數牙婆踵伺之. 一日, 二日至四, 五日, 不倦亦不盡, 然看至五六十人, 白面紅衫, 千篇一律, 如學字者, 一字寫至百至千, 連此字亦不認得矣. 心與目謀, 毫無把柄, 不得不聊且遷就, 定其一人. 插帶後, 本家出一紅單, 上寫彩緞若干, 金花若干, 財禮若干, 布匹若干, 用筆蘸墨, 送客點閱. 客批財禮及緞匹如其意, 則肅客歸. 歸未抵寓, 而鼓樂, 盤擔, 紅綠, 羊酒在其門久

96 送親: 신부측 친척으로 신부를 신랑집으로 데려가는 사람이다.

矣. 不一刻而禮幣, 糕果俱齊, 鼓樂導之去. 去未半里而花轎, 花燈, 擎燎, 火把, 山人, 儐相, 紙燭, 供果, 牲醴之屬, 門前環侍. 廚子挑一擔至, 則蔬果, 肴饌湯點, 花棚糖餅, 桌圍坐褥, 酒壺, 杯箸, 龍虎壽星, 撒帳牽紅, 小唱弦索之類, 又畢備矣. 不待復命, 亦不待主人命, 而花轎及親送小轎一齊往迎, 鼓樂燈燎, 新人轎與親送轎一時俱到矣. 新人拜堂, 親送上席, 小唱鼓吹, 喧闐熱鬧. 日未午而討賞遽去, 急往他家, 又復如是.

Tao an meng yi

卷 6

도암몽억 陶庵夢憶

01
팽천석의 공연彭天錫串戲[1]

팽천석의 공연은 천하에서 가장 훌륭하다. 그런데 그의 공연은 구절마다 전수받은 것이라 단 한 글자도 마음대로 지은 적이 없다. 그는 일찍이 극 하나 때문에 전문가를 집에 초청하느라 수십 금金을 썼다. 그렇게 십만 가산이 그의 손에서 전부 사라졌다. 봄이 되면 대부분 서호西湖에서 지냈고 일찍이 다섯 번 소흥紹興에 왔다. 우리 집에서 50~60회 공연을 하였는데 가진 기예가 실로 무궁무진하였다. 팽천석은 주로 추丑와 쟁淨으로 분했다.[2] 천고의 간웅과 아첨꾼이 팽천석의 마음을 거쳐 더욱 흉악해졌고, 팽천석의 얼굴 표정을 빌어 더욱 교활해졌으며, 팽천석의 입에서 나와 더욱 음험해졌다. 팽천석은 온몸을 내던져 연기하였는데 주왕紂王[3]의 악랄함도 그처럼 심하지는 않았을 것이다. 그가 미간을 찌푸리고 바라보면 정말로 뱃속에 검

---

1 팽천석의 자세한 생애는 알 수 없다. 다만 金壇(지금의 江蘇省 金壇) 사람으로 희곡 연기를 매우 잘했다고 한다. 또 원래 부유한 집안의 자제였으나 희곡을 지나치게 좋아하여 수많은 돈을 썼다고 한다. 串戲는 비전문 배우가 전문극단에서 연기하는 것을 말한다.

2 丑과 淨은 전통 희곡의 배역이다. 丑角은 보통 악역이나 익살스러운 역할로 小花臉 또는 三花臉이라고도 한다. 文丑과 武丑으로 나뉜다. 淨角은 보통 남자가 맡는데 충신이나 명장은 正淨, 영웅이나 간신은 副淨, 용맹한 장수나 신선, 요괴는 武淨, 흉악한 무리는 二花臉라고 한다.

3 紂王: 商나라의 폭군으로 이름이 辛이다. 재위 시절 잔혹하고 포학했으며 어리석고 무능하여 나라를 망하게 했다. 대대로 고대 폭군의 대표 인물로 회자되었다.

이 있고, 웃음 속에 칼이 있으며, 기운 속에 살기가 서려 있어, 음산하기가 가히 두려울 정도였다. 무릇 팽천석의 뱃가죽에는 학문이 한가득하고, 대자연이 한가득하며, 기교가 한가득하고, 쌓인 한이 한가득한데, 풀어 버릴 곳이 없어 오직 공연으로 발산하였을 뿐이다. 내가 일전에 그의 멋진 공연을 보았는데, 비단에 곱게 싸서 후세에 오래 전하지 못한 것이 한스러울 정도였다. 일찍이 그의 공연을 어느 날 밤 하늘에 뜬 아름다운 달과 알맞은 온도로 끓인 향기로운 차에 비유한 적이 있다. 잠깐만 즐길 수 있고 실로 아무리 아껴도 부족하기 때문이었다. 옛날, 환자야桓子野[4]는 아름다운 산수를 보고 순간 "어찌할까? 어찌할까?"라고 외쳤으니, 참으로 어찌할 수 없는 것은 입이 있어도 말로 표현할 수가 없다.

彭天錫串戲妙天下, 然出出皆有傳頭, 未嘗一字杜撰. 曾以一出戲, 延其人至家, 費數十金者, 家業十萬緣手而盡. 三春多在西湖, 曾五至紹興, 到余家串戲五六十場, 而窮其技不盡. 天錫多扮丑, 淨, 千古之奸雄佞幸, 經天錫之心肝而愈狠, 借天錫之面目而愈刁, 出天錫之口角而愈險. 設身處地, 恐紂之惡不如是之甚也. 皺眉視眼, 實實腹中有劍, 笑裏有刀, 鬼氣殺機, 陰森可畏. 蓋天錫一肚皮書史, 一肚皮山川, 一肚皮機械, 一肚皮磊砢不平之氣, 無地發泄, 特於是發泄之耳. 余嘗見一出好戲, 恨不得法錦包裹, 傳之不朽; 嘗比之天上一夜好月, 與得火

4 桓子野: 東晉의 名將 桓伊(?-약 338)이다. 《世說新語 · 任誕》에 "桓子野가 매번 淸歌를 들으면 순간 '어찌할꼬!'라 하니 謝公이 듣고 '子野는 항상 깊은 정이 있다 할 수 있구나.'라 하였다.(桓子野每聞淸歌, 輒喚'奈何!' 謝公聞之曰: '子野可謂一往有深情.)"라 한 데서 나온 말이다. 환자야는 원래 淸歌를 듣고 감탄한 것인데 본문에서 장대는 山水라고 적었다.

候一杯好茶，只可供一刻受用，其實珍惜之不盡也．桓子野見山水佳處，輒呼“奈何！奈何！”真有無可奈何者，口說不出．

02
목련희目蓮戲[5]

내 온숙蘊叔[6]은 희곡의 타악기를 위해 큰 무대를 만들었다. 또 휘주徽州와 정양旌陽의 희반戲班[7]에서 동작이 민첩하고 용맹스러우며 씨름을 잘하고 치고받는 동작을 잘하는 배우 30~40명을 골라 목련희를 공연했는데, 사흘 밤낮이 걸렸다. 무대를 둘러싸고 부녀자들을 위한 작은 무대 백십 개가 있었고 배우들은 무대 위에서 기예를 보여 주었다. 예를 들면 줄타기, 줄 위에서 춤추기, 책상 넘기, 사다리 넘기, 제비넘기, 잠자리 뛰기, 단지 오르기, 절구통 오르기, 줄 뛰기, 철근 띠 뛰기, 불 뛰기, 칼 뛰기와 같은 종류인데, 대단히 희귀하였다. 무릇 하늘의 신과 땅의 신 · 우두牛頭와 마면馬面 · 귀모鬼母와 상문喪門 · 야차夜叉와 나찰羅刹 · 거마鋸磨와 정확鼎鑊 · 도산刀山과 한빙寒冰 · 검수劍樹와 삼라森羅 · 철성鐵城과 혈해血澥[8]가 오도자吳道子의 〈지옥변

5 目蓮戲: 目蓮은 目犍連 · 摩訶目犍連 · 目連이라고도 불리는 석가모니의 10대 제자 중 한 명이다. 婆羅門 출신이나 후에 불교에 귀의했다. 모친이 죽은 뒤 餓鬼道에 빠졌는데 목련의 神力으로 모친을 구했다는 전설이 있다. 이 이야기를 공연으로 편성한 것이 바로 목련희이다.

6 蘊叔: 장대의 일곱째 숙부 張燁芳(?-1615)으로, 字가 爾蘊이고 號는 七磐이다.

7 徽州旌陽戲班: 徽州의 극단과 旌陽의 예인들을 말한다. 旌陽은 지금의 安徽省 旌德인데 당시 정양의 藝人들은 휘주의 극단과 종종 합동 공연을 했다.

8 牛頭와 馬面은 염라대왕의 두 옥졸인 牛頭 귀신과 馬頭 귀신이다. 鬼母는 해산과 양육을 맡은 신이고 喪門은 죽은 지 한 달이 지나지 않은 사람의 넋으로 잡귀의 하나이다. 夜叉는 외관이 추하고 기이한 귀신으로 하늘을 날아다니며 사람을 잡

상地獄變相〉[9]과 비슷했다.

이런 종이로 만든 공연 도구를 위해 만 전錢이나 썼으니 사람들이 겁에 질려 있어 등불 아래서 보면 모두 귀신같았다. 희곡 중 투수套數,[10] 예를 들면 《초오방악귀招五方惡鬼》나 《유씨도붕劉氏逃棚》 같은 작품들은 만 명이 넘는 사람들이 일제히 함성을 질렀다. 웅태수熊太守[11]는 해적이 온 줄 알고 겁에 질려 관군을 보내 탐문하였고 숙부가 직접 가서 설명하자 그제야 비로소 안심했다. 무대가 완성되자 숙부는 대련을 적었다. 한쪽에 적기를 "원인과 결과, 삶과 죽음은 선악을 보면 그 형태에 따라오는데, 도대체 무엇을 고를 수 있을까? 도道는 밤낮으로 통하고 생사에 따라 이름이 바뀌지만 무대를 내려오면 그 사람은 그대로이다."라고 하였다. 또 다른 한쪽에는 "귀신으로 분장하니 어리석은 마음에 놀라고 당황하며 진짜로 이렇게 될까 걱정한다. 부처가 되고 보살이 되는 것을 총명한 사람은 눈을 아래로 깔고 무시하나, 잠시 맡은 배역이 끝났을 때 어찌 다시 태어나기를 기다리겠는

아먹고 해를 입힌다. 羅刹은 머리는 소 같고 손은 사람 같은 귀신이다. 원래는 악귀였는데 나중에 불가에 귀의해 수호신이 되었다. 鋸磨은 톱을 가는 기구이고 鼎鑊은 죄인을 삶아 죽이던 큰 솥이다. 刀山은 지옥에 있는 칼을 심어 놓은 산이고 寒冰은 찬 바람에 얼어 버리는 벌을 받는 지옥이다. 劍樹는 가지와 잎, 꽃과 열매가 모두 칼로 되어 있다는 지옥이고 森羅는 숲이 끊임없이 이어진 곳이다. 鐵城은 阿鼻地獄을 말하는데 철로 만들어진 지옥이고 血澥는 비가 가득한 지옥을 말한다.

9 吳道子(약 686-약 760)는 道玄이라고도 하며 陽翟(지금의 河南 禹縣) 사람이다. 唐代 유명한 화가로 후세에 畫聖이라 칭송받았다. 〈地獄變相〉은 지옥과 관련된 불교 고사를 해석한 작품이다.

10 套數: 중국 전통극에서 여러 곡을 하나로 엮은 곡을 말한다.

11 熊太守: 당시 소흥의 태수를 맡았던 熊鳴岐이다. 웅명기는 江西省 豐城 사람으로 만력 41년(1613)에 소흥지부에 부임하였다.

가?"라고 하였으니 정말 희곡으로 불법佛法을 말하였다.

余蘊叔演武場搭一大台, 選徽州旌陽戲子, 剽輕精悍, 能相撲跌打者三四十人, 搬演目蓮, 凡三日三夜. 四圍女臺百什座, 戲子獻技臺上, 如度索舞絙, 翻桌翻梯, 觔斗蜻蜓, 蹬壇蹬臼, 跳索跳圈, 竄火竄劍之類, 大非情理. 凡天神地祇, 牛頭馬面, 鬼母喪門, 夜叉羅刹, 鋸磨鼎鑊, 刀山寒冰, 劍樹森羅, 鐵城血澥, 一似吳道子地獄變相, 爲之費紙劄者萬錢, 人心惴惴, 燈下面皆鬼色. 戲中套數, 如招五方惡鬼, 劉氏逃棚等劇, 萬餘人齊聲吶喊. 熊太守謂是海寇卒至, 驚起, 差衙官偵問, 余叔自往復之, 乃安. 臺成, 叔走筆書二對. 一曰: "果證幽明, 看善善惡惡隨形答響, 到底來那個能逃? 道通晝夜, 任生生死死換姓移名, 下場去此人還在." 一曰: "裝神扮鬼, 愚蠢的心下驚慌, 怕當真也是如此. 成佛作祖, 聰明人眼底忽略, 臨了時還待怎生?" 真是以戲說法.

03

감문대의 향로甘文臺[12]爐

향로香爐는 사용하기 알맞은 게 중요한데, 특히 내화성耐火性이 중요하다. 삼대三代의 청록靑綠[13]은 불에 닿으면 타 버렸고 형요哥窯와 여요汝窯[14] 또한 마찬가지였다. 쓰기에 알맞고 불에도 강한 것으로는 선로宣爐[15]만한 게 없다. 그런데 최근 선동宣銅[16]으로 만든 향로 하나가 백사오십 금金이나 하니, 어찌 살 수 있겠는가? 북주北鑄는 시은장施銀匠 같은 것도 좋지만 조잡하여 싫증이 난다. 소주蘇州의 회인回人 감문대甘文臺는 밀납과 모래로 모형을 만들었다. 마음속으로 깊이 구상하여 구워진 향로의 색이 두 가지로 고르게 나와 선동의 모양과 구별하기 힘들 정도로 같았다. 그런데 그가 다른 사람들과 달랐던 점은 특히 구리의 재료에 있었다. 감문대는 회교回教로 불교佛教를 받들지 않아 오사장烏斯藏[17]의 불상을 보면 즉시 박살을 내고도 아무

12 甘文臺: 감문대는 明代 유명한 향로 장인으로 回族이다.

13 三代靑綠: 夏 · 商 · 周 시기의 청동기로 여기서는 특히 청동기로 만든 향로를 말한다.

14 哥窯, 汝窯: 宋代 유명한 名窯이다. 哥窯는 얼음이 분열된 무늬로 생산하는 것으로 유명하며 고대 기물의 형태를 모방하여 매우 정교하다. 汝窯는 청자 생산으로 유명한데 天靑 · 豆靑 · 粉淸 등 다양한 품종이 있다.

15 宣爐: 明代 宣德 연간에 주조한 宣德爐이다.

16 宣銅: 明宣德 연간에 궁전 세 곳에서 불이나 금 · 은 · 동으로 만든 기물들이 불에 녹아 버렸다. 나중에 고대 청동기의 모양을 본 떠 향로나 화병 같은 것으로 만들었는데, 선동이 바로 그것이다.

17 烏斯藏: 明代 西藏 지역을 가리키는 말이다.

렇지 않아 했다. 그러므로 그가 사용한 구리의 재질은 단지 선동과 같을 뿐 아니라 때로는 실제로 더 우수한 것도 있었다. 감문대는 자신이 훼손한 불상이 이미 7백 기基 남짓이라고 스스로 말했다. 나는 "회교에도 지옥이 따로 있다면 가하다."라고 하였다.

香爐貴適用, 尤貴耐火. 三代青綠, 見火即敗壞, 哥, 汝窯亦如之. 便用便火, 莫如宣爐. 然近日宣銅一爐價百四五十金, 焉能辨之? 北鑄如施銀匠亦佳, 但粗夯可厭. 蘇州甘回子文臺, 其撥蠟範沙, 深心有法, 而燒銅色等分兩, 與宣銅款致分毫無二, 俱可亂真, 然其與人不同者, 尤在銅料. 甘文臺以回回教門不崇佛法, 烏斯藏滲金佛, 見即錘碎之, 不介意, 故其銅質不特與宣銅等, 而有時實勝之. 甘文臺自言佛像遭劫已七百尊有奇矣. 余曰: "使回回國別有地獄, 則可."

04

소흥의 등 풍경紹興燈景

소흥紹興의 등불 풍경이 천하 사람들에게 칭찬을 받는 것은 다른 이유가 없다. 단지 대나무가 싸고 등이 싸며 초도 싸기 때문이다. 싸니까 집집마다 만들 수 있고 싸니까 집집마다 등을 달지 못하면 부끄럽게 여긴다. 그리하여 큰길에서부터 구불구불한 골목길까지 등과 등롱을 달지 않은 곳이 없다. 등롱에 대나무 장대 두 개로 다리를 만들고 가운데에 대나무 하나를 가로질러 끼워 설등雪燈 하나와 등구燈球 여섯 개를 매달았다. 큰길의 등은 백으로 계산하고 골목의 등은 십으로 계산한다. 골목 입구에서 골목 안을 돌아보니 등불이 겹겹이 싸여 선명하고 아름답게 휘날려 사람의 마음을 움직인다. 사거리에는 나무로 등롱을 만들어 커다란 등을 하나 매달았는데 사람들은 '태등呆燈'[18]이라 불렀다. 《사서四書》와 《천가시千家詩》[19]에 나오는 이야기를 그려 넣었고 어떤 것은 등에 관한 수수께끼를 적어 사람들이 둘러싸고 서서 맞춰 보았다. 사찰에는 나무 선반으로 등줄기와 문짝을 만들고 '경상원소慶賞元宵'와 '여민동락與民同樂'같은 글귀를 적어 넣었다. 불상 앞에는 붉은 종이를 잘라 만든 연꽃과 유리등이 백 개나 되고 불탑 모양의 등롱을 띠처럼 이어 그사이를 둘렀는데 등불

---

18 呆燈은 큰 등불이란 뜻이다. 소홍 방언에 呆는 大와 통용한다.

19 《四書》는 《大學》·《中庸》·《孟子》·《論語》이다. 《千家詩》는 宋代 謝枋得(1226-1289)의 《重定千家詩》와 明代 王相(1789-1852)의 《五言千家詩》를 합친 것이다. 초학자들의 학습을 위해 대부분 唐宋의 名詩를 수록하였다.

이 활활 타올랐다. 절 문 앞 높은 누대에서는 악기를 연주했다. 저녁 무렵 시장에는 횡가橫街의 헌정軒亭이나 회계현會稽縣 서교西橋처럼[20] 집집마다 서로 약속했기에 등불이 성대하다. 더욱 이곳에서는 사자 등놀이를 하고 악기를 연주하며 노래를 부르며 불꽃놀이를 하여 인파가 붐빈다. 좁고 구불구불한 골목에 빈터가 있으면 대두화상大頭和尚[21]을 추고 징소리와 북소리, 사람의 노랫소리가 뒤섞여 곳곳에서 구경하는 사람들로 북적였다. 성안의 부녀자들은 대부분 함께 걸으며 번화한 곳으로 가 등불을 구경했다. 그렇지 않으면 부잣집이나 가난한 집이나 문앞에 섞여 앉아 해바라기씨나 당두糖豆를 까먹고 왕래하는 남녀를 구경하다 한밤중이 돼서야 흩어졌다. 시골 마을에 사는 부부는 대부분 대낮에 성으로 들어온다. 단정하게 차려입고 여기저기 누비며 걷는데, 이를 '찬등붕鑽燈棚'이라고 하고 '주등교走燈橋'라고도 한다. 날이 맑으면 매일 볼 수 있다. 만력萬曆 연간에 부친과 숙부 일행이 용산龍山에서 등불을 켰는데[22] 대단히 떠들썩하고 성대하여 성사盛事라 칭찬하며 해마다 따라하는 사람이 있었다. 다음 해에 주상국朱相國[23] 집안이 탑산塔山[24]에서 등불을 켰고 그다음 해에

---

20 橫街는 府橫街를 말한다. 부횡가는 과거 紹興府署 앞 거리였다. 軒亭은 부횡가의 동남쪽에 있는 정자이다. 會稽縣 西橋는 회계현에 서쪽에 위치한 다리로 아직까지 남아있다. 이 두 곳은 옛날부터 소흥의 번화가였다.

21 大頭和尚: 大頭舞 혹은 羅漢舞라고 불리는 춤인데 중국 각지에서 유행하였다. 내용에 따라 〈大頭和尚戲柳翠〉나 〈月明和尚逗柳翠〉 등으로 불리며 명절이나 축하 행사 때 많이 공연한다.

22 이 일은 《陶庵夢憶》 권8 〈龍山放燈〉에 자세히 서술하였다.

23 朱相國: 주국상은 朱賡(1535-1609)이다. 《陶庵夢憶》 권3 〈朱文懿公家桂〉에 보인다.

24 塔山: 지금의 浙江省 紹興에 있는데 산에 應天塔을 세워 탑산이라고 부른다. 怪山 혹은 龜山이라고도 한다.

는 즙산蕺山[25]에서 등불을 켰다. 즙산의 가난한 집에서도 따라 하여 대나무로 만든 등롱을 이용해 종이로 만든 괴성등魁星燈을 많이 달았다. 한 경박한 자가 입에서 나오는 대로 비웃으며 말하길 "즙산의 등 풍경은 실로 과장이 심하다. 가는 대나무와 토란을 야차夜叉에 걸었으니 말이다. 만일 무늬가 무슨 물건이냐 묻는다면 손수건과 발수건을 귀신이 입은 비단으로 하였다고 답하겠다."라고 했는데 지금 생각해 보면 또한 잘못된 말은 아니다.

紹興燈景爲海內所誇者無他, 竹賤・燈賤・燭賤. 賤, 故家家可爲之; 賤, 故家家以不能燈爲恥. 故自莊逵以至窮簷曲巷, 無不燈・無不棚者. 棚以二竿竹搭過橋, 中橫一竹, 掛雪燈一, 燈球六. 大街以百計, 小巷以十計. 從巷口回視巷內, 復疊堆垜, 鮮妍飄灑, 亦足動人. 十字街搭木棚, 掛大燈一, 俗曰"呆燈", 畫四書・千家詩故事, 或寫燈謎, 環立猜射之. 庵堂寺觀以木架作柱燈及門額, 寫"慶賞元宵", "與民同樂" 等字. 佛前紅紙荷花琉璃百盞, 以佛圖燈帶間之, 熊熊煜煜. 廟門前高台鼓吹, 五夜市廛, 如橫街軒亭・會稽縣西橋, 閭里相約, 故盛其燈, 更於其地鬥獅子燈, 鼓吹彈唱, 施放煙火, 擠擠雜雜. 小街曲巷有空地, 則跳大頭和尚, 鑼鼓聲錯, 處處有人團簇看之. 城中婦女多相率步行, 往鬧處看燈; 否則, 大家小戶雜坐門前, 吃瓜子・糖豆, 看往來士女, 午夜方散. 鄉村夫婦多在白日進城, 喬喬畫畫, 東穿西走, 曰"鑽燈棚", 曰"走燈橋", 天晴, 無日無之. 萬曆間, 父叔輩於龍山放燈, 稱盛事, 而年來有效之者. 次年, 朱相國家放燈塔山. 再次年, 放燈蕺山. 蕺山以小戶效顰, 用竹棚, 多掛紙魁星燈. 有輕薄子作

25 蕺山: 지금의 浙江省 紹興에 있는 王家山으로 즙채가 많이 난다.

口號嘲之曰:“葴山燈景實堪誇, 葫篆芋頭掛夜叉. 若問搭彩是何物, 手巾脚布神袍紗.” 由今思之, 亦是不惡.

05

운산 韻山

조부께서는 노년에도 손에서 책을 놓지 않으셨고 서재에 서화 · 꽃병 · 다기를 진열하길 좋아하셨다. 며칠 지나지 않아 책을 뒤적거리다 보면 벼루에 먼지가 가득 쌓이고 책들이 거꾸로 꽂히거나 뒤섞였다. 조부께서는 늘 먼지가 쌓인 벼루의 한쪽으로 먹을 가셨고, 고개를 숙이고 눈을 종이와 붓 가까이에 대시어 서생들이 쓰는 파리 대가리만 한 작은 글씨를 띄엄띄엄 쓰셨다. 일포日晡[26]가 되어 어두워지면 책을 끼고 주렴밖으로 나가셨다. 날이 어두워 초를 태우지만 촛대가 높아 종이까지 빛이 닿지 않자 다기에 기대어 책을 끌어다 등불에 비추어 보셨다. 고개와 빛이 함께 굽어보며 매일 한밤중까지 읽으셔도 피곤해하지 않으셨다. 《운부군옥韻府群玉》 · 《오거운서五車韻瑞》[27]가 간략하고 우스운 것이 항상 유감이셔서 내용을 더하고자 하셨다. 이에 여러 책을 널리 모으시고 회남淮南 대산大山과 소산小山의 뜻을 이용하여[28] 그 일을 〈대산大山〉이라 하고 그 말을 〈소산小

26 日晡: 오후 3시에서 5시로 申時를 말한다.

27 《韻府群玉》은 元代 陰時夫가 지은 韻書이다. 총 120권으로 韻部를 106部로 나누고 각 운부 아래에 많은 어휘와 전고를 모아 실었다. 《五車韻端》은 明代 淩稚隆이 지은 韻書이다. 총 160권으로 전체를 經 · 史 · 子 · 集 · 雜으로 분류한 것이다.

28 〈大山〉, 〈小山〉: 漢 王逸의 《楚辭章句 · 招隱士序》에 보면 "옛날 淮南의 王安이 학식이 깊고 옛것을 좋아하여 천하의 인재를 불러모았다. 八公의 무리로부터 모두 그 덕을 사모하고 그 어짊에 돌아가니 각자 재능과 지혜를 다하여 책을 저술

山〉이라 하였다. 사건과 어록이 이미 본운本韻에 자세히 수록되어 있으나 간혹 다른 운목에도 수록된 것도 있으니 그것을 일러 〈타산他山〉이라 하고, 인구에 회자된 것은 〈잔산殘山〉이라 하였으며, 이를 총칭하여 《운산韻山》이라 하였다. 작은 글씨가 빼곡하여 연기에 그을려 찢어진 종이 같았는데 벽돌처럼 쌓여 3백여 권이나 되었다. 한 운목은 십여 권이나 쌓여 《운부韻府》와 《오거五車》보다 천배 이상 많았다. 거의 완성되려 할 때 의부儀部[29] 호청련胡青蓮[30]이 그의 부친이 중비서中秘書에서[31] 가지고 나온 《영락대전永樂大典》[32]이란 책을 보여 주었는데 《운산》과 비슷했다. 대질大帙은 30여 권이나 한 운목에서의 한 글자는 여전히 미진했다. 조부께서는 보시고 한숨을 쉬시며 "서낭書囊은 무궁무진한데 정위精衛라는 새가 돌을 물어 바다를 메우는 듯하니 얻은 것이 얼마나 될까?"라고 하시고 붓을 멈추고 다시 쓰지 않으셨다. 30년간의 심혈을 기울여 다른 책을 만드셨으니 그 박식함은 왕엄

하였다. 辭賦를 나누고 종류를 따르니 이러한 까닭에 어떤 것은 小山이라 하고 어떤 것은 大山이라 했다. 그 뜻은 《詩經》의 小雅와 大雅이다.(昔淮南王安博雅好古, 招懷天下俊偉之士. 自八公之徒, 咸慕其德而歸其仁, 各竭才智, 著作篇章, 分造辭賦, 以類相從, 故或稱小山, 或稱大山, 其義猶《詩》有小雅, 大雅也.)"라 하였다. 즉 여기서 말하는 대산과 소산은 소아와 대아와 같은 분류이다.

29 儀部: 禮部 관리에 대한 별칭이다.

30 胡青蓮: 明代 江西驛傳道, 光祿寺錄事 등을 지낸 관리로 本名은 胡敬辰(1636?-?)이고 字는 直卿이며 號가 青蓮이다. 浙江省 餘姚사람이며 저서로 《檀雪齋集》이 있다.

31 胡青蓮의 부친은 胡維新(1534-1506, 字 雲屏)이다. 中秘書는 황실에서 책을 소장했던 기관이다.

32 《永樂大典》: 明 永樂帝 成祖의 명에 의해 1408년에 완성된 최대의 類書이다. 經·史·子·集을 포함하여 불교·도교·의학·천문·기예 등과 관련된 서적을 총망라하여 내용별로 분류하였다. 목록만 60권에 본문은 2만 2천여 권이나 후에 대부분이 산실되어 대부분이 서목만 남아 전해진다.

주王弇州와 양승암楊升庵[33]에 못지않다. 지금 이 책은 다시 30년을 더 써도 완성할 수 없고 설사 완성한다 해도 또 판각할 힘이 없다. 붓 무덤이 산처럼 쌓였으나 가치를 발휘하지 못함에 내 깊은 안타까움을 느낀다. 병술丙戌[34]에 전란으로 내가 구리산九里山으로 가져가 장경각藏經閣에 소장했으니 후손에게 기대해 본다.

大父至老, 手不釋卷, 齋頭亦喜書畫・瓶幾布設. 不數日, 翻閱搜討, 塵堆硯表, 卷帙正倒參差. 常從塵硯中磨墨一方, 頭眼入於紙筆, 潦草作書生家蠅頭細字. 日晡向晦, 則攜卷出簾外, 就天光爇燭, 槃高光不到紙, 輒倚幾攜書就燈, 與光俱俯, 每至夜分, 不以爲疲. 常恨韻府群玉・五車韻瑞寒儉可笑, 意欲廣之. 乃博采群書, 用淮南"大, 小山"義, 摘其事曰大山, 摘其語曰小山, 事語已詳本韻而偶寄他韻下曰他山, 膾炙人口者曰殘山, 總名之曰韻山. 小字襞績, 烟煤殘楮, 厚如磚塊者三百余本. 一韻積至十餘本,韻府・五車不啻千倍之矣. 正欲成帙, 胡儀部青蓮攜其尊人所出中秘書, 名永樂大典者, 與韻山正相類, 大帙三十餘本, 一韻中之一字猶不盡焉. 大父見而太息曰: "書囊無盡, 精衛銜石填海, 所得幾何!" 遂輟筆而止. 以三十年之精神, 使爲別書, 其博洽應不在王弇州・楊升庵下. 今此書再加三十年, 亦不能成, 縱成亦力不能刻. 筆塚如山, 只堪覆甓, 余深惜之. 丙戌兵亂, 余載往九里山, 藏之藏經閣, 以待後人.

---

33 王弇州, 楊升庵: 王弇州는 明末의 文人 王世貞(1526-1590)이다. 字는 元美이고 號가 弇州山人로 太倉(지금의 江蘇省 太倉) 출신이다. 嘉靖 26년(1547)에 進士를 맡았고 후에 관직이 刑部尚書에까지 이르렀다. 後七子의 영수로 '文必西漢, 詩必盛唐'을 주장하였다. 저서로 《弇州山人四部稿》·《弇山堂別集》·《嘉靖以來首輔傳》 등이 있다. 楊升庵은 明代의 文人 楊慎(1488-1559)으로, 字는 用修이고 號는 升庵이며 新都(지금의 四川省 成都) 사람이다. 저서로 《升庵集》이 있다.

34 丙戌: 順治 3년인 1646년이다.

06 천동사 중天童寺[35]僧

무인戊寅[36]에 나는 진일생秦一生[37]과 천동사天童寺에 가서 금속金粟 스님을 만났다. 절 입구에 도착하여 만공지萬工池의 맑고 푸른 물을 보았는데 수염과 눈썹까지 비춰 볼 수 있을 것 같았다. 그 옆에 큰 솥 하나가 땅에 엎어져 있는데 스님에게 물었더니 "천동산에는 용龍이 숨어 있었는데 매번 만공지에 와서 물을 마셨습니다. 그리하여 이 물에는 오물이 들어가지 않았습니다. 정덕正德[38] 연간에 용 두 마리가 싸웠는데 5, 6백 명의 중들이 종을 쳐서 용들을 동요시키자 용이 분노하여 절을 초토화했지요. 이 솥은 바로 그때 남겨진 것입니다."라고 하였다. 대전大殿으로 들어가니 웅장하고 아름다우며 장엄했다. 방장方丈[39]에 들어가 배첩拜帖을 올렸다. 노승이 사람을 보면 때렸는데 이를 '봉갈棒喝'[40]이라 했다. 내가 방장에 앉자 노승이 천천히

---

35 天童寺: 천동사는 浙江省 寧波 鄞縣 天童山 위에 있다. 西晉 永康 元年인 300년에 지어졌고 佛教 禪宗의 5대 명산 중 하나로 東南佛國이라고 불린다.

36 戊寅: 崇禎 11년인 1638년이다.

37 秦一生: 장대의 친구로, 《陶庵夢憶》의 권1의 〈天硯〉, 권3의 〈鬥雞社〉, 권6의 〈天童寺僧〉, 권7의 〈雷殿〉과 〈阿育王寺舍利〉와 같이 여러 작품에 등장한다. 장대가 진일생을 위해 적은 〈祭秦一生文〉이 남아 있다.

38 正德: 明 武宗 朱厚照의 연호로 1506년부터 1521년까지 사용되었다.

39 方丈: 절의 住持가 머무는 곳이다.

40 棒喝: 禪宗에서 초학자들을 대하는 방법의 하나다. 초학자가 질문을 하면 승려는 말로 답하는 대신 몽둥이로 머리를 치거나 크게 소리를 질러 그 반응을 통해 깨

나왔다. 시중을 드는 두 명의 승려가 의장儀仗과 여의如意를 들고 먼저 길을 인도해 남쪽을 향해 서 있다가 "노스님 나오십니다."라고 하였다. 또 "어찌 예를 갖추지 않는가?"라고 하니 무릇 관리도 지위에 따른 예절을 따질 새도 없이 모두 절을 하였다. 내가 그대로 서서 꼼짝도 하지 않자 노승이 내려와 손님을 맞는 주인의 예를 갖추었다. 시중드는 이가 또 "노스님 어떻게 앉을까요?"라고 했고, 나는 또 그대로 서서 꼼짝도 하지 않았는데, 노승이 공손히 내게 앉으라 했다. 앉고 나서 내가 "우리 둘은 문외한이라 부처님의 도리를 모르고 또 불법도 모릅니다. 바라옵건대 노스님께서 자비를 베푸시어 분명하게 보여 주셨으면 합니다. 봉갈을 수고롭다 하지 마시고 기봉機鋒으로 떨어뜨리지도 말아 주십시오. 오직 바라는 것은 집안에서 평소 쓰는 말처럼 솔직하게 이야기해 주시는 것으로 궁극을 구하고자 합니다."라고 하였다. 노승은 고개를 끄덕여 내가 한 말을 알아듣고 나를 데리고 사원을 둘러보았다. 이른 저녁을 방장에서 먹게 하고 대단히 공손하게 예를 갖추어 대해주었다. 나는 사찰의 승장僧匠 천 5백 명을 다 보았다. 절구질하는 승려, 방아 찧는 승려, 맷돌 가는 승려, 시루에 떡을 찌는 승려, 물 길어 오는 승려, 불 때는 승려, 톱질하는 승려, 장작 패는 승려, 나물 캐는 승려, 밥하는 승려, 모두가 험상궂고 서두르는 모습이 마치 오도자吳道子의 그림 〈지옥변상地獄變相〉[41]과 비슷했다. 노승의 규칙이 엄격해서 늘 스스로 일어나 다른 사람과 부딪쳤는데 단지

달음의 정도를 파악하는 것이다.

41 吳道子(약 686-약 760)는 道玄이라고도 하며 陽翟(지금의 河南 禹縣) 사람이다. 唐代 유명한 화가로 후세에 畵聖이라 칭송받았다. 〈地獄變相〉은 지옥과 관련된 불교 고사를 해석한 작품이다.

'봉갈'만은 아니었다.

戊寅, 同秦一生詣天童訪金粟和尚. 到山門, 見萬工池綠淨可鑑須眉, 旁有大鍋覆地, 問僧, 僧曰: "天童山有龍藏, 龍常下飲池水, 故此水芻穢不入. 正德間, 二龍鬥, 寺僧五六百人撞鍾鼓撼之, 龍怒, 掃寺成白地, 鍋其遺也." 入大殿, 宏麗莊嚴. 折入方丈, 通名刺. 老和尚見人便打, 曰"棒喝". 余坐方丈, 老和尚遲遲出, 二侍者執杖·執如意先導之, 南向立, 曰: "老和尚出." 又曰: "怎麼行禮?" 蓋官長見者皆下拜, 無抗禮, 余屹立不動, 老和尚下行賓主禮. 侍者又曰: "老和尚怎麼坐?" 余又屹立不動, 老和尚肅余坐. 坐定, 余曰: "二生門外漢, 不知佛理, 亦不知佛法, 望老和尚慈悲, 明白開示. 勿勞棒喝, 勿落機鋒, 只求如家常白話, 老實商量, 求個下落." 老和尚首肯余言, 導余隨喜. 早晚齋方丈, 敬禮特甚. 余遍觀寺中僧匠千五百人, 俱舂者·碓者·磨者·甑者·汲者·爨者·鋸者·劈者·菜者·飯者, 猙獰急遽, 大似吳道子一幅地獄變相. 老和尚規矩嚴肅, 常自起撞人, 不止"棒喝".

07

수호패水滸牌[42]

고대인의 용모, 고대의 의복, 고대의 투구, 고대의 갑옷, 고대의 무기까지 장후章侯[43]의 그림은 배우고 물어본 바를 묘사했을 뿐이다. 그런데 바로 보고 사람들은 '송강宋江'이네 '우용吳用'이네 하였으니, 영웅과 충의의 기운을 필묵 사이에 쌓아 넣었기에 '송강', '우용'이라 하는 것도 마땅하다. 주공가周孔嘉[44]는 내게 장후를 재촉하라고 하였다. 주공가가 빌고 내가 재촉하여 무릇 넉 달 만에 수호패를 완성하였다. 내가 그 일의 연유를 이렇게 지었다.

"내 친구 장후는 재능이 넘쳐 천하에 빛나고 필법은 능히 귀신을 울리며 창곡昌穀이 길에서 계집종이 주머니에 토혈해 낸 시詩[45]처럼

42 水滸牌: 장대의 친구 陳洪綬(1599-1652)가《水滸傳》인물들을 그린 酒牌이다. 술자리에서 술을 권하는 놀이를 할 때 사용하였다.

43 章侯: 장후는 명대 말기의 유명한 화가인 陳洪綬(1599-1652)이다. 진홍수의 字가 바로 章侯이고 號는 老蓮이며 浙江省 諸暨 사람이다. 명조가 망한 뒤 청조를 위해 그림을 그리지 않았고 승려가 되어 조국에 대한 충절을 지켰다. 산수화와 화조화가 뛰어났고 詩文에도 능했다.《陶庵夢憶》권3에〈陳章侯〉가 수록되어 있다.

44 周孔嘉: 주공가의 자세한 생애는 알 수 없으나 장대의 친구로 보인다.

45 이 이야기는 唐代의 詩人 李商隱(813?-858?)의〈李長吉小傳〉에 보인다. "李賀는 항상 작은 하인을 따라다녔다. 나귀를 타고 나귀 등에 오래되어 떨어진 비단 주머니를 매고 다녔는데 우연히 얻으면 곧바로 적어서 주머니 속에 넣었다. 저녁에 집에 돌아와 어머니가 종에게 주머니를 받아 꺼냈는데 적은 게 많은 것을 보고 '이 아이는 마음을 다 토해야 그친다.'라 하였다.(李賀恒從小傒奴, 騎距驢, 背一

심혈을 기울인다. 난저사蘭渚寺에서 스님이 감추고 보여 주지 않는 글과 같다.[46] 아울러 힘차게 자신만의 화풍을 열어 마침내 옛사람의 그림을 보지 않았고 찾아와 부탁하면 반드시 들어주었으나 부탁하지 않으면 주지 않았다. 곽서선郭恕先이 가진 벽癖은 없었고[47] 가운賈耘 노인의 가난함을 도와주는[48] 마음 씀씀이를 좋아하였다. 《수호水滸》 40명을 그려[49] 주공가의 여덟 식구의 생계를 꾸려 주었고 송강宋江 형제들이 가진 위용을 다시 보게 하였다. 백익伯益은 《산해경山海經》을 적어 경전으로 남겼는데 짐승과 새 같은 것은 모두 모아서 천고의 기문이 되었다.[50] 오도자吳道子는 〈지옥변상地獄變

古破錦囊, 遇有所得, 即書投囊中. 及暮歸, 太夫人使婢受囊出之, 見所書多, 輒曰: '是兒要當嘔出心血乃已爾.)" 昌穀은 이하의 집이 있었던 河南 福昌으로, 이하를 말한다.

46 晉代 王羲之(303-361)는 《蘭亭宴集序》를 적고 매우 아꼈다. 왕희지가 죽고 《난정연집서》는 7대 손인 山陰 永欣寺의 승려 智永에게 전해졌고 다시 지영의 제자인 승려 辯才에게 전해졌다. 승려 변재는 그것을 소중하게 보관하여 唐 太宗이 찾아도 보여 주지 않았다. 당 태종은 변재를 속여 《난정연집서》를 훔쳐냈는데, 돌아오는 길에 소매 속에서 몰래 꺼내 보았더니 사방에서 꽃이 피었다고 한다.

47 郭恕先는 後周 말 北宋 초의 화가 郭忠恕(?~977)이다. 곽충서의 字가 恕先이다. 곽충서가 岐山 아래에 살았을 때 그림을 좋아하는 한 부자가 매일 같이 찾아왔다. 좋은 술과 음식을 주면서 오랫동안 왕래하다가 어느 날 곽충서에게 비단을 주어 그림을 그려 달라 청하였다. 곽충서는 그 비단으로 그림을 그려 아이들의 연으로 만들어 주었다. 화가 난 부자가 그 이후로 곽충서와 절교하였다.

48 賈耘: 가운은 宋代 詩人 賈收로, 號는 耘老이며 烏程(지금의 浙江省 湖州) 사람이다. 蘇軾(1037-1101)이 가난한 그의 사정을 염려하여 그림을 그려 주었다.

49 진홍수는 《수호전》의 주인공 108명 가운데 핵심 인물 40명을 뽑아 《水滸葉子》를 그렸다. 葉子는 여럿이 술을 마실 때 오락용으로 사용하는 酒牌의 하나이다. 그림과 한두 줄의 짧은 글이 적혀 있다.

50 伯益은 중국 고대 전설 속 인물이다. 伯翳, 柏翳, 伯鷖 등으로도 불리며, 《산해

相〉[51]을 그려 시퍼런 얼굴에 삐드렁니가 난 도깨비들을 맑은 기운으로 만들었다. 소장하여 주공가의 처에게 주면 매월 쌀 석 섬을 대 줄수 있고 술 두 말에 이르는 값이니 직접 가져다주어도 무방하다. 진귀하기가 유하동柳河東[52]과 같아 매일 장미로 씻고 옥으로 훈향한 뒤에야 비로소 풀어 볼 것이다. 감히 혼자 즐길 수 없으니 바라건대 그대들과 함께 감상하고 싶다."

古貌, 古服, 古兜鍪, 古鎧胄, 古器械, 章侯自寫其所學所問已耳. 而輒呼之曰"宋江", 曰"吳用", 而"宋江", "吳用" 亦無不應者, 以英雄忠義之氣, 鬱鬱芊芊, 積於筆墨間也. 周孔嘉丐余促章侯, 孔嘉丐之, 余促之, 凡四閱月而成. 余爲作緣起曰: "余友章侯, 才足掞天, 筆能泣鬼, 昌谷道上, 婢囊嘔血之詩; 蘭渚寺中, 僧秘開花之字. 兼之力開畫苑, 遂能目無古人, 有索必酬, 無求不與. 既蠲郭恕先之癖, 喜周賈耘老之貧, 畫水滸四十人, 爲孔嘉八口計, 遂使宋江兄弟, 復睹漢官威儀. 伯益考著山海遺經, 獸毨鳥氄皆拾爲千古奇文; 吳道子畫地獄變相, 青面獠牙, 盡化作一團清氣. 收掌付雙荷葉, 能月繼三石米, 致二鬥酒, 不妨持贈; 珍重如柳河東, 必日灌薔薇露, 薰玉蕤香, 方許解觀. 非敢阿私, 愿公同好."

경》의 저자로 알려져 있다. 《산해경》은 중국 최초의 지리서로 산의 계열에 따라 각종 동물과 식물, 광물에 대해 기록한 책이다.

51 吳道子(약 686-약 760)는 道玄이라고도 하며 陽翟(지금의 河南 禹縣) 사람이다. 唐代 유명한 화가로 후세에 畫聖이라 칭송받았다. 〈地獄變相〉은 지옥과 관련된 불교 고사를 해석한 작품이다.

52 柳河東: 柳宗元(773-819)으로 字는 子厚이고 河東(지금의 山西省 永濟) 사람이다. 唐代의 문인으로 여러번 폄적을 당했고 가장 마지막으로 柳州司馬에 폄적되어 柳柳州라고도 부른다. 韓愈와 더불어 古文運動을 이끈 인물이다. 저서로는 《柳河東集》이 있다.

08

연우루煙雨樓[53]

가흥嘉興 사람들이 입을 열어 연우루煙雨樓를 말하면 천하가 비웃었다. 그러나 연우루는 원래 정말 아름다웠다. 연우루의 맞은편에 앵택호鶯澤湖가 있는데 안개와 물이 자욱해 항상 비가 내릴 것 같은 모습이었다. 호숫가에는 긴 갈대와 큰 버드나무가 자라 호수의 깊은 곳과 얕은 곳에서 비쳤다. 호수에는 아름다운 배가 많았고 그 배를 미인美人이 몰았다. 이들은 책과 그림, 차와 술을 실어 손님과 연우루에서 만나기로 약속을 하였다. 손님이 오면 태워서 떠나고 연기가 자욱한 호수에 배를 정박시켰다. 몸가짐을 단정히 하고 찻물 끓이는 화로를 마주 대하니 편안하여 열흘이 지나도 돌아갈 생각을 하지 않는다. 배에서 필요한 게 있으면 선공교宣公橋와 각리가角里街[54]로 빠져나와 과일 · 채소 · 음식 · 술을 순식간에 사와 곧장 귀항한다. 버드

---

53 煙雨樓: 지금의 浙江省 嘉興 남쪽 南湖 湖心島에 있다. 처음 지어진 때는 五代였고 唐代의 詩人 杜牧(803-852?)이 〈江南春〉이라는 詩에 "천리에서 꾀고리 울고 버들잎 꽃에 비추는데 물가나 산촌에 술집 깃발 나부끼며 南朝의 480개의 절에 그 많은 누대가 안개와 빗속에 묻혀 있다.(千里鶯啼綠映紅, 水村山郭酒旗風, 南朝四百八十寺, 多少樓台煙雨中.)"라는 구절에서 인용하였다. 훗날 훼손되었으나 明 嘉靖 연간에 知府 趙瀛이 남호 호심도에 연우루를 모방한 누대를 지어 다시 연우루라 이름지었다.

54 宣公橋는 唐代 宰相 陸贄(754-805)가 만들었다고 한다. 육지는 字가 敬輿이고 謚號가 宣으로 嘉興출신이다. 선공교는 과거 嘉興城 동쪽에 있었는데 지금은 남아 있지 않다. 角里街는 浙江省 嘉興에 위치한 거리로 원래 角里坊으로 불렀다.

나무가 가득한 만과 복숭아꽃이 가득한 둑에 사로잡혀 멈춰 서서 생각하였다. 만일 인연을 만나더라도 차갑게 이별을 말하고 이름을 남기지 말아야 한다. 천녀이혼倩女離魂[55]과 문군신과文君新寡[56] 같은 일은 종종 있는데, 이 또한 남의 것을 모방한 것이다. 음탕하고 사치스러운 일이 풍류운사로 나타난 것이다. 본래 나쁜 풍습인데 나올수록 더욱 신기하다.

嘉興人開口煙雨樓, 天下笑之. 然煙雨樓故自佳. 樓襟對鴛澤湖, 涳涳濛濛, 時帶雨意, 長蘆高柳, 能與湖爲淺深. 湖多精舫, 美人航之, 載書畫茶酒, 與客期於煙雨樓. 客至, 則載之去, 艤舟於煙波縹緲. 態度幽閑, 茗爐相對, 意之所安, 經旬不返. 舟中有所需, 則逸出宣公橋, 角里街, 果蓏蔬鮮, 法膳瓊蘇, 咄嗟立辦, 旋即歸航. 柳灣桃塢, 癡迷佇想, 若遇仙緣, 灑然言別, 不落姓氏. 間有倩女離魂, 文君新寡, 亦效顰爲之. 淫靡之事, 出以風韻, 習俗之惡, 愈出愈奇.

---

55 倩女離魂: 唐 陳玄祐의 傳奇《離魂記》에서 張倩娘과 사촌 형 王宙가 사랑에 빠졌는데 장천낭의 아버지가 그녀를 다른 사람에게 시집보내기로 약속하였다. 그러자 왕주는 상경하여 장천낭과 이별한다. 장천낭은 집에서 몰래 나와 왕주와 도망쳤지만 이후 부모가 그리워 집으로 돌아갔다. 이때 왕주가 사정을 설명하기 위해 먼저 장천낭의 집에 갔는데 장천낭은 계속 병을 앓고 누워 있었다는 사실을 알게 된다. 왕주와 함께 도망친 건 장천낭의 혼백이었던 것으로 혼백과 육신이 만나 합치된다.

56 文君新寡: 漢朝의 卓文君은 16세에 시집을 갔는데 이듬해에 남편이 죽어 어린 과부가 되었다. 문군신과는 원래 탁문군의 죽은 남편을 가리키는 말이지만 나중에는 남편이 죽은 지 얼마 되지 않는 과부를 말한다. 이후 탁문군은 司馬相如와 사랑에 빠져 成都로 도망을 친다. 이와 관련된 이야기는《西京雜記》권2에서 볼 수 있다.

09
주씨의 소장품朱氏[57]收藏

주씨朱氏 집안의 소장품, 예를 들면 '용미굉龍尾觥'·'합근배合巹杯'[58] 같은 것들은 귀신같은 조각 솜씨라 세상에서 다시 볼 수 없다. 그 나머지 예를 들면 진대秦代의 구리와 한대漢代의 옥, 주대周代의 정鼎과 상대商代의 이彝[59], 가요哥窯와 왜칠倭漆[60], 창합廠盒과 선로宣爐[61], 법서法書와 명화名畫, 진대晉代의 각첩刻帖과 당대唐代의 금琴 같은 것들도 많이 가지고 있어, 분의分宜[62]와 대적할 만하니 당시 사람들의 비웃음을 샀다. 나는 골동품에 대해 잘 알고 좋아하는 것은 문인文人의 운치 있는 일이라고 하였다. 또한 풍아風雅[63]의 반열에는 조만曹瞞[64]도 배

---

57 朱氏는 대대로 관리를 지냈던 朱賡(1535-1609)의 집안을 말한다. 주갱의 字는 少欽이고 號는 金庭이다. 주갱의 딸이 장대의 할머니이다.

58 龍尾觥은 용꼬리 모양으로 만든 술잔을 말한다. 合巹杯는 혼례에서 부부가 술을 나누어 마실 때 사용하는 잔을 말한다.

59 鼎은 발이 셋 있고 귀가 둘 달린 솥이고 彝는 宗廟에서 사용하던 祭器를 말한다.

60 哥窯는 宋代 浙江省 龍泉縣에서 만들기 시작한 青磁 가마이고 倭漆은 일본의 漆器이다.

61 廠盒은 주홍색으로 조각이 매우 정교하게 된 漆盒의 하나이고 宣爐는 明 宣德 연간에 만든 구리 향로인 宣德炉이다.

62 分宜: 분의는 明朝의 권신 嚴嵩(1480-1567)으로, 字는 惟中이고 號가 分宜이며, 江西省 新餘 分宜 사람이다.

63 風雅: 여기서 風雅는 風流儒雅라는 뜻으로 고상하고 학식이 깊은, 즉 문화수양과 생활의 정취를 가진 것을 말한다.

64 曹瞞: 曹操(155-220)로, 字는 孟德이고 어릴 때의 字가 阿瞞이었다. 沛國譙縣(지

척하지 않고 감상하는 자들도 여전히 추학秋壑[65]을 보존한다고 하였다. 주씨가 소장한 시詩·문文·서書·화畫는 옛사람을 중요시하여 소장한 것인데 자손들이 잘못된 점을 본받을까 두려워하여, 돌과 금은을 움켜쥐고 소매에 넣어 논밭이나 집으로 되팔았다. 교묘한 수단으로 취하여 대대로 덕을 쌓는 일에 폐가 됨을 면할 수 없다. 듣자 하니 여러 해전 주씨의 자손이 '좌조문도坐朝問道'라는 네 개의 밭을 팔려고 했는데, 우리 외조부 난풍蘭風 선생께서 농담으로 "너는 좌조문도만 생각하는데 어찌 수공평장垂拱平章은 생각하지 않느냐?"[66]라고 하셨다. 한때 이 말이 미담으로 전해졌다.

朱氏家藏, 如"龍尾觥", "合巹杯", 雕鏤鍥刻, 真屬鬼工, 世不再見. 餘如秦銅漢玉, 周鼎商彝, 哥窯倭漆, 廠盒宣爐, 法書名畫, 晉帖唐琴, 所畜之多, 與分宜埒富, 時人譏之. 余謂博洽好古, 猶是文人韻事, 風雅之列, 不黜曹瞞, 鑒賞之家, 尚存秋壑. 詩文書畫未嘗不抬舉古人, 恒恐子孫效尤, 以袖攫石, 攫金銀以賺田宅, 豪奪巧取, 未免有累盛德. 聞昔年朱氏子孫, 有欲賣盡"坐朝問道"四號田者, 余外祖蘭風先生謔之曰: "你只管坐朝問道, 怎不管垂拱平章?" 一時傳爲佳話.

금의 安徽省 亳州) 사람이다.

65 秋壑: 賈似道(1213-1275)로, 字는 師憲이고 號가 秋壑이다. 台州(지금의 浙江 天台) 사람이다. 南宋의 유명한 간신이다.

66 坐朝問道, 垂拱平章: 이 말은 "조정에 앉아 도를 묻고 옷을 드리우고 두 손을 맞잡으면 천하가 다스려진다."는 뜻으로 《千字文》에서 인용하였다.

10

둘째 숙부의 골동품仲叔古董[67]

보생葆生 숙부는 어려서 위양渭陽[68]을 따라 여행을 다니면서 감상 능력이 정밀해졌다. 백정로白定爐・가요병哥窯瓶・관요주이官窯酒匜[69]를 갖게 되자 향묵림項墨林[70]이 5백 금에 팔라고 하였다. 둘째 숙부는 "죽을 때 가지고 갈 것이오."라며 거절하셨다. 계묘癸卯,[71] 회하淮河를 건너다 철리목鐵梨木[72]으로 만든 천연 탁자를 보셨는데, 길이가 1장丈 6척尺에 너비는 3척尺이었다. 매끄럽고 윤기가 났으며 단단

---

67 장대의 둘째 숙부의 이름은 張聯芳(1576-1644)이다. 장련방의 字는 爾堡이고 揚州司馬를 지냈다. 그림을 잘 그리고 감상 능력도 뛰어나 李流芳, 董其昌과 이름을 나란히 하였다. 《陶庵夢憶》에서 장대는 둘째 숙부에 대해 자주 언급하였다.

68 渭陽: 위양은 明代 右通政使를 지낸 朱敬循이다. 주경순의 字는 石門이고 號가 위양이며 浙江省 紹興 사람이다. 朱賡(1535-1609)의 아들이며 장대 조모의 형제이다.

69 白定爐는 宋代 유명한 가마인 定窑에서 만든 화로이다. 정요는 지금의 河北省 保定市 曲阳县에 있는데 옛 지명은 定州였다. 哥窯 역시 송대의 유명한 가마 중 하나이다. 哥窯瓶은 가요에서 구운 항아리이다. 官窯酒匜에서 官窑는 宋代 政和 연간에 京都 汴京에 설치된 관방 가마이다. 이곳에서 황실에서 사용하는 자기를 전문적으로 생산했다. 酒匜는 酒器이다.

70 項墨林: 항묵림은 명대의 소장가 項元汴(1525-1590)이다. 字는 子京이고 號가 墨林山人이며, 浙江省 嘉興 사람이다. 항원변은 수많은 골동품을 소장하였고 감상 능력도 뛰어났다고 한다.

71 癸卯: 萬曆 31년인 1603년이다.

72 鐵梨木: 철리목은 상록 교목의 일종으로, 재질이 단단하여 가구를 만드는 데 자주 사용되었고 소장가치가 뛰어나다.

하여 대단히 특이하였다. 회무淮撫 이삼재李三才[73]가 150금金을 주었지만 사지 못하였는데 둘째 숙부가 2백 금을 주고 사서 곧바로 배를 타고 떠났다. 이삼재는 매우 화가 나서 병사를 보내 쫓아갔지만 잡지 못하고 되돌아갔다. 경술庚戌[74]에는 30근斤짜리 옥돌을 얻으셨다. 햇빛 아래에서 물로 닦아보니 돌 틈에서 비취색의 빛이 새어 나와 자수정이 있음을 알고 크게 기뻐하셨다. 둘째 숙부는 옥공을 불러 주씨朱氏가 소장하던 용미굉龍尾觥과 합근배合巹杯[75]를 하나씩 모방해 만들었는데, 가격이 3천千이었고 그 나머지 부스러기도 모두 진귀한 보물이 되었다. 둘째 숙부는 수많은 돈을 벌어 소장품이 나날이 많아졌다. 무진戊辰[76] 이후에 고숙姑熟[77]에서 부관副官을 지내셨고 고소姑蘇[78]에서도 부관副官을 지내셨으며, 얼마 후에는 맹진盟津[79]에서 현령을 맡으셨다. 하남河南은 구리가 많이 나와 둘째 숙부께서 수레 몇 개를 가득 채울 정도로 많은 동기銅器를 얻으셨다. 미인고美人觚[80] 같은 건 다양한 크기로 15~16개를 가지고 계셨는데, 청록 빛이 마치 비취나 귀신의

73 李三才: 이삼재(1552-1623)의 字는 道甫이고 號는 修吾로, 본적은 陝西 臨潼(지금의 陝西省 西安)이다. 明朝의 관리로 당시 淮陽의 巡撫를 맡았다. 巡撫는 明清 시기에 지방에 파견된 감찰직이다. 청대에 정식으로 省級의 고위관직이 되었고 전국의 군권을 장악했다.

74 庚戌: 萬曆 38년인 1610년이다.

75 《陶庵夢憶》 권6 〈朱氏收藏〉에 보인다.

76 戊辰: 禎元 元年인 1628년이다.

77 姑熟: 지금의 安徽省 當塗의 옛 지명이다.

78 姑蘇: 지금의 江蘇省 蘇州의 별칭으로, 서남쪽에 姑蘇山이 있어 지어졌다.

79 盟津: 지금의 河南省 孟津 동북쪽에 속하는 지역이다.

80 美人觚: 商周 시기 青铜으로 만들어진 酒器이다. 위아래가 넓고 중간이 가늘어서 붙여진 이름이다.

눈처럼 푸른색이라 똑바로 볼 수 없을 정도였다. 그러나 연객燕客[81]에게 넘어가 하루 만에 잃어버렸다. 혹자는 용궁의 소장품이 되어 사라졌다고 하였다.

葆生叔少從渭陽游, 遂精賞鑒. 得白定爐, 哥窯瓶, 官窯酒匜, 項墨林以五百金售之, 辭曰: "留以殉葬." 癸卯, 道淮上, 有鐵梨木天然幾, 長丈六, 闊三尺, 滑澤堅潤, 非常理. 淮撫李三才百五十金不能得, 仲叔以二百金得之, 解維遽去. 淮撫大恚怒, 差兵躡之, 不及而返. 庚戌, 得石璞三十斤, 取日下水滌之, 石罅中光射如鸚哥祖母, 知是水碧, 仲叔大喜. 募玉工仿朱氏"龍尾觥"一, "合巹杯"一, 享價三千, 其餘片屑寸皮, 皆成異寶. 仲叔贏資巨萬, 收藏日富. 戊辰後, 倅姑熟, 倅姑蘇, 尋令盟津. 河南爲銅藪, 所得銅器盈數車, "美人觚"一種, 大小十五六枚, 青綠徹骨, 如翡翠, 如鬼眼青, 有不可正視之者, 歸之燕客, 一日失之. 或是龍藏收去.

81 燕客: 장대 숙부 張保生(1576-1644)의 아들 張萼으로, 號가 연객이다. 《陶庵夢憶》 권1〈天硯〉에서 장대는 연객의 벼루에 대한 애정을, 권2 〈紹興琴派〉에서 음악에 대한 취미를 적었다.

11

갹사 噱社

내 둘째 숙부[82]는 회해詼諧[83]를 좋아하셔서 경사京師에서 누중용漏仲容 · 심호신沈虎臣 · 한구중韓求仲[84]과 같은 이들과 '갹사噱社'를 만드셨다. 재잘거리는 몇 마디에 사람들은 먹던 밥을 내뿜을 정도로 포복절도하며 웃었다. 누중용은 과거시험 문장으로 유명했는데, 늘 이렇게 말했다. "우리처럼 늙은이들이 책을 읽고 글을 쓰는 건 젊은이들과 다릅니다. 젊은이들이 책을 읽는 건 빠르고 잘 드는 칼로 물건을 자르듯 예리한 눈빛으로 행간의 빈 곳을 보고 한 번 지나가면 되지요. 늙은이들은 손가락으로 글자를 짚어야 하는데 한 글자를 짚으면 그 글자뿐, 짚지 못한 건 그저 백지이지요. 젊은이의 글쓰기는 눈을 부릅뜨고 하늘을 보면 한 편의 문장이 하늘에 걸려 있는데 그러다 순식간에 떨어지면 종이 위에 쓸어 담는 것입니다. 한 번만 쓸면

82 둘째 숙부: 張聯芳(1576-1644)이다. 장련방의 字는 爾堡이고 揚州司馬를 지냈다. 그림을 잘 그리고 감상 능력도 뛰어나 李流芳, 董其昌과 이름을 나란히 하였다.

83 詼諧: 익살스럽고 우스꽝스러운 말이나 행동을 말한다.

84 漏仲容은 漏坦之로 字는 仲容이고 山陰(지금의 浙江省 紹興) 사람이다. 과거시험 문장을 잘 쓰기로 유명했지만 관리로의 삶을 살지는 않았다. 沈虎臣은 沈德符(1578-1642)로, 字는 景倩 · 虎臣 · 景伯이고 秀水(지금의 浙江省 嘉興) 사람이다. 明代의 문인이며 저서로 《萬曆野獲編》 · 《清權堂集》 · 《敝帚軒剩語》 등이 있다. 韓求仲은 韓敬(1580-?)으로, 字는 簡與 · 求仲이고 號는 止修이다. 歸安(지금의 浙江省 吳興) 사람이다. 萬曆 38년에 會試에 합격하였고 翰林院修撰을 지냈다.

바로 완성되는 것과 같습니다. 늙은이는 메스꺼움에 구토하듯 손을 입에 넣고 때려서 오물을 토해 내는데 나오는 것도 많지 않은데 늘 더러운 찌꺼기만 나올 뿐이지요."이 말은 격언格言으로, 단지 우스갯소리만은 아니다.

하루는 한구중과 둘째 숙부께서 한 손님의 연회에 초대되어 이름을 연이어 적으려 하셨다. 둘째 숙부께서 "내가 한구중보다 나이가 많으니 내 이름은 반드시 한구중 앞에 적어야 하나 머리를 주먹 같은 작은 것 위에 꿰어 놓는 격이다. 이는 상세한 주석을 앞에 쓰고 본문은 뒤에 쓰는 것과 같으니, 어찌 이런 이치가 있는가?"라고 하여 사람들이 모두 실소하였다. 심호신은 말을 함에 유독 신랄하고 기교가 뛰어났다. 둘째 숙부께서 과거 시험관이 모자를 걷어 가길 기다렸다. 이날은 매우 추웠는데, 심호신이 조롱하길, "시험관이 이미 모자를 걷어 갔으니 여기에는 모자 벗은 빈 머리만 남았네. 한 번 간 모자는 다시 오지 않으니 여기에 빈 머리만 천 년간 덜덜 떨겠구나."[85]라 하였다. 그의 익살스러운 말이 대부분 이와 같았다.

仲叔善詼諧, 在京師與漏仲容, 沈虎臣, 韓求仲輩結"噱社", 唼喋數言, 必絕纓噴飯. 漏仲容爲貼括名士, 常曰: "吾輩老年讀書做文字, 與少年不同. 少年讀書, 如快刀切物, 眼光逼注, 皆在行墨空處, 一過輒了. 老年如以指頭掐字, 掐得一個, 只是一個, 掐得不著時, 只是白地. 少年做文字, 白眼看天, 一篇現成文字掛在天上, 頃刻下來, 刷入紙上,

85 이 詩는 唐代 詩人 崔顥(704-754)의 〈黃鶴樓〉를 모방하여 지은 것이다. "昔人已乘黃鶴去, 此地空餘黃鶴樓. 黃鶴一去不復返, 白雲千載空悠悠. 晴川曆曆漢陽樹, 芳草萋萋鸚鵡洲. 日暮鄉關何處是, 煙波江上使人愁."

一刷便完. 老年如惡心嘔吐, 以手挖入齒巇出之, 出亦無多, 總是渣穢." 此是格言, 非止諧語.

一日, 韓求仲與仲叔同宴一客, 欲連名速之, 仲叔曰: "我長求仲, 則我名應在求仲前, 但綴繩頭於如拳之上, 則是細注在前, 白文在後, 那有此理!" 人皆失笑. 沈虎臣出語尤尖巧. 仲叔候座師收一帽套, 此日嚴寒, 沈虎臣嘲之曰: "座主已收帽套去, 此地空餘帽套頭. 帽套一去不復返, 此頭千載冷悠悠." 其滑稽多類此.

12

노부의 송붕魯府松棚

보국사報國寺[86]의 소나무는 가지가 늘어졌고 제멋대로 휘어져 이미 덩굴이 되었다. 그 아래로 들어가면 비틀대며 걷게 되고 몸이 움츠려져 숨쉬기가 편치 않았다. 노부魯府[87]의 옛 저택에는 소나무 두 그루가 있었는데, 높이가 한 장 다섯 자에 위로 처마까지 닿아 있었다. 힘센 가지의 형상은 마치 뱀의 등처럼 굽어 지탱하고 있었고 격노한 형상으로 비늘과 발톱을 내뻗어 얽매이지 않으려는 듯하다. 송침松針이 바늘처럼 곤두선 것이 분노가 퍼져 창같이 날카로웠다. 과거 노부를 '송붕松棚'이라 했으니 이러한 까닭에 소나무의 형태와 느낌이 시렁 같지 않은 게 없었다. 별전別殿 세 채에도 울창함이 두루 퍼져 하늘이 보이지 않을 정도로 어둡고 비가 새지 않을 정도로 빽빽하였다. 노魯 헌왕憲王[88]은 노년에 도교에 빠져 소나무 한 토막을 잘라 끌

86 報國寺: 지금의 北京市 서쪽에 있다. 遼代에 지어졌는데 당시에는 규모가 비교적 작아 小報國寺라 불렀다. 명대 초년에 훼손되었다가 成化 2년인 1466년에 재건되면서 이름을 仁慈寺로 고쳤는데, 사람들은 여전히 보국사라고 불렀다.

87 魯府: 明 太祖 朱元璋(1328-1398)의 열째 아들 朱檀(1370-1389)이 산동성 연주에 하사받은 藩王 관사이다. 장대의 부친이 魯府右長史를 지냈기에 장대는 노번과 관련된 이야기를 잘 알고 있었다. 〈魯藩煙火〉에서도 노번에서의 불꽃 놀이에 대한 이야기를 적었다.

88 魯 憲王: 8대 魯王 朱壽鋐(?-1636)이다. 萬曆 29년(1601) 노왕에 봉해져 35년간 재위하였다.

어안고 잤다. 오랜 시간이 지나자 매끄럽고 반질거렸고 술에 취해 얼굴이 붉어지듯 혈기가 도는 듯하였다.

報國寺松, 蔓引鞸委, 已入藤理. 入其下者, 蹣跚局蹐, 氣不得舒. 魯府舊邸二松, 高丈五, 上及簷甃, 勁竿如蛇脊, 屈曲撐距, 意色酣怒, 鱗爪拿攫, 義不受制, 鬣起針針, 怒張如戟. 舊府呼“松棚”, 故松之意態情理無不棚之. 便殿三楹盤鬱殆遍, 暗不通天, 密不通雨. 魯憲王晚年好道, 嘗取松肘一節, 抱與同臥, 久則滑澤酣酡, 似有血氣.

13

일척설一尺雪

'일척설一尺雪'은 작약芍藥의 한 품종으로 나는 연주兗州[89]에서 본 적이 있다. 꽃잎은 순백색이고 수염도 없고 꽃도 없었다. 연홍색의 꽃술도 없고 붉은빛이나 자주빛도 한 점 없었다. 양기름처럼 희고 학의 깃 촉처럼 가늘며 겹겹이 싸인 사이로 혀를 내민 듯한 모양으로, 분처럼 곱고 눈처럼 비옥하였다. 위 · 아래 · 사방 3척尺으로 피었고 줄기는 작고 가늘어 지탱할 힘이 부족한데 꽃술이 연꽃만 하여 줄기에 작은 막대를 묶어 지탱하게 하였다. 장강長江 이남의 지방에서는 '일척설'이 유명하지만 품종이 없다. 품종이 있어도 재배할 만한 토양이 없으니 무릇 연주가 아니면 쉽게 볼 수 없었다. 연주에서 작약은 보리를 재배하듯 밭을 연결하였다. 꽃이 피면 손님을 불러 연회를 열었다. 길가에 시렁을 만들고 문을 꾸미고 벽을 만들고 장막을 세우며 주렴을 끼우고 자리를 만들고 계단을 깔았는데, 여기에 모두 작약을 사용하니 하루에 수천 송이를 썼지만 아끼지 않았다. 내가 옛날 연주에 있을 때 친구들이 날마다 수백 송이의 작약을 따서 내 거처로 보냈는데, 아무렇게나 쌓아 두어 정말 어떻게 처리해야 할지 방법이 없었다.

---

89 兗州: 지금의 山東省 兗州이다.

一尺雪爲芍藥異種, 余於兗州見之. 花瓣純白, 無須萼, 無檀心, 無星星紅紫, 潔如羊脂, 細如鶴翮, 結樓吐舌, 粉豔雪腴. 上下四旁, 方三尺, 幹小而弱, 力不能支, 蕊大如芙蓉, 輒縛一小架扶之. 大江以南, 有其名無其種, 有其種無其土, 蓋非兗勿易見之也. 兗州種芍藥者如種麥, 以鄰以畝. 花時宴客, 棚於路, 彩於門, 衣於壁, 障於屏, 綴於簾, 簪於席, 茵於階者, 畢用之, 日費數千勿惜. 余昔在兗, 友人日剪數百朵送寓所, 堆垜狼藉, 真無法處之.

14

국해菊海

연주兗州[90]의 장씨張氏와 나는 국화를 보려고 성에서 5리里 떨어진 곳으로 갔다. 내가 그 화원에 도착하여 정원이라는 곳은 모두 다 돌아보았고 또 정원이 아닌 곳도 두루 돌아다녔는데 국화를 한 포기도 보지 못했으니, 이상했다. 잠시 후 정원의 주인이 나타나 우리를 푸른 공터로 데려갔다. 그곳에는 갈대로 만든 헛간이 세 칸 있었는데 주인이 정중히 나를 불러 내가 두루 살펴보았다. 감히 국화라고 말할 수도 없는, 그야말로 국화 바다가 펼쳐졌다. 헛간은 삼면이었고 삼층으로 화단을 쌓아 국화의 높이에 맞추었다. 국화꽃 중에 크기가 도자기만 한 것은 둥글지 않은 게 없었고 갑옷 같지 않은 게 없었으며 금색과 은색의 연잎 모양이 아닌 게 없었다. 색깔도 선명하고 아름다워 보통의 국화와는 달랐다. 푸른 잎은 층층이 겹쳐져 하나도 일찍 떨어진 게 없었다. 이는 하늘의 도道이고 땅의 힘이며 사람의 정성이니, 하나라도 부족하면 불가능하다. 연주의 관리들은 왕부王府의 기풍을 따르는데 국화를 감상하는 날에 탁자 · 걸상 · 등 · 향로 · 소반 · 상자 · 대야 · 그릇 · 술잔 · 찻주전자 · 장막 · 방석 · 술 · 밀가루 음식 · 옷의 꽃무늬까지 국화가 아닌 게 없다. 밤에 촛불을 켜 비춰보면 더욱 돋보이니 밝은 날에 비해 몇 층이 더 떠오르는 듯하였다.

---

90 兗州: 지금의 山東省 兗州이다.

자리가 끝나 갈대 주렴을 치우고 밤이슬을 맞았다.

兗州張氏期余看菊, 去城五里. 余至其園, 盡其所爲園者而折旋之, 又盡其所不盡爲園者而周旋之, 絕不見一菊, 異之. 移時, 主人導至一蒼莽空地, 有葦廠三間, 肅余入, 遍觀之, 不敢以菊言, 眞菊海也. 廠三面, 砌壇三層, 以菊之高下高下之. 花大如瓷甌, 無不球, 無不甲, 無不金銀荷花瓣, 色鮮豔, 異凡本, 而翠葉層層, 無一早脫者. 此是天道, 是土力, 是人工, 缺一不可焉. 兗州縉紳家風氣襲王府, 賞菊之日, 其桌, 其杌, 其燈, 其爐, 其盤, 其盒, 其盆盎, 其肴器, 其杯盤大觥, 其壺, 其幃, 其褥, 其酒, 其面食, 其衣服花樣, 無不菊者. 夜燒燭照之, 蒸蒸烘染, 較日色更浮出數層. 席散, 撤葦簾以受繁露.

15
조산曹山[91]

만력萬曆 갑진甲辰[92]에 조부께서 조산曹山을 유람하셨는데 사자바위 아래에서 큰 연주회를 벌이셨다. 석량石梁[93] 선생께서 장난삼아 산신山神이 되어 격문을 지어 조부를 토벌하는 글을 지으셨는데, 소명태자昭明太子[94]의 말을 본받아 "네가 악기로 내 산을 더럽혔다."고 하셨다. 조부께서도 격문을 지어 꾸짖으시길 "누가 귀신같은 솜씨라고 했는가? 결국 가짜 산과 연못일 뿐이다!"[95]라고 하니 석궤石簣[96] 선생이 석량 선생을 비웃으며 "문인文人이구나. 어찌 그 예봉을

---

91 曹山: 지금의 浙江省 紹興에 있다.

92 萬曆甲辰: 萬曆 32년인 1604년이다.

93 石梁: 陶奭齡(?-1640)으로, 字는 君奭이고 號가 石梁이다. 會稽(지금의 浙江省 紹興) 사람이며 저서로 《歇庵集附錄》이 있다.

94 昭明太子: 南朝 梁武帝의 長子인 蕭統(501-531)으로, 字는 德施이고 諡號가 昭明이다. 즉위하기 전에 사망하여 소명태자라 불린다. 《文選》을 편선하였다.

95 殘山剩水는 원래 唐 杜甫의 詩 〈陪鄭廣文遊何將軍山林十首〉의 "남은 물은 滄江의 물이고 가산은 碣石처럼 열렸다.(剩水滄江破, 殘山碣石開.)"라는 구절이다. 인공적으로 만들어진 산과 연못을 말한다. 이후 宋 範成大의 詩 〈萬景樓〉의 "남은 산과 물이 얼마나 될까(殘山剩水不知數)"에서도 인용되었는데, 그 후 나라가 망하거나 전쟁으로 변해 버린 자연 경물을 가리키는 말로 사용되었다. 본문에서 장대의 조부는 조산이 인공적으로 만들어진 산이기에 산신의 격문을 조롱했고 거기에 옛 시를 인용한 것이다.

96 石簣: 陶望齡(1562-1609)으로, 陶奭齡의 형이다. 도망령의 字는 周望이고 號가 石簣이다. 會稽(지금의 浙江省 紹興) 사람이다. 明 萬曆 17년(1589)에 會試에 급

범할 수 있겠느냐! 스스로 인정하는 것만 못하니 '잔산승수殘山剩水' 넉 자가 석벽에 새겨져 있다."라고 하였다. 이전 사람의 말을 인용하는 것이 이처럼 신중했다. 조석탕曹石宕은 외조부의 방생지라 30년이 넘게 수백 수천만 마리의 물고기를 방생하였다. 한번은 연못에서 수만 개의 횃불이 하늘을 비추자 물고기 · 새우 · 마름풀이 빛에 붙어 은하수까지 올라가는 광경을 보기도 하였다. 내가 어렸을 적 어머니를 따라서 조산의 절에 와서 불공을 드렸는데 큰 대바구니에 수박 네 개를 담아 연못에 담갔다. 잠시 뒤에 바위 아래에서 큰소리가 들리더니 물보라가 일어 10여 장이나 튀어 올랐다. 세 척 배의 닻줄이 끊어지고 파도 속으로 뒤집혀 충격을 받아 거의 부서졌다. 뱃사공이 황급히 일어나 보니 배만 한 큰 물고기가 입에 수박을 물고 꼬리를 흔들며 내려갔다.

萬曆甲辰, 大父游曹山, 大張樂於獅子岩下. 石梁先生戱作山君檄討大父, 祖昭明太子語, 謂若以管弦汚我岩壑. 大父作檄罵之, 有曰: "誰云鬼刻神鏤, 竟是殘山剩水!" 石簣先生嗤石梁曰: "文人也, 那得犯其鋒, 不若自認, 以'殘山剩水'四字摩崖勒之." 先輩之引重如此. 曹石宕爲外祖放生池, 積三十餘年, 放生幾百千萬, 有見池中放光如萬炬燭天, 魚蝦荇藻附之而起, 直達天河者. 余少時從先宜人至曹山庵作佛事, 以大竹簏貯西瓜四, 浸宕內. 須臾, 大聲起岩下, 水噴起十餘丈, 三小舟纜斷, 顚翻波中, 沖擊幾碎. 舟人急起視, 見大魚如舟, 口啟四瓜,

제하여 翰林院編修가 되었고 이후 관직이 國子監祭酒까지 올랐다. 도망령은 평생 王守仁의 학설을 따랐고 詩文을 잘 지었다. 저서로 《歇庵集》, 《解莊》, 《天水閣集》 등이 있다.

掉尾而下. 乃瀦溪爲塹, 系巨魚數十頭. 有客至, 輒取魚給鮮. 日晡, 必步冷泉亭, 包園, 飛來峰. 一日, 緣溪走看佛像, 口口罵楊髡. 見一波斯坐龍象, 蠻女四五獻花果, 皆裸形, 勒石志之, 乃眞伽像也. 余椎落其首, 並碎諸蠻女, 置溺溲處以報之. 寺僧以余爲椎佛也, 咄咄作怪事, 及知爲楊髡, 皆歡喜贊歎. 纜斷, 顚翻波中, 沖擊幾碎. 舟人急起視, 見大魚如舟, 口欱四瓜, 掉尾而下.

16

제경공묘의 화준齊景公墓花樽[97]

하두霞頭 심검사沈僉事[98]가 벼슬을 하러 외지에 있을 때 제경공묘齊景公墓가 발굴되었다. 발굴된 유물은 동두銅豆[99] 세 개와 큰 화준花樽 두 개였다. 동두는 평범하여 특이한 게 없었다. 화준은 높이가 3척尺이고 중간을 묶은 듯 잘록했으며 입구가 네모반듯 넓었다. 사면이 창처럼 삐쭉하고 꽃문양과 짐승의 머리가 새겨져 있는데 굵기도 적당하였으니, 이것은 삼대三代의 법물法物이었다. 나중에 건양乾陽 유태공劉太公[100] 손에 들어가자 내가 한번 보고 싶었으나, 유태공은 주고 받는 걸 엄격히 하여 내가 감히 한마디도 청하지 못했다. 그

---

97 齊景公: 春秋 시기 齊 나라의 왕으로, 이름은 薑杵臼(?-기원전490)이다. 齊 靈公의 아들이자 齊 莊公의 아우이다. 제 경공이 죽자 지금의 山東省 淄博에서 장사를 지냈는데, 明代에 도굴되었고 건국 이후에 그 주변에서 殉馬坑을 발견하였다. 樽은 고대의 酒器로, 花樽은 꽃문양이 있는 것을 말한다.

98 霞頭는 紹興城 西郭門 밖에 있는 지역이다. 沈僉事는 沈煉(1507-1557)으로, 字는 純甫이고 號는 青霞이며 會稽(지금의 浙江省 紹興) 사람이다. 明 嘉靖 17년에 進士가 되었고 저서로 《青霞集》이 있다. 僉事는 관직명으로 金代에 按察司의 부속 관직이다. 안찰사는 지방의 司法과 감찰을 맡은 장관이다. 明代에도 이어졌으며 고정된 인원이 없이 지역에 따라 파견되었다.

99 銅豆: 청동으로 만든 그릇이다. 豆는 고대 음식을 담는 데 사용한 그릇으로 높은 발 접시 같은 모양이다.

100 乾陽劉太公: 明代 廣西布政使를 지낸 劉毅(1559-1618)를 말한다. 류의의 字는 健甫이고 號가 乾陽이다.

러다 유태공이 월서粵西[101]의 관리가 되자 장모께서 가지고 와 내 서재에 두셨다. 내가 먼지를 털고 닦아내자 기이한 빛을 발했다. 매화를 꽂고 물을 부었더니 땀이 비 오듯 쏟아졌는데 조금 지나니 물이 말랐다. 꽃이 지고 열매가 열렸는데 참새알만큼 컸다. 내가 2년간 소장하다 유태공이 월서에서 돌아와 감출까도 생각했지만, 장모의 뜻을 상하게 할까 두려워 즉시 돌려주었다. 나중에 중도위에게 속아서 결국 백 금에 팔아 버렸으니 안타깝다. 내 듣기로 흡현歙縣에 사는 아무개 가묘家廟에 있다고 한다.

霞頭沈僉事宦游時, 有發掘齊景公墓者, 跡之, 得銅豆三, 大花樽二. 豆樸素無奇. 花樽高三尺, 束腰拱起, 口方而敞, 四面戟楞, 花紋獸面, 粗細得款, 自是三代法物. 歸乾劉陽太公, 余見賞識之, 太公取與嚴, 一介不敢請. 及宦粵西, 外母歸余齋頭, 余拂拭之, 爲發異光. 取浸梅花, 貯水, 汗下如雨, 逾刻始收, 花謝結子, 大如雀卵. 余藏之兩年, 太公歸自粵西, 稽覆之, 余恐傷外母意, 亟歸之. 後爲駔儈所啖, 竟以百金售去, 可惜. 今聞在歙縣某氏家廟.

101 粵西: 지금의 廣西省 일대로, 劉毅가 廣西布政使를 지냈다.

도암몽억 陶庵夢憶

卷 7

01
서호향시西湖香市[1]

서호西湖의 향시香市는 화조花朝[2]에 시작하여 단오端午에 끝난다. 산의 동쪽 사람들은 향을 사르러 매일 보타사普陀寺로 가고 가흥嘉興과 호주湖州 사람들은 향을 사르러 매일 천축사天竺寺로 간다. 이들이 도착하면 서호 사람들과 함께 물건을 사고파는데, 그리하여 향시라고 말한다. 그러나 향을 사르는 사람들은 삼천축三天竺[3]에서도 물건을 살 수 있고, 악왕분嶽王墳에서도 살 수 있으며, 호심정湖心亭에서도 살 수 있고, 육선공사陸宣公祠[4]에서도 살 수 있다. 물건을 살수 있는 곳이 많은데 유독 소경사昭慶寺[5]로만 몰려든다. 소경사 양쪽의 긴 복도는 그렇게 해서 매일같이 물건을 사고팔았는데 삼대팔조三代八朝[6]

---

1 香市: 보통 명절이 되면 사찰 주변에 임시 장터가 형성되는데 그것을 향시라고 하였다. 대부분 향이나 향화지를 팔았다.

2 花朝: 고대의 민간 전통명절인 花朝節이다. 中原과 西南지역에는 매년 음력 2월 초이틀이고 東北과 江南지역은 3월 15일이다.

3 三天竺: 杭州 天竺山에 있는 세 사찰을 말한다. 즉 上天竺法喜講寺, 中天竺法淨禪寺, 下天竺法鏡講寺이다.

4 陸宣公祠: 西湖 孤山의 산자락에 있다. 明 世宗 朱厚熜 유모의 아들 陸炳이 지었다.

5 昭慶寺: 옛터는 杭州 西湖 寶石山 동쪽으로 五代 後晉에 지어졌는데 조대를 거쳐 훼손과 복원을 반복하다 현재는 없어졌다. 장대가 쓴 《西湖夢尋》 권1 〈昭慶寺〉에서 자세히 적어 놓았다.

6 三代八朝: 三代는 夏·商·周이고 八朝는 漢·魏·晉·宋·齊·梁·陳·隋를 말한다.

의 골동품, 만이민맥蠻夷閩貊의 진귀한 물건들이 다 모인다. 향시에 가보면 소경사의 대전의 가운데와 양쪽 복도의 위아래, 연못의 좌우와 절 입구의 안쪽과 바깥쪽으로, 지붕이 있으면 자리를 깔고 지붕이 없으면 가건물을 지었다. 가건물 밖으로 차양을 만들고 차양 밖으로 또 자리를 깔아 사방 곳곳이 마디마디 가득 찼다. 무릇 연지, 비녀, 귀걸이, 상아로 만든 자, 가위부터 경전經典, 목어木魚, 아이들이 가지고 노는 장난감 같은 것들까지 없는 게 없었다. 이때는 따뜻한 봄이라 복숭아와 버드나무가 어여쁘고 악기 연주와 청아한 목소리가 조화롭다. 기슭에는 남겨진 배가 없고 여관에도 남은 손님이 없으며 주점에는 남은 술이 없다. 원석공袁石公[7]이 이른바 "산색은 예쁜 눈썹 같고 꽃색은 볼 같으며, 따스한 바람은 술 같고 파도의 문양은 비단 같다."라고 하여 이미 서호의 3월을 전부 표현해 내었다. 여기에 또 향배객들이 섞이니 색다른 광경이다. 세련된 도시 남녀라도 시골 남녀의 단장을 이길 수 없고, 난초의 향기도 합향合香[8]과 고수의 향기를 이길 수 없다. 관현악기의 소리도 북과 생황의 떠들썩함을 이길 수 없고, 정이鼎彝의 기이함도 흙으로 만든 사람, 대나무, 말의 인기를 이길 수 없으며, 송원宋元의 명화名畫도 서호의 풍경도나 불도佛圖의 종잇값을 이길 수 없다. 도망가고 쫓아가듯, 달려가고 뒤쫓아가듯, 치고받으며 길을 열어 주지 않고 사방에서 끌고 당기고 하여 가만히 있을 수가

---

7 袁石公: 袁宏道(1568-1610)로 字는 中郎이고 號가 石公이다. 湖廣 公安(지금의 湖北省 公安) 사람이다. 明代 公安派의 대표 인물로 復古에 반대하고 性靈說을 주장했다. 원굉도는 형 袁宗道와 아우 袁中道를 합해 三袁이라 불린다. 본문에 인용된 글은 원굉도의 〈初至西湖記〉이다.

8 合香: 蘇合香에서 축출한 향료이다.

없다. 수십 수백만의 남녀노소가 매일 소경사의 사방을 에워쌌다가 넉 달이 지나서야 그친다. 아마 장강 동쪽으로는 결코 이런 곳은 없을 것이다. 숭정崇禎 경진庚辰[9] 3월에 소경사가 불탔다. 이해부터 신사辛巳 · 임오壬午[10]까지 기근이 들어 백성들이 거의 굶어 죽었다. 임오에 청나라 병사가 산의 동쪽을 끊어 버려 향배객도 끊겼다. 오는 사람이 없으니 시장도 폐장했다. 신사 여름에 나는 항주에 있었는데 본 것이라고는, 성안에 굶어 죽은 이들을 들어 성 밖으로 내보내려고 연장을 지고 서로를 부여잡는 광경이었다. 당시 항주 태수太守 유몽겸劉夢謙[11]은 변량汴梁 사람이었는데, 태수의 고향에서 가을바람을 쐬러 온 사람들이 서호에 머물렀다. 태수는 매일같이 소송에서 얻은 돈을 보내 주었다. 어떤 경박한 자가 고시古詩를 고쳐 태수를 책망하길, "산이 아직 푸르지 않고 누대도 쌓지 않았는데 서호의 노래와 춤이 일시에 멈췄다. 따스한 바람이 불어 죽은 자의 악취가 풍기니 되돌려 항주를 변주로 보낸다."[12]라고 하였으니 서호실록이라 할 만하다.

---

9 崇禎 庚辰: 崇禎 13년으로 1640년이다.

10 辛巳, 壬午: 崇禎 辛巳는 14년으로 1641년이고 壬午는 15년으로 1642년이다.

11 劉夢謙: 羅山(지금의 河南省 羅山) 사람으로 崇禎 11년부터 항주의 태수로 부임했다.

12 이 시는 원래 南宋의 詩人 林升(1123-1189)의 〈題臨安邸〉이다. "산 밖에도 청산이고 누대 밖에도 누대라, 서호의 가무는 언제나 그칠까? 따스한 바람이 불어 놀러 온 이들을 취하게 하니 항주를 변주로 만든 셈이구나.(山外青山樓外樓, 西湖歌舞幾時休. 暖風吹得遊人醉, 直把杭州作汴州.)"

西湖香市, 起於花朝, 盡於端午. 山東進香普陀者日至, 嘉, 湖進香天竺者日至, 至則與湖之人市焉, 故曰香市. 然進香之人市於三天竺, 市於嶽王墳, 市於湖心亭, 市於陸宣公祠, 無不市, 而獨湊集於昭慶寺. 昭慶兩廊故無日不市者, 三代八朝之古董, 蠻夷閩貊之珍異, 皆集焉. 至香市, 則殿中邊甬道上下, 池左右, 山門內外, 有屋則攤, 無屋則廠, 廠外又棚, 棚外又攤, 節節寸寸. 凡胭脂簪珥, 牙尺剪刀, 以至經典木魚·伢兒嬉具之類, 無不集. 此時春暖, 桃柳明媚, 鼓吹清和, 岸無留船, 寓無留客, 肆無留釀. 袁石公所謂"山色如娥, 花光如頰, 溫風如酒, 波紋如綾", 已畫出西湖三月. 而此以香客雜來, 光景又別. 士女閑都, 不勝其村妝野婦之喬畫; 芳蘭薌澤, 不勝其合香芫荽之薰蒸; 絲竹管弦, 不勝其搖鼓欱笙之聒帳; 鼎彝光怪, 不勝其泥人竹馬之行情; 宋元名畫, 不勝其湖景佛圖之紙貴. 如逃如逐, 如奔如追, 撩撲不開, 牽挽不住. 數百十萬男男女女, 老老少少, 日簇擁於寺之前後左右者, 凡四閱月方罷. 恐大江以東, 斷無此二地矣. 崇禎庚辰三月, 昭慶寺火. 是歲及辛巳, 壬午洊饑, 民強半餓死. 壬午, 虜鯁山東, 香客斷絕, 無有至者, 市遂廢. 辛巳夏, 余在西湖, 但見城中餓殍舁出, 扛挽相屬. 時杭州劉太守夢謙, 汴梁人, 鄉里抽豐者多寓西湖, 日以民詞饋送. 有輕薄子改古詩誚之曰: "山不青山樓不樓, 西湖歌舞一時休. 暖風吹得死人臭, 還把杭州送汴州." 可作西湖實錄.

02

녹원사의 방시鹿苑寺方柿[13]

소산蕭山[14]의 방시는 껍질이 푸른 건 맛이 없고 껍질은 붉으나 과육이 문드러진 것도 맛이 없다. 나무 꼭대기에 달려 붉고 연근처럼 단단하면서도 잘 부스러지는 것이야말로 최상품이라고 할 만하다. 그러나 그런 감은 어쩌다 얻을 수 있고 또 많이 얻을 수도 없다. 나는 일전에 수박이 6월에 익으면 하늘이 내려 준 복을 누릴 수 있다고 말한 적이 있다. 가을 배가 가을에, 방시와 녹시綠柿[15]가 겨울에 익으면 시기를 놓칠 수밖에 없다. 병술丙戌[16]에 나는 병란을 피해 서백산西白山[17]으로 갔는데 녹원사 앞뒤로 십여 그루의 여름 방시가 있었다. 6월 무더위에 감이 참외만큼 컸다. 얼음과 눈을 씹는 듯 부스러져 눈에도 선명한데, 적당한 조리법이 없으면 떫어서 입에 넣을 수 없었다. 현지인은 뽕잎으로 국을 끓여 식힌 뒤 소금을 약간 넣고 독에 넣어 감을 담그고 가득 채운 뒤 이틀을 묵혔다가 먹었는데 이상하게 더 신선했다. 내가 소산의 감을 먹어보았는데 떫은맛이 많이 나

13 鹿苑寺: 지금의 浙江省 紹興 嵊州에 위치한 절이다. 南朝 宋 元嘉 연간에 지어졌고 上鹿苑寺와 下鹿苑寺가 있는데 본 작품에서는 하녹원사를 말한다. 方柿는 모양이 각진 감으로 보통의 감보다 약간 큰 것이다.

14 蕭山: 지금의 浙江省 蕭山이다.

15 綠柿: 산이나 들에 저절로 나서 자라는 돌감을 말한다.

16 丙戌: 順治 3년인 1646년이다.

17 西白山: 지금의 浙江省 嵊州 서쪽에 있다.

이 방법을 알려 주길 청하였다.

蕭山方柿, 皮綠者不佳, 皮紅而肉糜爛者不佳, 必樹頭紅而堅脆如藕者, 方稱絕品. 然間遇之, 不多得. 余向言西瓜生於六月, 享盡天福; 秋白梨生於秋, 方柿, 綠柿生於冬, 未免失候. 丙戌, 余避兵西白山, 鹿苑寺前後有夏方柿十數株. 六月歊暑, 柿大如瓜, 生脆如咀冰嚼雪, 目爲之明, 但無法制之, 則澀勒不可入口. 土人以桑葉煎湯, 候冷, 加鹽少許, 入甕內, 浸柿沒其頸, 隔二宿取食, 鮮磊異常. 余食蕭山柿多澀, 請贈以此法.

03
서호칠월반 西湖七月半[18]

서호西湖의 7월 15일은 볼만한 건 하나도 없지만 7월 15일을 구경 나온 사람은 볼만하다. 7월 15일을 구경하러 온 사람은 다섯 부류로 볼 수 있다. 하나, 누선樓船을 타고 악기를 연주하며 고관들이 성대한 연회를 연다. 등불을 밝히고 배우가 노래하여 소리와 빛이 어지럽게 섞여 있다. 이들은 명목상 달구경을 한다지만 실제로 달구경을 하는 건 아닌, 이들을 구경한다. 둘, 또 망루가 있는 배에 명문가의 귀부인이 아름다운 동자를 데리고 있다. 웃음과 울음이 뒤섞여있고 누대에 둘러앉아 이리저리 쳐다본다. 몸은 달 아래에 있지만 실제로는 달을 보지 않는, 이들을 구경한다. 셋, 또 배가 있고 또 노랫소리가 들리니 유명한 기생과 한가한 중들이 가볍게 술을 마시고 나지막하게 노래를 부른다. 부드러운 관악기와 가냘픈 현악기 소리가 들리고 피리와 사람의 목소리가 서로 울린다. 이들 또한 달 아래에 있고 또 달을 구경하지만 남이 달 구경하는 자신들을 보아주기 바라는, 이들을 구경한다. 넷, 배도, 수레도 없고 웃옷도, 두건도 걸치지 않은 채 술에 취하고 배불리 먹은 자들이 삼삼오오 모여 있다. 인파를 헤집고

---

18 西湖七月半: 七月半은 中元節, 즉 음력 7월 15일이다. 죽은 자를 위해 제사를 지낸다. 西湖는 浙江省 杭州의 서쪽에 있는 호수다. 장대를 비롯 白居易 · 蘇軾 · 袁宏道 등 여러 문인이 서호에 대한 애정을 갖고, 그와 관련된 문장을 지었다. 오늘날 서호는 2011년 6월에 유네스코 세계문화유산에 등재된 유명 관광지이다.

소경사昭慶寺과 단교斷橋[19]사이를 고래고래 소리 지르며 일부러 취한 척을 하며 곡조 없는 노래를 부른다. 이들은 달도 구경하고, 달 구경하는 사람도 구경하며, 달 구경하지 않는 사람도 구경하나 실제로는 아무것도 구경하지 않는, 이들을 구경한다. 다섯, 작은 배에 얇은 장막을 드리우고 정갈한 그릇과 따스한 화로를 두었다. 차를 달이는 탕관을 끓여 흰 자기에 담아 가만히 건넨다. 친한 벗과 가인佳人이 함께 앉아 달을 맞이하는데 나무 그늘에 몸을 숨기는 이도 있고 이호裏湖로 소란을 피해 도망간 이도 있다. 이들은 달구경을 하는데 다른 사람은 이들이 달 구경하는 모습을 보지 못한다. 일부러 달 구경하는 척하지 않는, 이들을 구경한다. 항주杭州 사람들의 서호 유람은 사시巳時에 나가 유시酉時[20]에 돌아오는데 달을 마치 원수 대하듯 피한다. 이날 저녁은 좋은 구실이 생겼으니 무리를 지어 앞다투어 나간다. 성문을 지키는 문지기에게 수고비를 주어 위로하고 가마꾼들은 횃불을 높이 들고 호숫가에서 나란히 기다린다. 배 한 척이 들어오면 뱃사공에게 빨리 단교로 가라고 재촉하며 성대한 연회에 들어간다. 이 때문에 이고二鼓[21]가 되기 전까지 사람 소리와 악기 소리가 마치 끓는 물처럼 진동하니, 악몽을 꾸고 잠꼬대하듯 귀머거리가 되고 벙어리가 된 듯 귀청을 찢는다. 크고 작은 배들이 일제히 해안가로 모여들면 아무것도 보이지 않는다. 오직 상앗대가 서로 부딪치고 배들이 부딪치며 어깨들

19 昭慶寺는 서호 근처에 있는 절이고 斷橋는 서호 동쪽 끝에 위치한 白提를 말한다. 백제는 唐代 詩人 白居易(772-846)가 杭州刺史를 지냈을 때 지었다고 전해진다. 완만한 아치형이라 겨울에 눈이 내리면 다리에 쌓인 눈이 일부만 녹아 멀리서 봤을 때 마치 다리 한가운데가 끊어진 것처럼 보인다 하여 단교라고도 불린다.

20 巳時는 오전 9시에서 11시 사이이고 酉時는 오후 5시에서 7시 사이이다.

21 二鼓: 二更, 즉 밤 9시에서 11시 사이를 말한다.

이 부딪히고 얼굴끼리 비집고 있는 모습만 보일 뿐이다. 잠시 후 흥이 다하고 관부의 연회도 끝나니 하인들이 길을 비키라고 소리를 지른다. 가마꾼들은 배에 탄 사람들을 불러 성문이 곧 닫힌다고 으른다. 등불과 횃불이 별무리처럼 빛나고 사람들은 우르르 몰려나간다. 호숫가에 있던 사람들도 무리를 지어 성문으로 향하여 사람들이 점점 작아지다가 순식간에 다 흩어져 버렸다. 우리 일행은 그제야 호숫가에 배를 댄다. 단교의 돌계단이 차가워지기 시작하자 그 위에 주안을 마련하여 손님을 불러 마음껏 술을 마신다. 이때 달은 새로 간 거울 같고 산은 다시 단장한 모습 같으며 호수는 새로 씻은 얼굴 같다. 아까 가볍게 술 마시고 나지막하게 노래 부르던 사람들이 나오고 나무 그늘 아래 숨었던 사람들도 나왔다. 우리 일행은 인사를 나누고 서로 끌어당겨 앉았다. 운치 있는 벗이 오고 유명한 기녀도 왔으며 술잔과 젓가락을 놓고 피리 소리와 노랫소리가 시작되었다. 달빛이 서늘해지고 동녘이 밝아 오자 비로소 손님들이 흩어졌다. 우리 일행은 배를 타고 나아가 십 리 연꽃 안에서 한숨 달게 잤다. 꽃향기가 풍겨 와 맑은 꿈을 꾸니 흡족했다.

西湖七月半, 一無可看, 止可看看七月半之人. 看七月半之人, 以五類看之. 其一, 樓船簫鼓, 峨冠盛筵, 燈火優傒, 聲光相亂, 名爲看月而實不見月者, 看之. 其一, 亦船亦樓, 名娃閨秀, 攜及童孌, 笑啼雜之, 環坐露臺, 左右盼望, 身在月下而實不看月者, 看之. 其一, 亦船亦聲歌, 名妓閑僧, 淺斟低唱, 弱管輕絲, 竹肉相發, 亦在月下, 亦看月, 而欲人看其看月者, 看之. 其一, 不舟不車, 不衫不幘, 酒醉飯飽, 呼群三五, 躋入人叢, 昭慶·斷橋, 嘄呼嘈雜, 裝假醉, 唱無腔曲, 月亦看, 看月者亦看, 不看月者亦看, 而實無一看者, 看之. 其一, 小船輕幌, 淨幾暖爐, 茶鐺旋煮, 素瓷靜遞, 好友佳人, 邀月同坐, 或匿影樹下, 或逃囂裏湖, 看月而人不見其看月之態, 亦不作意看月者, 看之. 杭人遊湖, 巳出酉歸, 避月如仇, 是夕好名, 逐隊爭出, 多犒門軍酒錢, 轎夫擎燎, 列俟岸上. 一入舟, 速舟子急放斷橋, 趕入勝會. 以故二鼓以前, 人聲鼓吹, 如沸如撼, 如魘如囈, 如聾如啞, 大船小船, 一齊湊岸, 一無所見, 止見篙擊篙, 舟觸舟, 肩摩肩, 面看面而已. 少刻興盡, 官府席散, 皂隸喝道去, 轎夫叫船上人, 怖以關門, 燈籠火把如列星, 一一簇擁而去. 岸上人亦逐隊趕門, 漸稀漸薄, 頃刻散盡矣. 吾輩始艤舟近岸, 斷橋石磴始涼, 席其上, 呼客縱飲. 此時, 月如鏡新磨, 山復整妝, 湖復頮面. 向之淺斟低唱者出, 匿影樹下者亦出, 吾輩往通聲氣, 拉與同坐. 韻友來, 名妓至, 杯箸安, 竹肉發. 月色蒼涼, 東方將白, 客方散去. 吾輩縱舟, 酣睡於十里荷花之中, 香氣拍人, 清夢甚愜.

04

급시우及時雨[22]

임신壬申[23] 7월에 마을마다 비를 기원하여 매일같이 조신해귀潮神海鬼로 분장하고 앞다투어 침을 뱉었다. 우리 마을 사람 하나가 《수호전水滸傳》을 연기하였는데, 그가 이렇게 말하였다. 《수호전》을 그린 화가로 용면龍眠과 송설松雪, 그리고 최근의 장후章侯까지 있는데, 이들은 모두 시내암施耐庵[24]만 못하다. 그러나 만일 얼굴을 검게 하지 않고, 수염을 곱슬곱슬하게 하지 않으며, 투구를 종이로 만들지 않고, 칼과 지팡이를 나무로 많이 들지 않으며, 전기를 억지로 지어내지 말고, 과양강戈陽腔[25]을 쓰지 않았다면 십중팔구는 된 것이다.

---

22 及時雨: 급시우는 《水滸傳》의 등장인물로, 梁山泊의 우두머리 宋江의 별명이다. 송강은 의협심이 강하고 위기에 강한 인물이다. 사람들은 송강이 '때맞춰 내리는 단비와 같다'하여 급시우라 불렀다.

23 壬申: 崇禎 5년인 1632년이다.

24 龍眠은 宋代의 유명한 화가 李公麟(1049-1106)으로, 字는 伯時이고 號가 龍眠居士이다. 廬江 舒城(지금의 安徽省 桐城) 사람이며 御史檢法, 朝奉郎을 지냈다. 松雪은 宋代의 유명한 서예가이자 화가 趙孟頫(1254-1322)로, 字는 子昂이고 號가 松雪道人이다. 吳興(지금의 浙江省 湖州) 사람이며 翰林院學士承旨, 榮祿大夫를 지냈다. 章侯는 陳洪綬(1599~1652)로, 字는 章侯이고 號는 老蓮이며 浙江省 諸暨 사람이다. 명말의 유명한 화가이자 나라가 망한 뒤 승려가 되어 청조를 위해 그림을 그리지 않았다. 산수화와 화조화가 뛰어났고 시문에도 능했다. 《陶庵夢憶》 권3에 〈陳章侯〉가 수록되어 있다. 施耐庵(1296-약1371)은 明末의 소설가로 《水滸傳》의 저자이다. 본명은 彥端이고 興化(지금의 江蘇省 興化) 사람이다.

25 戈陽腔: 弋陽腔으로, 희곡 곡조의 하나이다.

그래서 역할을 맡길 사람을 사방으로 찾았다. 얼굴이 검고 키가 작은 사내를 찾았고 키가 조금 크고 건장한 사내도 찾았다. 행각승을 찾았고 뚱뚱하고 몸집이 큰 승려도 찾았다. 건장한 부녀자도 찾았고 몸매가 날씬하고 기다란 부녀자도 찾았다. 얼굴이 푸른 자도 찾았고 고개가 비뚤어진 자도 찾았다. 수염이 붉은 자도 찾았고 수염이 아름다운 자도 찾았다. 얼굴이 검고 몸집이 큰 사내도 찾았고 붉은 얼굴에 긴 수염을 가진 사내도 찾았으니, 성안을 대대적으로 수색하였다. 성안에 없으면 외곽으로, 시골로, 산속으로, 이웃의 부府・주州・현縣으로 가서 찾았는데, 비싼 돈을 주더라도 초빙하여 36명을 찾아 내었다. 양산박의 호걸들이 하나하나 살아 있는 듯 모여들었다. 사람과 말이 나란히 행진하고 구경꾼들은 에워싸며 마치 과거 위개衛玠[26]를 죽이는 광경을 보려는 듯하였다. 오설숙五雪叔이 광릉廣陵에서 돌아오면서[27] 각종 비단을 많이 사와 그것으로 여덟 편의 대각臺閣[28]을 만들었다. 그중 여섯은 뇌부雷部, 하나는 대사大士, 나머지 하나는 용궁龍宮으로 하였는데, 모두 화려하고 아름다워서 보는 사람들의 눈을 빼앗고 기마저도 빼앗았다. 무릇 대각이 탄생한 이래로 이만큼 화려한 것은 있었지만 장중한 것은 없었고, 이만큼 아름다운 것은 있었지만 이렇게 우아한 것도 없었다. 이렇게 화려하고 장중하며 아름답고 우아한 것은 있었지만, 정취가 있고 문리文理가 있는 것은 없었다. 어느 가벼운 자

26 衛玠: 위개(285-312)는 西晉의 名士로 용모가 아름다워 밖에 나가면 여자들이 앞다투어 보았다고 한다. 위개가 외출을 하면 그를 보려고 몰린 사람들이 인산인해를 이루었고 그렇게 시달린 위개는 27세의 나이에 요절하였다.

27 五雪叔은 장대의 당숙으로 본명은 알 수 없다. 張五泄를 오기한 게 아닌가 한다. 廣陵은 지금의 江蘇省 揚州이다. 《陶庵夢憶》 권8의 〈巘花閣〉에 같은 내용이 있다.

28 臺閣: 宋代 百戲의 하나이다. 주로 신선이나 귀신이 허공을 날아다니는 내용이다.

가 말하길, "다른 것으로 대체하거나 빼지 마라, 모든 것이 정밀하게 잘 되어 있다."라고 하였다. 막내 할아버지 남화노인南華老人[29]이 이상해하며 내게 묻기를, "《수호전》과 비를 기원하는 게 무슨 의미가 있느냐? 근래에 우리 산에도 도적이 일어났거늘 또 도적을 환영하는 까닭은 무엇인가?"라고 하였다. 내가 고개를 숙이고 생각해 보니 과연 터무니 없어 할 말이 없었다. 천천히 생각해 보고 대답하길, "있습니다. 36천강天罡[30]이 다 숙태위宿太尉[31]에서 묵었습니다. 큰 간판 여섯 개를 만들어, 두 개는 '뜻을 받들어 평안을 부른다.'고 적고, 하나는 '바람과 비가 순조롭다.'고 적었습니다. 또 '도적이 사라지자 백성이 편안하다.'라고 쓰고 더 크게 쓰길, '때맞춰 내리는 비(及時雨)' 두 개를 적어, 앞에서 이끌었으니까요."라고 하였다. 구경꾼들이 기뻐하며 감탄했고 남화노인도 웃음을 감추며 떠났다.

壬申七月, 村村禱雨, 日日扮潮神海鬼, 爭唾之. 余里中扮水滸, 且曰: 畫水滸者, 龍眠, 松雪, 近章侯, 總不如施耐庵, 但如其面勿黛, 如其髭勿鬣, 如其兜鍪勿紙, 如其刀杖勿樹, 如其傳勿杜撰, 勿戈陽腔, 則十得八九矣. 於是分頭四出, 尋黑矮漢, 尋梢長大漢, 尋頭陀, 尋胖大和尚, 尋茁壯婦人, 尋姣長婦人, 尋青面, 尋歪頭, 尋赤須, 尋美髯,

---

29 막내 할아버지 남화노인은 張汝懋이다. 장여무의 號는 芝人, 亭芝公이다. 萬曆 41년(1613)에 進士를 지냈고 休宁縣令과 御史, 大理寺丞 같은 관직을 지냈다. 南華山房의 주인이라 南華老人이라 불렸다.

30 天罡: 天罡星으로 北鬥星의 柄이다. 道教에서는 北鬥星이 36개로 이루어졌다고 여겼다. 이를 바탕으로 《水滸傳》에서는 天罡星 36과 地煞星 72를 바탕으로 梁山泊 108명을 구성하였다.

31 宿太尉: 《水滸傳》에서 양산박의 뜻을 받들어 양산의 호한을 모집한 宿遠景이다.

尋黑大漢, 尋赤臉長須, 大索城中. 無則之郭, 之村, 之山僻, 之鄰府州縣, 用重價聘之, 得三十六人. 梁山泊好漢, 個個呵活, 臻臻至至, 人馬稱娖而行, 觀者兜截遮攔, 直欲看殺衛玠. 五雪叔歸自廣陵, 多購法錦宮緞, 從以臺閣者八: 雷部六, 大士一, 龍宮一, 華重美都, 見者目奪氣亦奪. 蓋自有臺閣, 有其華無其重, 有其美無其都, 有其華重美都, 無其思致, 無其文理. 輕薄子有言: "不替他謙了也, 事事精辦." 季祖南華老人喃喃怪問余曰: "水滸與禱雨有何義味? 近余山盜起, 迎盜何爲耶?" 余俯首思之, 果誕而無謂, 徐應之曰: "有之. 天罡盡, 以宿太尉殿焉. 用大牌六, 書'奉旨招安'者二, 書'風調雨順'者一, '盜息民安'者一, 更大書'及時雨'者二, 前導之." 觀者歡喜贊歎, 老人亦匿笑而去.

05

산정자山艇子[32]

용산龍山[33]은 헌화각巘花閣[34]에서 서쪽으로 뼈대가 다 드러나 한 폭이라도 좋은 장면을 얻으면 명가名家들의 작품이 절정에 달한다. 산정자석山艇子石은 더욱 외로운 느낌인데 절벽 사이에서 노을에 깎이며 흙에 닿지 않으려는 듯하다. 큰 녹나무가 그 위로 기울어졌으나 돌은 받아주지 않는 형상이다. 그러나 녹나무는 돌을 원망하지 않고 그 아래로 굽어 돌과 바짝 붙어 있다. 돌의 사방 너비는 석 장丈이고 오른쪽이 움푹 파여 대나무가 아니었다면 바닥이 드러났을 것이다. 그러나 대나무가 몹시 괴이하여 홀로 자랐으니 실제로 돌에 의지한 것도 아니었다. 대나무의 마디는 좁고 잎이 가늘며 가지런해 고슴도치의 털 같기도 하고 다람쥐 꼬리 같기도 하였다. 길쭉길쭉하고 삐죽삐죽하여 살짝 닿아도 베이고 다쳐 무언가에 놀란 것 같았다. 대나무는 마치 자신이 당대의 제일이라 뽐내며 둘째가라면 서러워하는 듯하다. 혹자는 "옛 금착도今錯刀이다."[35]라고 하였고, 또 어떤 이는 "대나무가 돌에서 자랐으니 흙이 별로 없고 뿌리가 좀먹었다. 그리하

---

32 山艇子: 장대가 공부하던 곳으로 浙江省 紹興 龍山의 서남쪽에 있다.

33 龍山: 浙江省 紹興 서쪽에 위치한 산으로 누운 용과 같은 형상이라 臥龍山이라고도 한다.

34 巘花閣: 《陶庵夢憶》 권8에 〈巘花閣〉이 수록되어 있다.

35 今錯刀: 원문의 '今'은 '金'의 오자로 보인다. 金錯刀는 황금으로 글자를 새긴 옛 화폐로 그 모양이 대나무처럼 길쭉하다.

여 구불구불하고 빽빽하니 황산黃山의 소나무같다."라고 하였다. 산정자의 녹나무는 돌에서 시작하여 대나무가 중간을 차지하고 누각에서 끝난다. 긴 누각도 나무보다 뛰어나지 않으니 정자[역자주 艇子, 배]라고 이름 지은 것 같다. 그러나 탐욕이 병이라, 오직 돌을 향해 있지만 돌은 도리어 신경 쓰지 않는다. 만일 누각에서 한 장 떨어져 있다면 녹나무도 드러나고 대나무 또한 다 드러날 것인데 대나무와 돌 사이의 의미를 담원淡遠으로 취하였다.

龍山自巘花閣而西皆骨立, 得其一節, 亦盡名家. 山艇子石, 意尤孤孑, 壁立霞剝, 義不受土. 大樟徙其上, 石不容也, 然不恨石屈而下, 與石相親疏. 石方廣三丈, 右坳而凹, 非竹則盡矣, 何以淺深乎石. 然竹怪甚, 能孤行, 實不藉石. 竹節促而虬, 葉毨毨, 如蝟毛, 如松狗尾, 離離矗矗, 捎捩攢擠, 若有所驚者. 竹不可一世, 不敢以竹二之. 或曰: 古今錯刀也. 或曰: 竹生石上, 土膚淺, 蝕其根, 故輪囷盤鬱, 如黃山上松. 山艇子樟, 始之石, 中之竹, 終之樓, 意長樓不得竟其長, 故艇之. 然傷於貪, 特特向石, 石意反不之屬, 使去丈而樓, 壁出樟出, 竹亦盡出. 竹石間意, 在以淡遠取之.

06

현초정懸杪亭

내가 여섯 살 때 부친을 따라 현초정懸抄亭에서 책을 읽었다. 기억하기로는 가파른 절벽 아래 나무와 돌이 서로 떠받치고 있었다. 흙은 없었고 비각飛閣과 높은 당堂이 빗처럼 촘촘히 줄지어 있었다. 절벽의 가장자리로 올라가면 관목과 높은 나무가 있어 처마를 가로지른다. 두심언杜審言의 "나무 끝에 옥당玉堂이 걸려 있다.(樹杪玉堂懸)"는 시구[36]를 인용하여 현초懸杪라고 이름 지었는데, 밧줄을 타고 나무를 찾는 게 대단히 특이했다. 나중에 중숙仲叔[37]이 그 낭떠러지 아래에 오두막집을 지었는데, 용맥龍脈[38]에 방해가 된다는 풍수가의 말을 믿고 온갖 방법으로 사들여 하룻밤 사이에 철거하여 잡초만 무성한 곳으로 만들었다. 어린 시절 즐겁게 지내던 이곳을 이젠 종종 꿈속에서만 찾아간다.

36 杜審言(645-708)은 唐代의 관리이자 문인으로 杜甫의 할아버지이다. 字는 必簡이고 鞏縣(지금의 河南省 鞏縣) 사람이다. 저서로 《杜審言集》이 있다. 樹杪玉堂懸은 '나무 끝에 옥당이 걸려 있다'는 뜻으로 〈蓬萊三殿侍宴奉敕詠終南山應制〉에 보인다. "북두성은 성 가장자리에 걸려 있고 남산은 궁전 앞에 기대어 있다. 구름 위 금빛 궁궐은 멀리 있고 나무 끝에 玉堂이 걸려 있는 듯하다.(北斗挂城邊, 南山倚殿前. 雲標金闕迥, 樹杪玉堂懸.)"

37 仲叔: 장대의 둘째 숙부 張聯芳(1576-1644)이다. 장련방의 字는 爾堡이고 揚州司馬를 지냈다. 그림을 잘 그리고 감상 능력도 뛰어나 李流芳, 董其昌과 이름을 나란히 하였다.

38 龍脈: 풍수지리에서 산의 정기가 흐르는 곳으로 보통 제왕이 탄생하거나 묻히는 곳을 말한다.

余六歲隨先君子讀書於懸抄亭, 記在一峭壁之下, 木石撐距, 不藉尺土, 飛閣虛堂, 延駢如櫛. 緣崖而上, 皆灌木高柯, 與簷甃相錯. 取杜審言"樹杪玉堂懸"句, 名之"懸杪", 度索尋樟, 大有奇致. 後仲叔廬其崖下, 信堪輿家言, 謂礙其龍脈, 百計購之, 一夜徒去, 鞠爲茂草. 兒時怡寄, 常夢寐尋往.

07

뇌전雷殿[39]

뇌전雷殿은 용산龍山[40] 마반강磨盤岡 아래에 있다. 전무숙왕錢武肅王[41]이 이곳에 봉래각蓬萊閣을 세웠는데 부서진 돌이 아직도 남아 있다. 뇌전 앞 석대는 높고 시원하며 교목喬木은 성글다. 6월에 달이 남쪽에서 비추면 나무들도 달을 가리지 않았다. 나는 매일 목욕을 한 뒤 진일생秦一生 · 석전상인石田上人 · 평자平子[42] 등을 끌고 석대에 가서 앉아 시원한 바람을 쐬며 맛있는 음식과 함께 향설주香雪酒[43]를 마셨다. 병아리콩을 까서 먹고 오룡정烏龍井 물을 마셨는데, 차가운 물이 이에 부딪혔다. 오후에 사람을 시켜 수박을 물에 담갔다가 저녁에 쪼개 먹으면 몸이 떨릴 정도로 추워 삼복더위를 식힐 수 있었다. 숲속에는 매가 많은데 사람들 소리를 들으면 놀라서 날아올라 구름

39 雷殿: 浙江省 紹興 龍山 磨盤岡 아래에 위치한 雷公殿이다.

40 龍山: 浙江省 紹興 서쪽에 위치한 산으로, 누운 용과 같은 형상이라 臥龍山이라고도 한다.

41 錢武肅王: 吳越國의 개국왕 錢鏐(852-932)로, 字는 具美이고 謚號가 武肅이다. 錢塘 臨安(지금의 浙江省 臨安) 사람이다.

42 秦一生은 장대의 친구이다. 《陶庵夢憶》의 권1의 〈天硯〉, 권3의 〈鬥雞社〉, 권6의 〈天童寺僧〉, 권7의 〈雷殿〉과 〈阿育王寺舍利〉와 같은 여러 작품에 등장한다. 장대가 진일생을 위해 적은 〈祭秦一生文〉도 남아 있다. 石田上人은 소흥성에 있는 戒珠寺의 승려로, 자세한 생애는 알 수 없다. 上人이 승려에 대한 존칭이니 석전은 법명일 것이다. 平子는 장대의 아우 張峰으로 字가 平子이다.

43 香雪酒: 紹興의 전통 술인데 호박 같은 노란색이며 도수가 비교적 높다.

속에서 울음소리를 내며 반나절이 지나도 내려오지 않았다.

雷殿在龍山磨盤岡下，錢武肅王於此建蓬萊閣，有斷碣在焉. 殿前石臺高爽，喬木蕭疏. 六月，月從南來，樹不蔽月. 余每浴後拉秦一生，石田上人，平子輩坐臺上，乘涼風，攜肴核，飲香雪酒，剝雞豆，啜烏龍井水，水涼冽激齒. 下午著人投西瓜浸之，夜剖食，寒栗逼人，可讎三伏. 林中多鶻，聞人聲輒驚起，磔磔雲霄間，半日不得下.

08

용산의 눈龍山[44]雪

천계天啟 6년[45] 12월, 많은 눈이 내려 석 자쯤 쌓였다. 저녁이 다 되어 눈이 그치자 나는 용산龍山에 올라 성황묘 문턱에 앉았다. 이개생李岕生 · 고미생高眉生 · 왕원생王畹生 · 마소경馬小卿 · 반소비潘小妃가 함께였다.[46] 온 산이 눈에 뒤덮여 달빛이 비쳤으나 빛을 발하지 못하고 눈 위에서 새하얗게 빛나고 있었다. 오래 앉아 있자니 추워졌다. 노복이 술을 가지고 와 내가 억지로 큰 잔을 가득 채운 뒤 들이켜 추위에 맞섰다. 술기운이 서서히 올라왔지만 쌓인 눈을 들이마신 듯하여 취하지 않았다. 마소경이 노래를 부르고 이개생이 퉁소를 불어 그와 화음을 맞추었으나, 차가운 기운에 목이 메어 소리가 제대로 나오지 못했다. 삼고三鼓[47]에 돌아가 잤다. 마소경과 반소비는 서로 끌어안고 백보가百步街에서부터 비틀거리며 내려와 곧바로 산기슭에 이르러 눈으로 목욕을 한 듯 온몸에 눈을 묻히고 일어났다. 나는 작은 양두 수레를 타고 얼음을 끌며 돌아왔다.

---

44 龍山: 浙江省 紹興 서쪽에 위치한 산으로 누운 용과 같은 형상이라 臥龍山이라고도 한다.

45 天啟 6년: 1626년이다.

46 李岕生 · 高眉生 · 王畹生 · 馬小卿 · 潘小妃, 이들은 장대 집안의 배우이다. 《陶庵夢憶》 권4 〈張氏聲妓〉에 보인다.

47 三鼓: 三更, 즉 밤 23시에서 새벽 1시 사이를 말한다.

天啟六年十二月, 大雪深三尺許. 晚霽, 余登龍山, 坐上城隍廟山門, 李岕生, 高眉生, 王畹生, 馬小卿, 潘小妃侍. 萬山載雪, 明月薄之, 月不能光, 雪皆呆白. 坐久清冽, 蒼頭送酒至, 余勉強擧大觥敵寒, 酒氣冉冉, 積雪欱之, 竟不得醉. 馬小卿唱曲, 李岕生吹洞簫和之, 聲爲寒威所懾, 咽澀不得出. 三鼓歸寢. 馬小卿, 潘小妃相抱從百步街旋滾而下, 直至山趾, 浴雪而立. 余坐一小羊頭車, 拖冰凌而歸.

09

방공지龐公池[48]

방공지龐公池에는 일 년 내내 배를 띄우지 못한다. 밤에 배를 띄우는 것은 물론이거니와 하물며 달구경을 하기 위해서 배를 띄우는 일도 그렇다. 내가 산정자山艇子[49]에서 공부한 뒤부터 작은 배를 연못에 남겨 두고 달이 뜬 밤이 되면 밤마다 나가 성곽을 따라 북해北海 둑까지 5리里를 왕복하며 그 사이를 맴돌았다. 산 뒤의 인가人家는 문을 닫고 베개를 높이 베고 자는지라 등불조차 보이지 않았다. 조용하고 어두컴컴하니 쓸쓸하면서도 애처로운 기분이 들었다. 나는 돗자리를 깔고 배 위에 누워 달을 감상했고 어린 하인은 뱃머리에서 노래를 불렀는데, 취기와 꿈이 뒤섞이며 노랫소리가 점점 멀어졌다. 달 또한 점점 흐릿해지더니 멍하게 잠에 빠졌다. 노래가 끝나자 문득 잠에서 깨었다가 몽롱한 가운데 칭찬을 해 주고 잠시 후 다시 코를 골았다. 어린 하인도 하품을 하며 쓰러져 비스듬히 서로를 베개 삼아 잠을 잤다. 뱃사공이 배를 돌려 해안에 도착하여 상앗대로 툭툭 치며 일어나라고 재촉했다. 이때 가슴이 탁 트이고 후련하여 조금의 응어리도 없어졌다. 한 번 달게 자고 저녁 무렵에야 비로소 일어났는데 세상에 무엇을 두고 근심이라는지 모르겠다.

---

48 龐公池: 龍山 서쪽 기슭에 있는 연못으로 王公池 혹은 西園이라고도 한다.

49 山艇子: 와룡산 위에 있는 커다란 돌이다. 《陶庵夢憶》 권7에 〈山艇子〉가 수록되어 있다.

龐公池歲不得船, 況夜船, 況看月而船. 自余讀書山艇子, 輒留小舟於池中, 月夜, 夜夜出, 緣城至北海阪, 往返可五里, 盤旋其中. 山後人家, 閉門高臥, 不見燈火, 悄悄冥冥, 意頗淒惻. 余設涼簟, 臥舟中看月, 小傒船頭唱曲, 醉夢相雜, 聲聲漸遠, 月亦漸淡, 嗒然睡去. 歌終忽寤, 含糊贊之, 尋復鼾齁. 小傒亦呵欠歪斜, 互相枕藉. 舟子回船到岸, 篙啄丁丁, 促起就寢. 此時胸中浩浩落落, 並無芥蒂, 一枕黑甜, 高春始起, 不曉世間何物謂之憂愁.

10

품산당 어탕品山堂魚宕[50]

20년 전 나는 대부분의 시간을 중향국衆香國[51]에서 지냈다. 낮에는 성안에 갔다가도 밤이 되면 반드시 나왔다. 품산당品山堂에 소나무가 한 그루 있었는데 다리를 쭉 뻗고 앉은 듯한 모양에 수관樹冠이 물에 들어갈 정도로 뻗어 있었다. 연못의 크기는 3무畝로 연꽃이 해안에서 피기 시작하여 수백 수천의 연꽃 송이가 신선하고 아름다웠다. 비가 오면 연잎에 맺힌 이슬을 모아 술을 끓였는데 향기가 진하게 풍겼다. 문밖의 어탕은 가로로 3백여 무畝의 크기로, 대부분 마름과 가시연을 심었다. 작은 마름은 생강눈 같아 바로 따서 먹으면 연밥처럼 부드럽고 건란建蘭처럼 향기로워 가히 대적할 맛이 없었다. 늦가을에는 서리를 견딘 귤이 하나하나 붉게 익었는데, 터지지 않은 것은 따지 않았다. 겨울이 되면 고기잡이를 구경했는데, 천여 척의 어선이 연못에 즐비하게 늘어서 있었다. 그물을 가진 이는 끼우고, 큰 어망을 가진 이는 감아 매며, 작살을 가진 이는 그물질을 하고, 올가미를 가진 이는 뿌리고, 나무 그물을 가진 이는 물속에 가라앉히며, 걸이를 가진 이는 들어 올렸으니, 물이 전부 흙탕물이 되어 토장土漿[52]처럼 탁해졌다. 물고기가 그물에 들어간 것은 파닥거렸고, 그물에서

---

50 魚宕: 물고기를 기르는 호수이다.

51 衆香國: 장대의 父親 張耀芳(1574-1632)이 지은 정원이다.

52 土漿: 황토 땅을 파서 그 속에서 나오는 물로, 地漿이라고도 한다.

빠져나간 물고기도 파닥거렸다. 한 치의 작은 물고기도 전부 수면 위로 떠올랐다. 어선을 모아 물고기를 나누고 보니 어세魚稅로 3백여 근이 나왔다. 붉은 아가미와 흰 배로 어선을 가득 채워 돌아왔다. 나는 우리 형제들과 만날 약속하여 신선한 생선을 삶아 먹고 실컷 술을 마시며 날이 어두워진 뒤에야 흩어졌다.

二十年前強半住眾香國, 日進城市, 夜必出之. 品山堂孤松箕踞, 岸幘入水. 池廣三畝, 蓮花起岸, 蓮房以百以千, 鮮磊可喜. 新雨過, 收葉上荷珠煮酒, 香撲烈. 門外魚宕, 横亙三百餘畝, 多種菱芡. 小菱如薑芽, 輒采食之, 嫩如蓮實, 香似建蘭, 無味可匹. 深秋, 橘奴飽霜, 非個個紅綻不輕下剪. 季冬觀魚, 魚艓千餘艘, 鱗次比櫛, 罱者夾之, 罛者扣之, 籓者罨之, 罺者撒之, 罩者抑之, 罜者舉之, 水皆泥泛, 濁如土漿. 魚入網者圉圉, 漏網者噞噞, 寸鯇纖鱗, 無不畢出. 集舟分魚, 魚稅三百餘斤, 赤鰓白肚, 滿載而歸. 約吾昆弟, 烹鮮劇飲, 竟日方散.

11

송화석松花石[53]

송화석松花石은 조부께서 소강서瀟江署[54]에서 얻은 것이다. 송화석은 강어귀 신사神祠에 있었는데 그곳 사람들은 가축을 도살하여 신에게 제사를 지냈고 송화석에 털과 피를 뿌려 공경의 뜻을 보였다. 송화석은 핏자국과 털로 뒤덮여 거의 보이지 않았다. 조부께서 관서에 들고 가 직접 씻으시고, 그것을 '석장石丈'이라 부르시며 〈송화석기松花石紀〉를 쓰셨다. 지금은 돌계단 아래에 버려져 꽃 담는 항아리가 되어 당초 사용하던 용도와는 더 이상 어울리지 않았다. 나는 울퉁불퉁하고 비대하며 소나무의 결을 잃은 그 돌이 싫었다. 동문간董文簡 집안의 아무렇게나 자라는 소나무 두 그루 줄기만도 못하니[55] 그것은 마디가 뒤엉켰고 껍질이 부러졌어도 여전히 붙어 있어 송화석보다 더 좋아 보였다. 조부께서 돌에 글자를 새기시길, "너의 과거는 소나무 잎이 돋보였던 소나무였다. 너의 지금은 환골탈태하여 돌이 되었다. 너는 형체는 바뀌었지만 충정은 바꾸지 마라. 너는 나를 보고 웃으니 내 말을 거스르지 마라."라고 하시고는, 이렇게 송화석

53 松花石: 소나무를 석화하여 만든 돌이다.

54 瀟江署: 明代 永州의 官署이다. 瀟江은 瀟水로 湘水의 지류이다.

55 董文簡은 董玘(1487-1546)로, 原名은 元이고 字는 文玉이며 시호가 文簡이다. 浙江省 會稽 출신으로 관직이 禮部尙書까지 올랐다. 《陶庵夢憶》 권2 〈花石綱遺石〉에 보인다.

을 보물처럼 생각하셨다.

松花石, 大父昇自灤江署中. 石在江口神祠, 土人割牲饗神, 以毛血灑石上爲恭敬, 血漬毛毿, 幾不見石. 大父昇入署, 親自祓濯, 呼爲"石丈", 有松化石紀. 今棄階下, 載花缸, 不稱使. 余嫌其輪囷臃腫, 失松理, 不若董文簡家茁錯二松橛, 節理槎枒, 皮斷猶附, 視此更勝. 大父石上磨崖, 銘之曰: "爾昔鬣而鼓兮, 松也; 爾今脫而骨兮, 石也; 爾形可使代兮, 貞勿易也; 爾視余笑兮, 莫余逆也." 其見寶如此.

12

윤중추閏中秋

숭정崇禎 7년[56] 윤閏 8월 추석에 호구虎丘의 달 감상[57]을 모방하여 즙산정蕺山亭[58]에서 각자 친구를 모았다. 친구들은 술 한 말, 제기 다섯 개, 채소와 과일 열 개, 붉은 담요 하나를 가지고 차례로 바닥에 깔고 앉았다. 산을 따라 70여 채를 깔았고 자리마다 노인과 아이, 기녀가 있었다. 술자리에는 7백여 명이 있었는데 노래할 수 있는 사람은 백여 명이었다. 함께 〈징호만경澄湖萬頃〉[59]을 부르자 노랫소리가 세찬 물결처럼 울려 산이 진동하였다. 술꾼들은 왁자지껄하게 술을 마셨는데, 술을 꼭 샘물 마시듯 마셨다. 밤이 깊어지자 손님들이 배가 고파하여 계주사戒珠寺[60] 스님들의 밥 짓는 솥을 빌려와 밥을 지어 먹이니, 머슴은 쉬지 않고 큰 나무통에 밥을 날랐다. 어린 하인 개

---

56 崇禎 7년: 1634년이다.

57 虎丘: 지금의 江蘇省 蘇州市 閶門 밖 山塘街에 있다. 春秋 시기 吳王 夫差가 부친을 묻었는데 장사를 지내고 사흘 뒤 흰 호랑이가 그 위에 웅크리고 있었다고 전해진다. 호구의 달 감상은 《陶庵夢憶》 권5에 〈虎丘中秋夜〉에 수록되어 있다.

58 蕺山亭: 蕺山은 紹興 성안에 있는데, 전설에 따르면 越王 勾踐이 吳王 夫差에 패한 뒤 이 산의 풀을 먹었다고 한다. 蕺山亭은 과거 狀元이 되면 정자 돌기둥에 이름을 새긴 狀元亭을 말한다.

59 澄湖萬頃: 《浣紗記》에 나오는 노래이다. 《陶庵夢憶》 권5의 〈虎丘中秋夜〉에 보인다.

60 戒珠寺: 지금의 浙江省 紹興 서쪽에 있다. 원래 계주사는 東晉 王羲之(303-361)의 옛집으로, 安昌寺라고 했다. 唐代에 계주사로 이름을 바꾸었다

죽岕竹과 초연楚煙에게 명하여 정자에서 십여 편의 희곡을 공연하였다. 절묘하고 훌륭하여 사람의 감정을 파고드니 모여서 구경하는 사람이 천 명이었다. 모기와 등에 소리조차 들리지 않을 정도로 조용히 듣다가 사고四鼓[61]가 돼서야 흩어졌다. 달빛이 물처럼 땅으로 쏟아졌다. 사람은 달 속에서 밝게 비추었으니 막 목욕하고 나온 것 같았다. 한밤중이 되자 흰 구름이 산기슭에서 서서히 올라와 앞산이 모두 사라졌다. 향로香爐 · 아비鵝鼻 · 천주天柱[62]와 같은 봉우리들은 뾰족한 정상만 드러내 미가산米家山[63]이 그린 설경을 보는 것 같았다.

崇禎七年閏中秋, 仿虎丘故事, 會各友於蕺山亭. 每友攜斗酒, 五簋, 十蔬果, 紅氈一床, 席地鱗次坐. 緣山七十餘床, 衰童塌妓, 無席無之. 在席者七百餘人, 能歌者百餘人, 同聲唱"澄湖萬頃", 聲如潮湧, 山爲雷動. 諸酒徒轟飲, 酒行如泉. 夜深客饑, 借戒珠寺齋僧大鍋, 煮飯飯客, 長年以大桶擔飯不繼. 命小傒岕竹, 楚煙於山亭演劇十餘出, 妙入情理, 擁觀者千人, 無蚊虻聲, 四鼓方散. 月光潑地如水, 人在月中, 濯濯如新出浴. 夜半, 白雲冉冉起腳下, 前山俱失, 香爐, 鵝鼻, 天柱諸峰, 僅露髻尖而已, 米家山雪景仿佛見之.

---

61 四鼓: 四更으로 새벽 1시에서 3시 사이를 말한다.

62 香爐는 紹興 會稽山의 한 봉우리이고, 鵝鼻는 紹興 남쪽에 위치한 鵝鼻山에 있다. 天柱도 소흥 남쪽 봉우리로, 天柱山 또는 名宛委山으로 불린다.

63 米家山: 宋代의 米芾(1051-1107)과 米友仁(1074-1153) 父子는 산수화를 잘 그리기로 유명했는데 나중에 사람들이 이 부자가 그린 그림을 米家山 혹은 米家山水라고 불렀다.

13

우공곡愚公谷[64]

무석無錫에서 북쪽으로 5리里 떨어진 곳이 바로 명산銘山[65]이다. 다리를 건너면 왼쪽 언덕에 점포가 있었는데, 정미하고 우아했다. 샘물로 만든 술과 물 항아리 · 꽃 항아리 · 의흥관宜興罐 · 풍로風爐 · 화분 · 인형 같은 물건을 팔았다. 우공곡愚公谷은 혜산惠山의 오른쪽에 있었는데, 집의 절반이 무너져 돌과 나무만 남았다. 혜산의 물은 졸졸 흘러 우물에서 계곡으로, 계곡에서 시내로, 시내에서 연못으로 갔다. 그 물이 부엌으로 가고 욕실로 가서, 씻고, 빨고, 정원에 물을 주고, 목욕을 하고, 변기를 씻었으니, 혜산의 물은 쓰이지 않는 곳이 없었다. 그러므로 정원에 사는 사람의 복덕福德과 죄업罪業은 딱 맞아떨어졌다. 우공 선생은 천하의 많은 사람들과 교류하여 고관대작이 대부분 선생을 찾아왔다. 그들은 빈손으로 와서 가수와 무희, 아름답고 화려한 술자리, 시문자화詩文字畫를 가득 채워 돌아갔다. 유명 인사와 청객淸客[66]이 오면 머물렀고, 머무르면 대접받았으며, 대접받고 나면 떠났고, 떠나면 노자를 챙겨 주었다. 그러므로 우공은 물

64 愚公谷: 지금의 江蘇省 無錫 錫惠園 안에 있다. 원래는 惠山의 승려들이 거주하던 僧房이었는데 나중에 明代 鄒迪光(1550-1626)이 이곳에 정원을 지었다. 愚公은 추적광의 號이다.

65 銘山: 江蘇省 無錫 서쪽에 惠山과 연결된 산으로, 錫山이라고도 한다.

66 淸客: 고대 부유한 가문에서 한가롭게 노는 文人이나 연주와 노래를 가르치는 藝人을 말한다.

쓰듯 돈을 써서 천하의 사람들은 지금까지 칭찬한다. 우공은 문인文人이라 그의 정원도 생각과 취향이 문리文理를 갖추었다. 돌로 쌓아 담을 만들고, 땔감으로 문을 만들었으며, 대청에는 위층과 복도가 없고, 나무는 짝이 없으면 심지 않았다. 대청의 남쪽에 높은 홰나무도 예스럽고 소박했다. 크기가 한 아름인데 잎과 가지가 무성하여 정원에 녹음이 가득했다. 연못에 연꽃이 피었고 언덕 사이로 돌 몇 개가 가지런히 놓여 있었다. 흙벽에 자란 이끼는 산기슭에서 계곡 옆까지 쭉 뻗어 이곳이 인간 세상임을 기억하지 못하게 하였다. 정원 동쪽 담장 근처에 누대가 하나 있었다. 밖으로 절이 내려다보였는데 늙은 버드나무가 담 모퉁이에 누워 누대를 가려 다 보이지 않았다. 다른 정원이 화초와 나무를 일부러 정자와 누각을 돋보이게 꾸미는 것과는 달랐다.

無錫去縣北五里爲銘山. 進橋, 店在左岸, 店精雅, 賣泉酒, 水壜, 花缸, 宜興罐, 風爐, 盆盎, 泥人等貨. 愚公谷在惠山右, 屋半傾圮, 惟存木石. 惠水涓涓, 由井之澗, 由澗之溪, 由溪之池, 之廚, 之湢, 以滌, 以濯, 以灌園, 以沐浴, 以淨溺器, 無不惠山泉者, 故居園者福德與罪孽正等. 愚公先生交遊遍天下, 名公巨卿多就之, 歌兒舞女, 綺席華筵, 詩文字畫, 無不虛往實歸. 名士清客至則留, 留則款, 款則餞, 餞則贐. 以故愚公之用錢如水, 天下人至今稱之不少衰. 愚公文人, 其園亭實有思致文理者爲之, 磥石爲垣, 編柴爲戶, 堂不層不廡, 樹不配不行. 堂之南, 高槐古樸, 樹皆合抱, 茂葉繁柯, 陰森滿院. 藕花一塘, 隔岸數石, 治而臥. 土牆生苔, 如山腳到澗邊, 不記在人間. 園東逼牆一台, 外瞰寺, 老柳臥牆角而不讓台, 台遂不盡瞰, 與他園花樹故故爲亭, 台意特特爲園者不同.

14

정해의 수군 훈련定海水操[67]

정해定海 훈련장은 초보산招寶山[68] 해안에 있었다. 수군은 훈련할 때 대전함·호선唬船·몽충蒙沖·두함鬥艦[69] 등 수천 척의 배를 사용하였다. 작은 어선이나 작은 배도 뒤섞여 마치 베를 짜듯 오갔다. 선미와 선두는 거리가 있어 신호를 전달하기 어려웠다. 이에 표어表語를 보거나 고어鼓語를 듣고는 차단·공격·수비·엄호를 했는데, 조금도 어긋나지 않았다. 한 건장한 병사가 멀리 바라보며 원숭이처럼 외두桅鬥[70]에 웅크리고 있다가 적의 군함을 발견하자, 외두에서 허공으로 몸을 날려 물속으로 빠졌다. 파도를 가르고 헤엄쳐 순식간에 해안가에 도착해 중군中軍[71]에게 달려가 보고하였다. 보고를 마치고 다시 물속으로 뛰어 들어갔는데, 물고기나 오리처럼 가벼웠다. 수군 훈련에서 가장 특이한 건 야간 전투였다. 깃발과 노에 작은

67 定海는 지금의 浙江省 定海이다. 水操는 옛날에 수군을 훈련시키는 일을 말한다.

68 招寶山: 지금의 浙江省 鎭海 東北에 위치한 산으로, 侯壽山 또는 鼇柱山이라고도 한다. 남쪽에 항구가 있고 지세가 험하여 당시 해군의 요충지였다.

69 唬船은 明代 福建과 浙江 일대 해군이 사용했던 소형 전함인 叭唬船이다. 蒙沖은 고대 전함의 일종으로 방어와 공격에 편리하도록 만든 쾌속정이다. 배 양쪽에 화살을 쏘고 창을 빼는 구멍을 뚫어 놓았다. 鬥艦은 고대 사용된 큰 전함이다.

70 桅鬥: 군함의 마스트(선체의 중심 갑판에 수직으로 세운 기둥)로, 중간에 망을 보도록 설치된 곳이다.

71 中軍: 전체의 군대에서 가운데에 위치하는 군대이다. 본문에서는 전장의 최고 지휘부대를 뜻하였다.

등을 달았는데 푸른 천으로 가렸다가 화각畫角[72]을 한 번 불면 수만 개의 촛불이 일제히 일어났다. 불빛에 반사되면서 그림자가 두 배가 되었다. 초보산 난간에 기대어 내려다보면 마치 바닷물에서 별을 삶는데 마침 가마솥이 끓고 있는 것 같았다. 화포가 굉음을 내며 터지자 비바람이 몰아치고 어둠 속에서 번갯불이 번쩍이는 것 같아 사람들이 똑바로 보지 못하였다. 또 우레가 도끼처럼 절벽을 잘라, 잘린 절벽이 깊이를 알 수 없는 연못에 빠진 듯하여 구경하던 사람들을 혼비백산하게 만들었다.

定海演武場在招寶山海岸. 水操用大戰船, 唬船, 蒙沖, 鬥艦數千餘艘, 雜以魚艭輕艖, 來往如織. 舳艫相隔, 呼吸難通, 以表語目, 以鼓語耳, 截擊要遮, 尺寸不爽. 健兒瞭望, 猿蹲桅斗, 哨見敵船, 從斗上擲身騰空溺水, 破浪沖濤, 頃刻到岸, 走報中軍, 又趵躍入水, 輕如魚鳧. 水操尤奇在夜戰, 旌旗干櫓皆掛一小鐙, 青布幕之, 畫角一聲, 萬蠟齊舉, 火光映射, 影又倍之. 招寶山憑檻俯視, 如烹斗煮星, 釜湯正沸. 火炮轟裂, 如風雨晦冥中電光翕焱, 使人不敢正視; 又如雷斧斷崖石, 下墜不測之淵, 觀者褫魄.

72 畫角: 대나무나 가죽으로 만든 나팔인데 주로 고대 군대에서 사용하였다.

15

아육왕사 사리阿育王寺舍利[73]

아육왕사阿育王寺는 사찰이 고요하고, 계단 앞에 8, 9그루의 노송나무가 있어 울창하며 고풍스러운 멋이 있었다. 대전은 절 입구에서 멀리 떨어져 있었고, 연기와 구름, 그리고 나무 그늘이 절 입구를 가렸다. 허공을 바라보면 밝았고 얼음처럼 찬 기운이 스며들었다. 오른쪽으로 돌아 방장 문밖에 이르자 사라娑羅[74] 나무 두 그루가 하늘 높이 솟아 있었다. 편전에는 단향목으로 만든 불상을 모셨고 가운데에 동탑 하나가 세워져 있었는데, 색깔이 매우 예스러웠다. 동탑은 만력萬曆 연간에 자성황태후慈聖皇太后[75]가 하사한 것인데, 사리자舍利子[76]를 소장한 보탑이다. 사리자는 종종 빛이 나는데 유리처럼 오색찬란하였다. 수백 갈래로 나뉘어 탑 사이에서 새어 나왔는데, 일 년

73 阿育王寺: 浙江省 寧波 鄞州 阿育王山에 있는 사찰로, 西晉 太康 3년인 282년에 지어졌다. 사찰 안에 있는 舍利寶塔이 유명한데 지금 남아 있는 것은 淸代에 지어진 것이다. 阿育王(Asoka)은 고대 인도 마우리아왕조의 제3대 왕으로 기원전 268년부터 기원전 232년까지 재위하였다. 나중에 불교에 귀의하여 수많은 사찰과 보탑을 세웠다. 사리는 참된 수행의 결과로 생겨난다는 구슬 모양의 유골이다. 특히 부처나 성자의 유골을 뜻한다.

74 娑羅: 사라는 梵語로 '단단한 나무'라는 뜻이다. 주로 따뜻한 곳에서 자라는 반 낙엽성인 작은키나무인데, 불교에서는 부처가 사라 나무 숲에서 열반에 들었다는 이야기가 전해진다.

75 慈聖皇太後: 明 神宗 朱翊鈞(1563-1620)의 생모인 李氏이다.

76 舍利子: 석가의 10대 제자 중 지혜가 가장 뛰어난 舍利弗을 말한다.

에 서너 번 볼 수 있었다. 누군가 사리에 예를 표하면 그 사람의 인연에 따라 색이 나왔다. 무릇 깜깜하여 아무것도 보이지 않으면 그 사람은 반드시 죽었다. 옛날에 승려 담湛이 아육왕사에 왔었는데 사리의 색을 보지 못하여 그해에 죽었다. 이런 일이 여러 번 있었다. 다음날 아침 태양이 막 떠오르자 승려들이 나를 데리고 예불을 드리고 동탑을 열었다. 그 속에 자단불감佛龕[77] 하나가 작은 탑에 모셔져 있었다. 필통처럼 육각형이었는데, 나무도 아니고 종이도 아니며 가죽도 아니고 옻칠도 아니었다. 위아래가 터져 있었고 사방 둘레에 꽃망울과 범문梵文을 조각해 놓았다. 사리자는 탑 꼭대기에 매달아 놓아 아래로 흔들렸다. 사람들은 조각된 꽃망울을 통해 안을 들여다보고 다시 눈을 들어 사리를 보고 그 형상을 구별하였다. 내가 처음 본 것은 세 개의 구슬이 연결되어 있어 꼬치 같았고 반짝거리며 빛이 났다. 내가 다시 예의를 갖추어 형상을 보길 구하여 다시 가서 보았는데, 흰 옷을 입은 관음소상觀音小像이 보였다. 그 눈썹과 눈이 분명했고 머리카락까지 모두 보였다. 진일생秦一生[78]은 여러 번 보았지만 하나도 보지 못하자 황당해하고 얼굴이 달아올라 붉어져 눈물을 흘리며 나갔다. 진일생은 과연 그해 8월에 죽었으니, 기이하고 영험하기가 이와 같았다.

---

77 佛龕: 작은 휴대용 법당을 말한다.

78 秦一生: 장대의 친구로, 《陶庵夢憶》의 권1의 〈天硯〉, 권3의 〈鬥雞社〉, 권6의 〈天童寺僧〉, 권7의 〈雷殿〉과 같이 여러 작품에 등장한다. 장대가 진일생을 위해 적은 〈祭秦一生文〉이 남아 있다.

阿育王寺, 梵宇深靜, 階前老松八九棵, 森羅有古色. 殿隔山門遠, 煙光樹樾, 攝入山門, 望空視明, 冰涼晶沁. 右旋至方丈門外, 有娑羅二株, 高插霄漢. 便殿供旃檀佛, 中儲一銅塔, 銅色甚古, 萬曆間慈聖皇太后所賜, 藏舍利子塔也. 舍利子常放光, 琉璃五彩, 百道迸裂, 出塔縫中, 歲三四見. 凡人瞻禮舍利, 隨人因緣現諸色相. 如墨墨無所見者, 是人必死. 昔湛和尚至寺, 亦不見舍利, 而是年死. 屢有驗. 次早, 日光初曙, 僧導余禮佛, 開銅塔, 一紫檀佛龕供一小塔, 如筆筒, 六角, 非木非楮, 非皮非漆, 上下皸定, 四圍鏤刻花楞梵字. 舍利子懸塔頂, 下垂搖搖不定, 人透眼光入楞內, 復眂眼上視舍利, 辨其形狀. 余初見三珠連絡如牟尼串, 煜煜有光. 余復下頂禮, 求見形相, 再視之, 見一白衣觀音小像, 眉目分明, 鬋鬘皆見. 秦一生反復視之, 訖無所見, 一生遑遽, 面發赤, 出涕而去. 一生果以是年八月死, 奇驗若此.

16

과검문過劍門[79]

남곡南曲[80]에 있는 기녀妓女는 희곡 공연을 운치 있는 일로 여기고 목숨을 건다. 양원楊元·양능楊能·고미생顧眉生·이십李十·동백董白이 희곡으로 유명하여 요간숙姚簡叔[81]에게 나를 데리고 가서 극을 보게 해달라고 하였다. 어린 배우가 오후에 《서루西樓》[82]를 부르고 밤에는 직접 공연을 하였다. 어린 배우는 흥화대반興化大班 출신인데, 우리 집 옛 가반이던 마소경馬小卿·육자운陸子雲이 여기에 있었다. 이에 힘을 더하여 일곱 장면을 부르는데 공연이 경정更定[83]까지 이어졌고 기방이 크게 소란스러웠다. 양원이 분장실에 가서 마소경에게 "오늘 공연의 분위기가 많이 다른데 어찌 된 일이오?"라고 하자, 마소경이 "관중석에 제 주인이 앉아 계십니다. 주인께서는 감상에 정밀하시니 스승을 불러 희곡을 시험하시고 여러 가지를 가르쳐 주셨

79 劍門: 검문은 원래 四川省 劍閣 大劍山 입구의 劍門關을 말한다. 대검산의 중턱에 산기슭이 마주하여 劍門이라는 이름이 붙여졌다. 여기서는 배우들의 연기를 평가받는 일이 검문을 통과하는 것처럼 어렵다는 뜻으로 사용되었다.

80 南曲: 南京의 青樓妓院을 말한다.

81 姚簡叔: 姚允在로, 字는 簡叔이며 會稽(지금의 浙江省 紹興) 사람이다. 산수화와 서법에 뛰어났다. 《陶庵夢憶》 권5에 〈姚簡叔畫〉가 수록되어 있다.

82 《西樓》: 袁于令(1599-1674)의 《西樓記》로, 서생 于鵑과 기녀 穆素徽의 사랑 이야기이다.

83 更定: 저녁 7시에서 9시 사이를 말한다.

습니다. 어린 배우가 그 댁에 가면 '검문을 통과한다.'라고 말할 정도이니 어찌 감히 대충대충 하겠습니까?"라고 하자 양원이 그제야 비로소 나를 주목하였다. 《서루》가 끝나기도 전에 《교자教子》[84]를 공연했다. 고미생이 주우周羽를, 양원이 주낭자周娘子를, 양능이 주서융周瑞隆을 맡았다. 양원은 겁을 먹어 손발을 떨며 목소리를 내지 못하고 눈으로 계속 나를 보며 잘 보이려 했지만 그러지 못하였다. 내가 칭찬을 하려고 오랫동안 참았다가 적당한 한두 곳을 찾아 갈채를 보냈다. 양원이 비로소 마음을 놓으니 그제야 공연도 잘 되었다. 이후 청루에서의 희곡 공연이 있으면 반드시 나를 스승으로 삼았다. 내가 가지 않으면 비록 한밤중이 되어도 무대를 열지 않았다. 나로 인해 목소리 값이 올랐고 나로 인해 목소리 값이 오른 사람이 또 훗날 내 목소리 값도 올려 주었으니, 이런 경우가 많았다.

南曲中妓, 以串戲爲韻事, 性命以之. 楊元·楊能·顧眉生, 李十, 董白以戲名, 屬姚簡叔期余觀劇. 傒僮下午唱西樓, 夜則自串. 傒僮爲興化大班, 余舊伶馬小卿, 陸子雲在焉, 加意唱七出, 戲至更定, 曲中大咤異. 楊元走鬼房問小卿曰: "今日戲, 氣色大異, 何也?" 小卿曰: "坐上坐者余主人. 主人精賞鑒, 延師課戲, 僮手指千, 傒僮到其家謂'過劍門', 焉敢草草!" 楊元始來物色余. 西樓不及完, 串教子. 顧眉生: 周羽,

84 《教子》: 南戲 《周羽教子尋親記》를 말한다. 주요 내용은 다음과 같다. 北宋 때 황하의 제방이 무너졌다. 封丘縣의 秀才였던 周羽가 부호 張敏에게 돈을 빌려 노역을 대신하였는데 모함에 빠져 타지를 떠돌게 되었다. 그 후 주우의 아들 周瑞隆이 자라서 과거시험에 합격해 관리가 되었고 어머니의 가르침 아래 부친을 찾아 천 리를 떠나게 된다. 그 과정에서 부자는 마침내 상봉하고 장민의 죄행을 밝혀져 벌을 받는다.

楊元: 周娘子, 楊能: 周瑞隆. 楊元膽怯膚栗, 不能出聲, 眼眼相覷, 渠欲討好不能, 余欲獻媚不得, 持久之, 伺便喝采一二, 楊元始放膽, 戱亦遂發. 嗣後曲中戱, 必以余爲導師, 余不至, 雖夜分不開台也. 以余而長聲價, 以余長聲價之人, 而後長余聲價者, 多有之.

17

빙산기 冰山記

위당魏璫[85]이 패하자 호사가들이 십수 편의 전기傳奇를 지었다. 그러나 대부분 실질을 잃어 내가 고쳐 쓰고 《빙산冰山》[86]이라 하였다. 성황묘城隍廟 무대에 수만 명의 관객이 모였고 무대 아래까지 즐비했으며 대문 밖까지 가득했다. 한 사람이 무대에 올라 대사를 하길, "저는 양련楊漣[87]입니다."라고 하자 관중들이 작은 목소리로 전하며 "양련! 양련!"하였다. 그 소리가 밖까지 들렸는데 마치 거센 물결 같았으니 사람마다 다 그렇게 이야기한 것이다. 범원백範元白을 지팡이로 때리고 유비裕妃를 막 죽이려고 하는 장면에서는 관객들의 분노가 치솟아 소리조차 지를 수 없을 정도였다. 안패위顔佩韋가 제기緹騎를 때려죽이는 장면에 이르러서는 모두가 펄쩍 뛰면서 지붕을 무너뜨릴 듯 함성을 질렀

---

85 魏璫: 明末의 宦官 魏忠賢(1568-1627)을 말한다. 위충현의 字는 完吾이고 입궁 후에 李進忠으로 개명했다가 다시 본래의 성으로 돌아왔다. 섭정에 가까울 만큼 마음대로 정권을 행사하여 조정에 아첨하는 관리들로 가득 찼고 반대파인 동림당의 관리들은 처형당하거나 파직당하였다. 璫은 옥으로 만든 장식품으로 漢代 환관들이 차고 다녔다 하여 훗날 환관을 가리키는 말이 되었다.

86 《冰山》: 《冰山記》는 원래 陳開泰가 지은 작품이다. 장대가 무대에서 공연할 수 있도록 개작하였는데, 현재 이 작품은 원본과 개작본이 모두 남아 있지 않다.

87 楊漣: 양련(1571-1625)의 字는 文孺이고 號는 大洪으로 湖廣 應山(지금의 湖北省 廣水) 사람이다. 常熟知縣 · 給事中 · 兵科都給事中 · 左副都禦史 같은 관직을 역임하였다. 위충현을 탄핵한 죄로 감옥에 들어갔다가 죽었다. 저서로 《楊忠烈公文集》이 있다.

다. 심청하沈青霞가 허수아비를 재상 엄숭嚴嵩으로 생각하고 활을 쏘는 장면에서는 기쁘고 즐거워했으니, 지나친 것도 아니었다. 그해 가을, 극을 연주兗州로 가져가 부친의 생신을 축하하였다. 하루는 수도守道 유반방劉半舫[88]을 초청하시어 극을 보여 드렸는데, "이 극은 이미 십중팔구는 완성되었습니다. 그러나 안타깝게도 국화연이나 황제를 핍박하고 뇌물을 받는 일은 미치지 못하였군요."라고 하였다. 내가 그 말을 듣고 그날 밤 연회가 끝난 뒤 몇 곡의 사詞를 지어서 어린 배우에게 외우게 하였다. 다음 날, 관부로 옮겨 공연을 하였다. 일곱 장면이 추가되었는데 유반방이 말한 그대로였다. 유반방이 크게 놀라며 내가 지은 것임을 알고 비로소 내 조부를 방문하여 나와 교류하게 되었다.

魏璫敗, 好事作傳奇十數本, 多失實, 余爲刪改之, 仍名冰山. 城隍廟揚台, 觀者數萬人, 台址鱗比, 擠至大門外. 一人上, 白曰: "某楊漣." 口口誶譟曰: "楊漣! 楊漣!" 聲達外, 如潮湧, 人人皆如之. 杖範元白, 逼死裕妃, 怒氣忿湧, 噤斷嚄唶. 至顏佩韋擊殺緹騎, 嗥呼跳蹴, 洶洶崩屋. 沈青霞縛槀人射相嵩, 以爲笑樂, 不是過也. 是秋, 攜之至兗, 爲大人壽. 一日, 宴守道劉半舫, 半舫曰: "此劇已十得八九, 惜不及內操菊宴, 及逼靈犀與囊收數事耳." 余聞之, 是夜席散, 余填詞, 督小傒強記之. 次日, 至道署搬演, 已增入七出, 如半舫言. 半舫大駭異, 知余所構, 遂詣大人, 與余

88 劉半舫: 유반방은 명대의 관리 劉榮嗣(1570-1638)이다. 유영사의 字는 敬仲이고 號가 半舫이며 河北 曲周 사람이다. 戶部主事·順天府尹·工部尚書 등 여러 관직을 역임하였고 저서로 《半舫集》·《簡齋集》을 남겼다. 守道는 明朝 省의 재정과 민생을 담당하는 布政使 아래에 설치된 左右參政과 參議를 한 지방을 지키도록 하였는데 이를 수도라 불렀다.

도암몽억 陶庵夢憶

卷 8

01
용산방등龍山放燈[1]

만력萬曆 신축辛丑[2]에 부친과 숙부 일행은 용산龍山에 등을 켰다. 자른 나무로 백 개의 등가燈架를 만들어 단청으로 칠하고 색 동비단을 씌웠으니, 등 하나에 세 가지를 하였다. 등은 오직 등가에만 있는 것이 아니고 돌 비탈길에만 있는 것도 아니다. 산을 따라 계곡을 따라 나뭇가지 끝에서 나무 꼭대기까지 등이 없는 곳이 없었고 성황묘의 입구에서 봉래강蓬萊崗 위아래까지도 등이 없는 곳이 없었다. 산 아래를 바라보면 마치 은하수가 거꾸로 쏟아진 것처럼 활활 타올랐다. 또 마치 수隋 양제煬帝의 밤놀이[3]처럼 반딧불을 산골짜기 사이에 쏟아붓는데 그것들이 모여 있다가 막 흩어져 풀과 나무에 붙어 길을 잃고 갈팡질팡하며 떠나지 못하는 것 같았다. 호사가들은 술을 팔며 산을 따라서 자리를 만들어 놓고 앉았다. 산에는 등불이 없

---

1 放燈: 민간의 전통풍습으로 매년 음력 정월 보름인 元宵節에 점등을 한다. 宋太宗 이전에는 上元·中元·下元으로 점등을 하였다. 상원은 정월 보름에 하는 天燈이고 중원은 7월 15일에 하는 河燈이며 하원은 10월 15일에 하는 街燈이다. 이후 왕실에는 중원과 하원의 점등풍습은 없어졌는데 민간에서는 지속되었다.

2 萬曆辛丑: 萬曆 29년인 1601년으로 장대가 다섯 살 때이다.

3 隋 煬帝는 수나라의 마지막 황제인 楊廣(560-618)으로, 文帝 楊堅(541-604)의 둘째 아들이다. 재위 기간에 어리석고 무도하며 사치스럽게 생활하였다. 양제의 밤놀이는 《隋書》에 보인다. "壬午에 황제께서 景華宮에서 반딧불을 모았다. 수 곡斛을 모아서 밤에 산으로 놀러 나갈 때 놓았더니 바위와 골짜기에 널리 퍼졌다. (壬午, 上於景華宮征求螢火, 得數斛, 夜出遊山, 放之, 廣遍岩谷.)

는 곳이 없었고, 등이 있는 곳에는 자리가 없는 곳이 없었다. 자리가 있는 곳에 사람이 없는 곳이 없었고, 사람이 있는 곳에 노래와 연주가 없는 곳이 없었다. 등불을 보러 온 남녀가 사당 문에 들어서면 머리를 돌릴 수도 없고 뒤로 물러설 수도 없다. 인파를 따라 위로 아래로 밀려 어디로 가는지도 모르고 따라갈 수밖에 없다. 사당 문에는 금기사항이 걸려 있었다. 즉 수레와 말을 금하고, 불꽃을 금하며, 소란을 피우는 것도 금하고, 돈이 많고 세력이 있는 가문의 노비가 행인을 내쫓는 것도 금하였다. 부친과 숙부 일행의 누대는 큰 소나무 아래에 있었는데 또 자리를 만들고 노래를 불렀다. 매일 밤 생황을 불고 연회를 열어 노래를 부르고 악기를 연주하였는데, 동틀 때까지 이어졌다. 16일 밤에 장분수張分守는 직조태감織造太監[4]을 초청하여 산 정상의 성숙각星宿閣에서 연회를 열었다. 저녁이 다 되어 직조태감이 산 아래에 이르렀는데 금기사항을 발견하고 황급히 가마에서 나와 웃으며 "금기사항을 따라야지, 금기사항을 따라야지, 우리부터 따르기 시작하자!"라고 하고, 수행하던 하인을 물리치고 어린아이 둘의 부축을 받으며 산을 올랐다. 한밤중이 되자 성수각의 불이 꺼지고 연회도 끝났다. 등불은 사흘간 이어졌는데 산 위아래에 술지게미가 언덕처럼 쌓였고 고기가 숲처럼 많았다. 과일 씨와 사탕수수, 그리고 생선 가시와 고기 뼈, 조개껍데기를 매일 청소해도 높은 언덕처럼 쌓였다. 청소하던 여인들이 신발을 나무에 걸었는데 가을 잎새 같았다. 전해지는 말에 따르면 15일 밤에 등불이 꺼지고 사람들도 조용해지자 술

4 織造太監: 織造는 明代 南京·蘇州·杭州에 설치된 행정기구로, 황제에게 바치는 비단과 황궁에 필요한 물품을 공급하는 일을 전문적으로 맡았다. 太監은 직조의 책임자이다.

파는 이가 소반과 씨를 치웠다. 아름다운 여인 예닐곱이 술을 사려 했으나 다 팔려 개봉하지 않은 독만 남아 있었다. 큰 술독을 하나 샀는데 네 말쯤 되었다. 소매 속에서 과일을 꺼내 순식간에 술독 하나를 다 비우고 떠났다고 한다. 그들은 아마 여인성女人星이거나 주성酒星이라 불리는 자들일 것이다. 또 이런 사건도 있었다. 한 무뢰한이 성황묘 왼쪽에 빈 누각 몇 채를 빌려 아리따운 아이로 채우고 '염자호동簾子胡同'[5]을 만들었다. 그날 밤 한 미소년이 와서 어떤 아이와 즐기는데 초를 사르고 술에 빠지며 추잡하고 비이성적으로 놀았다. 그런데 옷을 풀어보니 여자였다. 날이 채 밝기도 전에 떠나 그녀가 어디 사람이고 누군지도 모른다. 혹 요괴 여우가 변신한 게 아닐까 한다.

萬曆辛丑年, 父叔輩張燈龍山, 剡木爲架者百, 塗以丹雘, 帨以文錦, 一燈三之. 燈不專在架, 亦不專在磴道, 沿山襲谷, 枝頭樹杪, 無不燈者, 自城隍廟門至蓬萊崗上下, 亦無不燈者. 山下望如星河倒注, 浴浴熊熊, 又如隋煬帝夜游, 傾數斛螢火於山谷間, 團結方開, 倚草附木, 迷迷不去者. 好事者賣酒, 緣山席地坐. 山無不燈, 燈無不席, 席無不人, 人無不歌唱鼓吹. 男女看燈者, 一入廟門, 頭不得顧, 踵不得旋, 只可隨勢, 潮上潮下, 不知去落何所, 有聽之而已. 廟門懸禁條: 禁車馬, 禁煙火, 禁喧嘩, 禁豪家奴不得行辟人. 父叔輩臺於大松樹下, 亦席, 亦聲歌, 每夜鼓吹笙簧與宴歌弦管, 沉沉昧旦. 十六夜, 張分守宴織造太監於山巔星宿閣, 傍晚至山下, 見禁條, 太監忙出輿笑曰: "遵他, 遵他, 自咱們遵他起!" 卻隨役, 用二丱角扶掖上山. 夜半, 星宿閣火罷, 宴亦遂罷. 燈凡四夜, 山上下糟丘肉林, 日掃果核蔗滓及魚肉骨蠡蜕,

5 簾子胡同: 옛날 남자 기생이 머무는 곳을 말한다.

堆砌成高阜, 拾婦女鞋掛樹上, 如秋葉. 相傳十五夜, 燈殘人靜, 當壚者正收盤核, 有美婦六七人買酒, 酒盡, 有未開甕者. 買大罍一, 可四斗許, 出袖中瓜果, 頃刻罄罍而去. 疑是女人星, 或曰酒星. 又一事: 有無賴子於城隍廟左借空樓數楹, 以姣童實之, 爲“簾子胡同”. 是夜, 有美少年來狎某童, 剪燭殢酒, 媟褻非理, 解襦, 乃女子也, 未曙即去, 不知其地 · 其人, 或是妖狐所化.

02
왕월생王月生

남경南京 주시朱市[6]의 기녀는, 기방의 다른 기녀들이 함께 어울리는 걸 수치스럽게 여길 정도로 급이 낮았다. 그러나 왕월생王月生은 주시 출신이었으나 기방에서 위아래로 30년간 그녀와 견줄 만한 이는 없었다. 그녀의 얼굴빛은 막 핀 건란建蘭처럼 여리고 고상했고 가냘픈 발은 마치 물 위로 떠오른 붉은 마름 같았다. 자존심이 강하고 말과 웃음이 적어 다른 기녀들과 한가로운 손님들이 온갖 방법으로 장난을 치고 웃기려 했지만 그래도 웃게 할 수 없었다. 해서楷書를 잘 썼고 난초와 대나무, 그리고 수선화도 잘 그렸으며 또 오가吳歌도 잘 불렀지만 쉽게 입을 열지 않았다. 남경의 공훈이 있는 황실의 친척이나 지체 높은 이들이 애를 써서 불러오려 했지만 단 한 번도 함께하지 못했다. 부유한 상인이나 권세가가 그녀와 반나절이라도 함께 자리하려면 먼저 하루 전에 서신과 재물을 보냈는데 10금金 아니면 5금金을 내야 해서 함부로 약속을 잡을 수 없었다. 함께 밤을 보내려면 한두 달 전부터 약속을 잡아야지, 그렇지 않으면 한 해가 다 가도 만날 수 없었다. 왕월생은 차를 좋아하여 민노자閔老子[7]와 친하게 지냈다. 비바람이 세차게 불거나 성대한 연회가 있어도 꼭 민노자의 집에 들러 차 몇 주전자를 비우고 나서야 돌아갔다. 그녀와 사귀

---

6 朱市: 南京 秦淮河 양쪽에 위치한 하급 妓院을 말한다.

7 閔老子: 《陶庵夢憶》 권3의 〈閔老子茶〉에 보인다.

는 사람 중에 뜻이 맞는 사람이 있으면 또 민노자의 집에서 만나기로 약속을 했다. 하루는 민노자 이웃에 사는 거상巨商이 기방의 기녀 수십 명을 불러 장난을 치며 웃고 둘러앉아 마음껏 술을 마셨다. 왕월생이 누대에 서서 난간에 비스듬히 기대어 수줍은 듯 시선을 낮게 드리우고 수줍은 얼굴을 하자 그 한 무리의 기녀들이 보고는 기를 빼앗겨 모두 다른 방으로 피했다. 왕월생은 냉담하기가 마치 고독한 매화나 차가운 달 같았고, 얼음을 머금은 듯 도도하여 저속한 자와 사귀는 걸 좋아하지 않았는데 어쩌다 마주 앉게 되면 일어나 마치 없는 사람처럼 거들떠보지도 않았다. 한 공자公子가 그녀를 우습게 여겼는데, 보름간 함께 먹고 잤으나 그녀의 말 한마디도 들을 수 없었다. 하루는 그녀의 입이 움직일 듯하자 이를 본 한 손님이 놀라고 또 기쁜 마음에 공자에게 달려가 "왕월생이 말을 하려 합니다!"라고 하였다. 모두 소란을 피우며 상서로운 징조라며 급히 달려가서 기다렸는데, 왕월생의 얼굴이 붉어지면서 잠시 후 다시 하고 싶은 말을 멈추었다. 공자가 재삼 요청하자 까칠하게 두 마디를 내뱉었다. "집에 갈래요."

南京朱市妓, 曲中羞與爲伍, 王月生出朱市, 曲中上下三十年決無其比也. 面色如建蘭初開, 楚楚文弱, 纖趾一牙, 如出水紅菱, 矜貴寡言笑, 女兄弟閑客, 多方狡獪, 嘲弄咍侮, 不能勾其一粲. 善楷書, 畫蘭竹水仙. 亦解吳歌, 不易出口. 南京勳戚大老力致之, 亦不能竟一席. 富商權胥得其主席半晌, 先一日送書帕, 非十金則五金, 不敢褻訂. 與合巹, 非下聘一二月前, 則終歲不得也. 好茶, 善閔老子, 雖大風雨 · 大宴會, 必至老子家啜茶數壺始去. 所交有當意者, 亦期與老子家會. 一日, 老子鄰居有大賈, 集曲中妓十數人, 群誶嘻笑, 環坐縱飮. 月生立露臺上, 倚徙欄楯, 視娗羞澀, 群婢見之皆氣奪, 徙他室避之. 月生寒淡如孤梅冷月, 含冰傲霜, 不喜與俗子交接, 或時對面同坐, 起若無睹者. 有公子狎之, 同寢食者半月, 不得其一言. 一日口囁嚅動, 閑客驚喜, 走報公子曰: "月生開言矣!" 哄然以爲祥瑞, 急走伺之, 面赬, 尋又止, 公子力請再三, 蹇澀出二字曰: "家去."

03

애주가 장동곡張東谷好酒

우리 집은 태부공太仆公 이래로 통쾌하게 술 마시기로 유명했으나 후세에 이 전통을 잃어 내 부친과 숙부들은 술을 조금도 못 마셨으니, 가지 지게미지[8]조차도 먹으면 얼굴이 붉어졌다. 집안에서 연회를 열면 오직 요리에만 관심을 가졌는데 주방일에 정통하기로는 강남에서 제일이었다. 한 접시의 요리가 올라오면 형제들이 다투어 순식간에 다 먹어 버렸다. 배불리 먹고 나면 자리를 뜨니 끝내 연회에서 잔을 든 적은 없었다. 손님이 있을 때도 손님이 작별하기를 기다리지 않고 또 곧바로 자리를 떠났다. 산인山人 장동곡張東谷은 술꾼이라 매번 답답해하고 불만스러워하였다. 하루는 일어나 부친에게 "그대 형제들은 참 이상하오! 고기만 있으면 맛이 있든 없든 먹고, 술은 마실 줄 아는지 모르는지에 관계없이 안 마시니 말이오."라고 하니 이 두 마디의 말이 매우 운치가 있고 진인晋人의 풍모風味[9]가 느껴졌다. 그런데 최근에 한 촌놈이 이 일을 《설화록舌華錄》[10]에 실어 "장씨張氏 형제들은 품성이 기이하다! 고기는 맛이 있든 없든 먹고 술은

---

8 가지 지게미지: 가지 지게미지(糟茄)는 가지를 소금에 절이거나 술에 절여 만든 음식이다.

9 晉人風味: 魏晉 시기 문학예술은 老莊思想의 영향 아래에 있었으니, 竹林七賢과 같이 자연미를 중시하고 산수에서 즐거움을 찾는 인사의 풍모를 말한다.

10 《舌華錄》: 明代 筆記로 상인 집안 출신인 曹臣(1583-?)이 썼다. 주로 음식을 먹고 마시는 것에 대한 일화가 실려 있다.

맛이 있든 없든 안 마신다."라고 하였다. 문자는 반듯한데 뜻은 천 리나 떨어져 있으니 세상에는 진실로 금을 달구어 쇠로 바꾸는 자가 많다. 장동곡은 우스운 이야기를 잘하고 조금의 여유도 없이 가난한데 악랄하고 어린 자와 소송에 걸렸다. 그가 장동곡이 만금萬金을 가진 부호라 하자 장동곡이 급히 내 대부大父[11]를 찾아와 "소흥紹興 사람들은 정말 밉습니다. 거짓말도 두 배로 하니 말입니다. 나를 만금을 가진 부호라고 말하더군요!"라고 하여 대부께서 자주 이 일을 꺼내시며 웃으셨다.

余家自太仆公稱豪飮, 後竟失傳, 余父, 余叔不能飮一蠡殼, 食糟茄, 面即發赬, 家常宴會, 但留心烹飪, 庖廚之精, 遂甲江左. 一簋進, 弟兄爭啖之立盡, 飽即自去, 終席未嘗擧杯. 有客在, 不待客辭, 亦即自去. 山人張東谷, 酒徒也, 每悒悒不自得. 一日起謂家君曰: "爾兄弟奇矣! 肉只是吃, 不管好吃不好吃; 酒只是不吃, 不知會吃不會吃." 二語頗韻, 有晉人風味. 而近有傖父載之舌華錄, 曰: "張氏兄弟, 賦性奇哉! 肉不論美惡, 只是吃; 酒不論美惡, 只是不吃." 字字板實, 一去千里, 世上真不少點金成鐵手也. 東谷善滑稽, 貧無立錐, 與惡少訟, 指東谷爲萬金豪富, 東谷忙忙走訴大父曰: "紹興人可惡, 對半說謊, 便說我是萬金豪富!" 大父常擧以爲笑.

---

11 大父: 장대의 祖父 張汝霖을 말한다.

04

누선樓船

나의 부친은 층집을 지으시면 배 모양으로 만드셨고 배를 만드시면 층집 모양으로 만드셨다. 그래서 마을 사람들은 선루船樓라고 불렀다가 또 누선樓船이라고도 불렀다 하면서 이리저리 바꿔서 말했다. 이날은 누선이 완공된 7월 15일이라 조부부터 그 아래로 남녀노소 모두 모였다. 뗏목처럼 엮은 나무를 여러 층으로 쌓아 공연무대를 만들자 성안 마을에서 구경 온 크고 작은 배가 천여 척이었다. 오후가 되자 갑자기 돌개바람이 불기 시작하더니 거센 파도가 기세등등하게 몰아치고 많은 비가 쏟아졌다. 누선이 외따로 위험하게 있다가 바람에 거의 뒤집히려 하였다. 나무로 줄 말뚝 수천 개를 만들어 그물처럼 엮어 바람에 흔들리지 않도록 하였다. 잠시 후 바람이 가라앉고 공연도 끝나니 사람들도 흩어졌다. 월중越中의 배는 조개 껍질같아 좁은 선창에서 산을 보면 마치 난쟁이가 시장에서 서 있는 듯 오직 신발만 보이는 것과 같았다. 높은 누선에 오르면 시야가 넓어져 산수를 시원하게 볼 수 있다.

家大人造樓, 船之; 造船, 樓之. 故里中人謂船樓, 謂樓船, 顚倒之不置. 是日落成, 爲七月十五, 自大父以下, 男女老稚靡不集焉. 以木排數重搭台演戲, 城中村落來觀者, 大小千餘艘. 午後颶風起, 巨浪磅礴, 大雨如注, 樓船孤危, 風逼之幾覆, 以木排爲戙, 索纜數千條, 網網如織, 風不能撼. 少頃風定, 完劇而散. 越中舟如蠡殼, 局蹐篷底看山, 如矮人觀場, 僅見鞋靸而已, 升高視明, 頗爲山水吐氣.

05

완원해 희곡 阮圓海[12]戲

완원해阮圓海 집안의 배우는 줄거리를 연구하고 감정과 이치를 연구하며 중요한 대목을 연구하니 다른 어설픈 극단과 다르다. 그런데 공연한 대본도 또 모두 주인이 직접 쓴 것으로 구구절절 묘사하고 고심하여 기교를 다 나타내니 다른 경솔한 극단과 또 다르다. 그리하여 공연이 극본마다 뛰어나고 배역마다 뛰어나며 장면마다 뛰어나고 구절마다 뛰어나며 글자마다 뛰어난 것이다. 나는 그의 집에서 《십착인十錯認》·《마니주摩尼珠》·《연자전燕子箋》[13] 이 세 극을 보았는데 그 줄거리를 이어가는 방식이나 재미있는 동작, 농담을 삽입하는 것이나 표정과 눈빛을 주인이 배우들에게 세세히 이야기해 주었다. 배우들은 그 의미를 알고 그 의도를 알게 되기에 씹고 삼키

12 阮圓海: 阮大鋮(1587-1648)으로, 字는 集之이고 號가 圓海·石巢·百子山樵이며, 懷寧(지금의 安徽省 安慶) 사람이다. 給事中을 지냈으나 魏忠賢(1568-1627)에 의해 파직되었고 명나라가 망한 뒤 朱由崧의 南明 조정에서 兵部尚書와 右副都御史같은 관직을 지냈다. 南京이 함락되자 仙霞關 돌길에서 떨어져 죽었다. 완대성은 石巢四種, 즉 傳奇 《燕子箋》·《春燈謎》·《牟尼合》·《雙金榜》을 적었다.

13 〈十錯認》은 명대 阮大铖(1587?-1646?)이 쓴 희곡으로, 宇文羲·宇文彥 형제와 韋初平의 두 딸의 그림자와의 애석한 사랑을 다룬 이야기이다. 줄거리에 곡절과 오해가 많지만 마지막은 원만하게 끝난다. 〈摩尼珠》는 〈牟尼合》이라고도 한다. 摩尼珠는 용왕의 뇌 속에서 나왔다고 하는 보물이다. 梁 武帝의 손자 思遠과 그의 아내 荀氏, 아들 일가의 이야기를 그렸다. 〈燕子箋》는 霍都梁과 생김새가 비슷한 기생 華行雲, 그리고 酈學士의 딸 酈飛元의 사랑이야기를 담았다.

고 토하여 궁극의 맛을 찾았다. 《십착인》의 용등龍燈과 자고紫姑에, 《마니주》의 주해走解와 후희猴戲에, 《연자전》의 비연飛燕과 무상舞象과 파사진보波斯進寶, 도구와 복장에 이르기까지 감정과 묘사가 극진하여 더욱 뛰어났다. 완원해는 대단한 재능이 있었지만 안타깝게도 심보가 고약하여 그가 편집한 여러 각본 중 열의 일곱은 세상을 욕하고, 열의 셋은 조롱이었다. 대부분 동림東林을 헐뜯고 위당魏黨을 변호[14]하여 선비와 군자들이 침을 뱉었다. 그리하여 그가 쓴 전기傳奇는 유명해지지 않았다. 그러나 희곡을 논하자면 확실히 참신하지 진부하지 않았다.

阮圓海家優講關目, 講情理, 講筋節, 與他班孟浪不同. 然其所打院本, 又皆主人自制, 筆筆勾勒, 苦心盡出, 與他班鹵莽者又不同. 故所搬演, 本本出色, 腳腳出色, 出出出色, 句句出色, 字字出色. 余在其家看十錯認 · 摩尼珠 · 燕子箋三劇, 其串架鬥筍 · 插科打諢 · 意色眼目, 主人細細與之講明. 知其義味, 知其指歸, 故咬嚼吞吐, 尋味不盡. 至於十錯認之龍燈 · 之紫姑,摩尼珠之走解 · 之猴戲,燕子箋之飛燕 · 之舞象 · 之波斯進寶, 紙劄裝束, 無不盡情刻畫, 故其出色也愈甚. 阮圓海大有才華, 恨居心勿靜, 其所編諸劇, 罵世十七, 解嘲十三, 多詆毀東林, 辯宥魏黨, 爲士君子所唾棄, 故其傳奇不之著焉. 如就戲論, 則亦鏃鏃能新, 不落窠臼者也.

---

14 東林: 東林黨으로, 明代 말기 顧憲成(1550-1612)과 高攀龍(1562-1626), 錢一本(1546-1617) 등이 江蘇省 無錫의 東林書院에서 당시의 정치를 강의하고 토론하면서 시작되었다. 이후 일부 사대부들의 지지를 받아 東林黨이라 불리는 일종의 정치 단체로 발전하였다. 당시 막강한 권력을 가졌던 환관 魏忠賢(1568-1627)은 동림파의 공격을 받아 그 반대세력을 모아 동림파의 관리들을 파직하거나 처형하여 결국 동림당을 사라지게 만들었다. 魏黨은 위충현의 反동림파를 말한다.

06

헌화각巚花閣

헌화각巚花閣은 균지정筠芝亭[15] 소나무 골짜기 아래에 있다. 그곳은 층층이 쌓인 절벽과 오랜 소나무가 있고 높이 솟아오른 나무와 가을의 단풍을 볼 수 있다. 산비탈 아래로 계곡물이 굽이치고 암석이 우뚝 솟아 계곡물을 사이에 두고 있다. 헌화각은 난간이 없고, 창문도 없으며, 누각을 짓지도 못하고, 누대를 짓지도 못하여 정취가 무궁무진하였다. 오설숙五雪叔[16]이 광릉廣陵[17]에서 돌아와 정원건축에 대한 포부를 한가득 품고 이곳에 시험 삼아 작게 지어보았다. 누대를 만들고, 정자도 만들었으며, 복도를 만들고, 잔도도 만들었다. 누대 맞은 편 옆으로 또 대청을 만들고, 다락방도 만들었으며, 매화를 둘러 심었다. 튼튼하고 내실이 있었으나 정련된 멋을 손상시키는 건 어쩔 수 없었다. 정취가 도리어 협소한 느낌이라 마치 석굴에 놓인 책과 벼루 같았다. 물을 사이에 두고 산이 보이고, 다락방도 보이며, 돌이 쌓인 산기슭도 보이고, 소나무 골짜기 위의 소나무도 보였다. 그러나 여산廬山의 진면목은 도리어 산 밖에서 볼 수 있다.[18] 오설

---

15 筠芝亭: 《陶庵夢憶》 권1 〈筠芝亭〉에서 볼 수 있다.

16 五雪叔: 장대의 당숙으로 본명은 알 수 없다. 張五泄를 오기한 게 아닌가 한다.

17 廣陵: 지금의 江蘇省 揚州이다.

18 蘇軾(1037-1101)의 〈題西林壁〉에 보면 "옆에서 보면 능선이요 비스듬히 보면 봉우리라 멀고 가깝고 높고 낮음에 따라 각기 같지 않다. 廬山의 진면목을 알지 못하는 것은 오진 자신이 이 산속에 있기 때문이다.(橫看成嶺側成峰, 遠近高低各不

숙이 내게 대련을 적으라 하여 내가 적기를 "몸은 수양襄陽의 소매 안 돌에 있는데 집에 오니 망구輞口의 부채 그림 속에 있네"[19]라고 하였으니, 그 옹졸함을 말한 것이다.

巘花閣在篘芝亭松峽下, 層崖古木, 高出林皋, 秋有紅葉. 坡下支壑回渦, 石踦棱棱, 與水相距. 閣不檻・不牖, 地不樓・不台, 意正不盡也. 五雪叔歸自廣陵, 一肚皮園亭, 於此小試. 台之・亭之・廊之・棧道之, 照面樓之側, 又堂之・閣之・梅花纏折旋之, 未免傷板・傷實・傷排擠, 意反局蹐, 若石窟書硯. 隔水看山・看閣・看石麓・看松峽上松, 廬山面目反於山外得之. 五雪叔屬余作對, 余曰: "身在襄陽袖石裏, 家來輞口扇圖中." 言其小處.

同. 不知廬山真面目, 只緣身在此山中.)"라 하였다.

19 襄陽은 宋代 유명한 화가 米芾(1051-1107)이다. 輞口는 唐代 詩人 王維(701-761)의 별장이 있었던 곳으로 지금의 陝西省 藍田에 있다.

07
범여란範與蘭

범여란은 73세로 금琴을 좋아하고 난을 심어 작은 경치를 꾸미길 좋아하였다. 건란建蘭 30여 항아리가 있었는데 크기가 삼태기만큼 컸다. 아침에는 집안에 들여놓고 저녁에는 집 밖에 내놓아야 하는데, 여름에 그렇게 하였다. 아침에 집 밖에 내놓고 밤에 집안에 들여놓아야 하는데, 겨울에 그렇게 하였다. 일년동안의 고생이 농사일보다 못하지 않았다. 꽃이 피는 때가 되면 향기가 1리里 밖까지 퍼지고 손님이 와서 앉는 그 순간에도 향기가 옷에 스며들어 사흘에서 닷새까지 사라지지 않았다. 내가 꽃이 피는 시기에 그의 집에 가서 앉고 눕고 하며 떠나지 않았는데 향기가 진해 코로는 맡지 못하고 입을 열어 마셔야 했으니 마치 수증기 속에서 숨을 쉬는 것 같았다. 꽃이 지니 똥이 가득 차는 듯하여 나는 차마 버리지 못하고 범여란과 상의하여 "밀가루가 있으면 부칠 수 있고 꿀이 있으면 담가 먹을 수 있으며 불이 있으면 구울 수 있는데, 어찌 먹지 않겠소?"라고 하니 범여란이 내 말에 머리를 끄덕였다. 범여란은 어렸을 적에 왕명천王明泉에게 금을 배워 〈한궁추漢宮秋〉·〈산거음山居吟〉·〈수용음水龍吟〉[20] 세 곡을 연주할 수 있었다. 나중에 왕본오王本吾의 금을 알게 되고 크게 칭찬을 하여 배운 것을 버리고 다시 배워 반년 동안 〈석상유천石上流

20 〈漢宮秋〉는 崇明派의 琵琶曲인 〈漢宮秋月〉이다. 〈山居吟〉은 옛 琴曲의 이름인데 南宋 毛敏仲이 지었다. 〈水龍吟〉도 옛 곡명이다.

泉〉[21] 한 곡을 연습했으나 가시 돋친 손으로 연주하듯 어색했다. 왕본오가 떠나자 범여란은 돌아서서 곧바로 잊어버렸고 전에 배웠던 것은 애써 잊어버려 다시는 기억하지 못하니 결국에는 하나도 남지 않아 하루종일 금을 만져도 화음이나 맞출 뿐이었다.[22] 그가 기르는 작은 경치에 황양목黄杨木이 있었는데 가지와 줄기가 예스럽고 기묘한 게 화분, 돌과 잘 어울렸다. 주초봉朱樵峰이 20금金으로 사려 했으나 범여란이 팔지 않았다. 범여란은 이 나무를 아끼고 사랑하며 '소첩小妾'으로 불렀다. 내가 억지로 빌려다 석 달간 책상에 두었는데 늘어진 가지 하나가 시들어 버렸다. 내가 애석하게 여겨 급하게 범여란에게 돌려주었다. 범여란은 놀라고 당황하여 쩔쩔매더니 인삼탕을 끓여 물을 주고 매일 밤낮으로 만지며 놓지 않았다. 한 달이 지나자 마른 가지는 다시 살아났다.

範與蘭七十有三, 好琴, 喜種蘭及盆池小景. 建蘭三十餘缸, 大如簸箕. 早舁而入, 夜異而出者, 夏也; 早舁而出, 夜舁而入者, 冬也; 長年辛苦, 不減農事. 花時, 香出里外, 客至坐一時, 香襲衣裾, 三五日不散. 余至花期至其家, 坐臥不去, 香氣酷烈, 逆鼻不敢嗅, 第開口吞欱之, 如流瀣焉. 花謝, 糞之滿箕, 余不忍棄, 與與蘭謀曰: "有面可煎, 有蜜可浸, 有火可焙, 奈何不食之也?" 與蘭首肯余言. 與蘭少年學琴於王明泉, 能彈漢宮秋 · 山居吟 · 水龍吟三曲. 後見王本吾琴, 大稱善,

21 〈石上流泉〉: 작자는 알 수 없고 明代《琴譜正傳》에서 처음 보인다. 곡조가 아름답고 편안한 게 특징이고 돌 위로 흐르는 시냇물의 차고 맑은 소리를 표현하였다.

22 범여란의 금 학습과 연주에 대해서는《陶庵夢憶》권2 〈紹興琴派〉에서 자세히 살펴볼 수 있다.

盡棄所學而學焉, 半年學石上流泉一曲, 生澀猶棘手. 王本吾去, 旋亦忘之, 舊所學又銳意去之, 不復能記憶, 究竟終無一字, 終日撫琴, 但和弦而已. 所畜小景, 有豆板黃楊, 枝幹蒼古奇妙, 盆石稱之. 朱樵峰以二十金售之, 不肯易, 與蘭珍愛, "小妾" 呼之. 余強借齋頭三月, 枯其垂一幹, 余懊惜, 急昇歸與蘭. 與蘭驚惶無措, 煮參汁澆灌, 日夜摩之不置, 一月後枯幹復活.

08
게 모임蟹會

식품에 소금과 식초를 첨가하지 않고도 다섯 가지 맛을 온전히 갖춘 것은 꼬막과 민물 게이다. 민물 게는 10월에 벼와 함께 살이 올라 게딱지가 대접만 해지고 가운데가 불룩해진다. 집게는 주먹만 하고 작은 다리에도 살이 옹골차며 반질반질한 것이 꼭 민달팽이 같았다. 게딱지를 젖히면 기름지고 살이 가득 차 옥같이 윤기가 흘렀고 부서지지 않고 단단히 뭉쳐져 있어 달고 기름지기가 제아무리 맛있는 팔진八珍[23]이라도 미치지 못했다. 10월이 되면 나와 친구, 형제들은 '게 모임蟹會'을 만들어 오후 늦게 만나 게를 삶아 먹었다. 한 사람당 여섯 마리를 먹었는데 식어서 비린내가 날까 봐 차례대로 여러 번 삶았다. 이렇게 하여 절여 말린 오리와 소젖으로 만든 유락乳酪과 곁들여 먹었다. 취감醉蚶[24]은 호박 같은데 오리 기름을 둘러 배추와 삶으면 마치 죽순 같았다. 과일은 사귤謝橘 · 풍률風栗 · 풍릉風菱을 먹었다.[25] 마시는 것은 옥호빙玉壺冰이었고 채소는 병갱순兵坑筍을 먹었으며, 밥은 새로 난 여항백餘杭白으로 지었고 입가심으로 난설차蘭雪

---

23 八珍: 원래 8가지의 조리 방법을 가리키는 말이었으나 나중에 8가지 진귀한 음식까지 칭한다.

24 醉蚶: 꼬막을 술에 절인 음식이다.

25 謝橘은 명청시기 山陰, 즉 지금의 소흥지역에서 생산된 귤을 말한다. 風栗과 風菱은 잘 익은 밤과 마름 열매이다. 갓 딴 밤과 마름 열매를 바람이 잘 통하는 곳에 보름 동안 두면 잘 익어 붙여진 이름이다.

茶를 마셨다.[26] 지금 와서 이 음식들을 생각해 보니 정말로 천상의 요리사가 신선에게 바치는 음식 같다. 술은 취할 때까지 마셨고 밥도 배부르게 먹었으니 생각만 해도 부끄럽다.

食品不加鹽醋而五味全者, 爲蚶·爲河蟹. 河蟹至十月與稻粱俱肥, 殼如盤大, 墳起, 而紫螯巨如拳, 小腳肉出, 油油如螾愆. 掀其殼, 膏膩堆積, 如玉脂珀屑, 團結不散, 甘腴雖八珍不及. 一到十月, 余與友人兄弟輩立蟹會, 期於午後至, 煮蟹食之, 人六只, 恐冷腥, 迭番煮之. 從以肥臘鴨·牛乳酪. 醉蚶如琥珀, 以鴨汁煮白菜如玉版. 果瓜以謝橘·以風栗·以風菱. 飮以玉壺冰, 蔬以兵坑筍, 飯以新餘杭白, 漱以蘭雪茶. 由今思之, 真如天廚仙供, 酒醉飯飽, 慚愧慚愧.

26 玉壺冰은 옛날 紹興 지역에서 만든 술이다. 兵坑筍은 소흥의 한 지역인 兵坑에서 생산된 죽순이다. 餘杭白은 杭州 서북부의 餘杭 지역에서 생산된 쌀이다.

09

노형露兄

숭정崇禎 계유癸酉,[27] 한 호사가가 찻집을 열었는데 물이 정말로 옥대玉帶 물이었고 차도 정말로 난설차였다. 찻물은 돌려 끓인 것이라 오래된 것이 없었고 다기도 자주 씻어서 더러운 그릇이 없었으며 불의 세기와 찻물의 온도 또한 절묘하게 잘 맞았다. 내가 좋아하여 그 찻집의 이름을 '노형露兄'이라고 지었는데 미진米顚[28]의 '차감로유형(茶甘露有兄)'이라는 구절에서 취하였다. 그 찻집을 위해 다음과 같이 〈두차격鬥茶檄〉 한 편을 지어 주었다.

"수음水淫과 다벽茶癖은[29] 옛 풍습에서 유래한다. 서초瑞草와 설아雪芽는[30] 월중越中 지역에서 제일이라고 한다. 그러나 끓이는 방법이 잘못되었기에 지금까지 갈조葛灶[31]의 먼지만 뒤집어썼던 것이다. 더욱이 차를 음미하고 감상하는 사람은 없고 육우陆羽의 《다경茶经》을 보는 사람도 없으니 책에 벌레만 많아졌다. 근래에 좋은 장소를 골라 다시 탕맹湯盟을 일으켰으니, 물은 옥천玉泉에서 떠 왔고 차는 고르고

---

27 崇禎 癸酉: 崇禎 6년인 1633년이다.

28 米顚: 北宋의 화가 米芾(1051-1107)이다. 돌을 애호하여 奇石에 대고 절을 하고 지나친 결벽증을 보였기에 米顚 혹은 米癡로 불렀다.

29 水淫은 병적으로 물에 집착하는 것이고 茶癖은 병적으로 차에 집착하는 것을 말한다.

30 《陶庵夢憶》 권3의 〈蘭雪茶〉에 보인다.

31 葛灶: 東晉의 葛洪(284-364)이 연단을 만드는 데 사용하던 아궁이이다.

골라 난설로 하였다. 해바라기 씨와 볶은 콩은 일부러 서초 다리 근처에서 가져왔다. 감귤 · 유자 · 배는 중산仲山의 과수원에서 가져왔다. 팔공덕수八功德水[32]와 같이 달고, 부드럽고, 향기롭고, 깨끗하고, 맑고, 차갑기가 비교할 수 없다. 일곱 가지 일상 가운데 땔감, 쌀, 기름, 소금, 장, 식초는 신경 쓰지 않는다. 단 하루도 차 없이 살 수 없다면 자유子猷의 대나무 사랑[33]만큼 이름날 것이다. 일곱 번째 잔을 다 마시지 못했다면 로동盧仝도 차 맛을 안다고 할 수 없다.[34] 청담을 나눌 때 차 한 주전자를 곁들이면 마음껏 이야기할 수 있다. 반탑半榻에 향을 사르고 함께 마음껏 취하기로 약속한다."

---

32 八功德水: 불교에서 말하는 여덟 가지의 공덕을 갖추고 있다는 물을 말한다. 즉 달고, 차고, 부드럽고, 가볍고, 깨끗하고, 냄새가 없고, 마실 때 목이 안 상하고, 배탈이 안 나는 물이다.

33 《世說新語》에 보면 "王子猷가 전에 남의 빈 집에서 잠시 살았는데 그곳에 대나무를 심었다. 누가 묻기를 '잠시 머무는데 어찌 번거롭게 하시오?'라 하자 왕자유가 휘파람을 길게 불더니 대나무를 가리키며 '어찌 하루도 이 분(君) 없이 살겠소?'라 하였다.(王子猷嘗暫寄人空宅住, 便令種竹. 或問: '暫住, 何煩爾 ? '王嘯詠良久, 直指竹曰: '何可一日無此君?')"

34 唐代 詩人 盧仝(795-835)의 〈走筆謝孟諫議寄新茶〉 가운데 다음과 같은 구절이 있다. "첫 잔은 목구멍과 입술을 적시고, 둘째 잔은 고독과 시름을 깨며, 셋째 잔은 메마른 창자를 찾아오니 오직 문자 5천 권뿐이다. 넷째 잔은 가벼운 땀이 나 평소 불평하던 일이 모두 털에서 흩어진다. 다섯째 잔은 기골이 맑아지고 여섯째 잔은 신령과 통한다. 일곱 번째 잔은 채 마시지도 않았건만 오직 두 겨드랑이에 맑은 바람이 솔솔 분다.(一碗喉吻潤, 兩碗破孤悶. 三碗搜枯腸, 惟有文字五千卷. 四碗發輕汗, 平生不平事, 盡向毛裏散. 五碗肌骨清, 六碗通仙靈. 七碗吃不得也, 惟覺兩腋習習清風生.)"

崇禎癸酉, 有好事者開茶館, 泉實玉帶, 茶實蘭雪, 湯以旋煮, 無老湯, 器以時滌, 無穢器, 其火候·湯候, 亦時有天合之者. 余喜之, 名其館曰"露兄", 取米顚"茶甘露有兄" 句也. 爲之作鬥茶檄, 曰: "水淫茶癖, 爰有古風; 瑞草雪芽, 素稱越絕. 特以烹煮非法, 向來葛灶生塵; 更兼賞鑒無人, 致使羽經積蠹. 邇者擇有勝地, 復擧湯盟, 水符遞自玉泉, 茗戰爭來蘭雪. 瓜子炒豆, 何須瑞草橋邊; 橘柚查梨, 出自仲山圃內. 八功德水, 無過甘滑香潔清涼; 七家常事, 不管柴米油鹽醬醋. 一日何可少此, 子猷竹庶可齊名; 七碗吃不得了, 盧仝茶不算知味. 一壺揮麈, 用暢清談; 半榻焚香, 共期白醉."

10
윤원소閏元宵

숭정崇禎 경진庚辰[35] 윤閏 정월正月에 월중越中의 어르신과 닷새 동안 다시 등을 켜기로 약속하여 내가 다음과 같은 축사를 지었다.

"두 번째 맞는 원단元旦, 한 해의 윤월은 섭제攝提의 별로 정해진다.[36] 다시 정월이 되었으니 이는 하늘이 사람에게 빌려준 여유로운 달이다. 《춘추전春秋傳》[37]에 242년까지의 일을 상세히 기록하였으나 '봄, 정월'에 대해서 공자께서도 다시 쓰지 못하셨다. 개봉부開封府는 정월 17일과 18일 이틀간, 밤에 등불을 켜도록 하였으니, 이는 건덕乾德 5년 송宋 태조太祖가 베푼 은혜와 같다. 지금 윤 정월은 삼생三生[38]의 기이한 기회인데, 어찌 이런 행운이 오늘 이 자리에 온 것일까? 백 년 만에 어렵게 온 기회이니 모름지기 옛사람들을 따라 촛불을 들어야 한다. 하물며 우리 위대한 월지역은 복 받은 땅인 와룡산臥龍山이 있

---

35 庚辰: 崇禎 13년 1640년이다.

36 攝提: 옛날 중국은 太歲가 天宮을 운행하는 방향을 이용해 연대를 기록하였다. 태세가 寅宮의 위치를 가리키는 것을 攝提格이라 하는데, 본문의 攝提는 섭제격을 말한다.

37 《春秋傳》: 보통 《春秋》라고 하는, 중국 최초의 편년체 역사서이다. 孔子가 편선했으며 魯 隱公 元年에서 魯 哀公 12년까지 모두 242년의 역사를 기록하였다.

38 三生: 불교에서 말하는 前生 · 現生 · 後生을 말한다.

고 신선이 사는 별천지 완위산宛委山도 있다. 장강의 동쪽에 위치하여 백성들은 모두 편안하고, 바다를 따라 북쪽으로 가면 파도도 높이 치지 않는다. 배부르게 먹고 즐거워하며 함께 태평한 세상을 즐긴다. 먼 곳에서부터 여러 번 통역을 거쳐 온 자들도 모두 중국에 성인聖人이 있다고 말한다. 수천 수백 나라가 와서 조문함에 흰 꿩이 셀 수 없이 많았다.[39] 13년이 지난 지금, 늙으면 백발이 다시 누렇게 변한다는 말이 증명되었다. 성인을 즐겁게 하기 위해 술잔을 들었으니 마음껏 도소屠蘇[40] 술을 마셔야 한다. 책을 교감하는 이를 위해 빛을 나눔에 당연히 태을의 지팡이가 잠시 멈춘 것이다.[41] 이전 원소절에는 밝은 등불을 시기한 눈이 내려 하늘도 풍년의 조짐을 아셨다. 나중의 원소절에 달과 만날 약속을 하여도 사람들은 멋진 풍경을 놓칠 수 없다. 여섯 마리 거북이[42]가 산 위에 서서 동무東武[43]에서 날아왔다고만 했는데 닭과 개가 놀라지 않는다. 온갖 짐승이 집에 걸렸는데 바다를 지키기 위함이라 말하지 마라. 오직 물고기와 자라만 보일 뿐이다. 생황과 퉁소가 대지를 떠들썩하게 하는데, 대나무와 서까래를 가정柯亭[44]에서 가져왔다. 화초와 풀이 거리에 가득한데, 계첩禊帖[45]은 난저蘭

39 흰 꿩은 고대 중국인들이 상서롭게 여기는 새이다.

40 屠蘇: 음력 정월 초하루에 역병을 피하기 위해 마시는 술이다.

41 漢 成帝 시기 劉向(기원전77-기원전6)이 天祿閣에서 校書를 하고 있었다. 어느날 밤, 太乙의 정기라고 자칭하는 노인이 靑藜杖을 짚고 유향을 찾아왔다. 노인은 청려장에 불을 붙여 유향을 밝혀 주고 천문지도서까지 내주었다고 한다.

42 六鼇: 다섯 개의 仙山을 짊어진 여섯 마리의 거대 거북을 말한다.

43 東武: 東武山 또는 龜山이라고 불린다. 《吳越春秋》의 기록에 의하면 이 산은 琅琊 東武 바다 속에 있다고 한다.

44 柯亭: 지금의 浙江省 紹興 서남쪽에 있다. 高遷亭 혹은 千秋亭이라고도 불린다.

45 禊帖: 東晋 王羲之(303-361)의 蘭亭帖이다.

渚[46]에서 가져왔다. 남녀가 파도처럼 밀려와 여성鑫城[47]을 뒤흔들었다. 수레와 말은 우레와 같은 소리를 내고 용서龍嶼[48]를 깨웠다. 오곡이 풍성한 때를 맞이하여 양식도 충분한데 한 해에 정월 대보름이 거듭되었다. 또 과거시험이 치러지는 해에 황제의 영광이 베풀어지니, 두 장의 합격자 명단에 반드시 두 명이 뽑힌다. 이 오일 밤의 즐거움을 가벼이 여기지 말아야지, 그렇지 않으면 눈을 들어 언제를 보아야 할까? 백년을 산 노인에게 이런 성대한 명절을 몇 번이나 지냈는지 물어볼까? 뜻을 함께하는 이들과 이 훌륭한 밤을 저버리지 않도록 기도한다. 종이를 빌려 삼가 전하고 외친다."

崇禎庚辰閏正月, 與越中父老約重張五夜燈, 余作張燈致語曰: "兩逢元正, 歲成閏於攝提之辰; 再值孟陬, 天假人以閑暇之月. 春秋傳詳記二百四十二年事, 春王正月, 孔子未得重書; 開封府更放十七, 十八兩夜燈, 乾德五年, 宋祖猶煩欽賜. 茲閏正月者, 三生奇遇, 何幸今日而當場; 百歲難逢, 須效古人而秉燭. 況吾大越, 蓬萊福地, 宛委洞天. 大江以東, 民皆安堵; 遵海而北, 水不揚波. 含哺嬉兮, 共樂太平之世界; 重譯至者, 皆言中國有聖人. 千百國來朝, 白雉之陳無算; 十三年於茲, 黃耇之說有征. 樂聖銜杯, 宜縱飲屠蘇之酒; 較書分火, 應暫輟太乙之藜. 前此元宵, 竟因雪妒, 天亦知點綴豐年; 後來燈夕, 欲與月

46 蘭渚: 浙江省 紹興에 있다. 東晉의 王羲之 · 謝安 · 孫綽 · 許珣 등이 여기에 모여서 修禊事를 행하고 曲水에 술잔을 띄웠다. 修禊事는 삼월 삼짇날 부정을 씻기 위해 목욕재계하는 행사이다.

47 鑫城: 春秋시기 楚나라의 都城으로, 範蠡가 건설했다고 알려져 鑫城이라 불렀다. 그 터가 지금의 浙江省 紹興이다.

48 龍嶼: 龍山, 즉 臥龍山이다.

期, 人不可蹉跎勝事. 六鼇山立, 只說飛來東武, 使雞犬不驚; 百獸室懸, 毋曰下守海溢, 唯魚鱉是見. 笙簫聒地, 竹椽出自柯亭; 花草盈街, 禊帖攜來蘭渚. 士女潮湧, 撼動螽城; 車馬雷殷, 喚醒龍嶼. 況時逢豐穰, 呼庚呼癸, 一歲自兆重登; 且科際辰年, 爲龍爲光, 兩榜必征雙首. 莫輕此五夜之樂, 眼望何時? 試問那百年之人, 躬逢幾次? 敢祈同志, 勿負良宵. 敬藉赫蹄, 喧傳口號."

11 합채패合采牌

내가 문무패文武牌[49]를 만들었는데 뼈 대신 종이로 하여 겨루기 편리하도록 만들었다. 그런데 연객燕客[50]이 다시 패 하나를 새겨 천하의 호랑이 · 매 · 표범을 다 모았는데, 명목이 많았고 또 채采[51]도 많아 '합채패合采牌'라 불렀다. 내가 이 패를 위해 서문을 지었다.

"태사공太史公께서 말씀하시길, '무릇 호적에 올린 백성은 가진 것을 비교하여 자기보다 열 배가 많으면 몸을 낮추고, 백 배가 많으면 두려워하며, 천 배가 많으면 부림을 당하고, 만 배가 많으면 하인이 되니, 이것이 모두 사물의 이치이다.'[52]라고 하셨다. 옛사람들은 돈으로 이름을 지으면 점잖지 못하다고 여겨 진신縉紳[53] 선생이 말하기 어

49 文武牌: 일종의 종이로 만든 패, 즉 카드이다. 여러 文臣과 武將의 그림을 그려서 도박이나 음주 오락용으로 사용하였다.

50 燕客: 장대 숙부 張保生(1576-1644)의 아들 張萼으로, 號가 연객이다. 《陶庵夢憶》 권1 〈天硯〉에서 장대는 연객의 벼루에 대한 애정을, 권2 〈紹興琴派〉에서 음악에 대한 취미를 적었다.

51 采: 채는 봉건제도에서 제후들에게 천자가 하사한 땅을 말한다. 보통 采地, 封地라고 하는데 그 땅에서 나오는 모든 것을 '채'라고 하며, 그것이 파생되어 '재물'을 뜻한다.

52 太史公: 西漢의 史學家인 司馬遷(기원전145-?)이다. 사마천의 字는 子長이고 夏陽(지금의 陝西省 韓城) 사람이다. 司馬談의 아들로 太史令을 맡았다. 李陵을 옹호하는 발언으로 宮刑을 받게 되었고 그로부터 《史記》라는 거작이 탄생하게 되었다. 본문에서 인용된 말은 《史記 · 貨殖列傳》에 보인다.

53 縉紳: 옛날 관리를 통칭하는 말이다.

려웠다. 그리하여 돈을 바꾸어 부賦라 하고, 녹祿이라 하며, 향餉이라 하며, 경성의 천 리 밖을 '채采'라 하였다. 채采는 그 지역의 좋은 물건을 채취하여 바치는 것으로, 세금과 같다. 제후가 천자의 현縣 안에 있는 것을 '채'라 하였고, 그 자손에게 살게 한 땅 또한 '채'라 하였다. 이름은 달랐지만 그것은 실제로 모두 식량으로, 밥을 먹는 것을 말한다. 주周나라의 봉건제도는[54] '채'가 많아 승리하였으나, 진秦나라는 '채'가 없어서 망하였다. '채'는 아래에서 합병할 수 없으니 제齊 환공桓公과 진晉 문공文公에서부터 시작되었다. 열국列國은 '채'가 있었지만 나누었으니, 주부언主父偃[55]의 모략 때문이었다. 이때부터 양채亮采와 복채服采가[56] 생겨났고 좋은 관직도 조금 더 많은 '채'를 얻는 것에 불과했다. 이렇게 종류도 많고 뜻도 무궁하니, 도둑질도 '채'라 했고, 도둑도 '채'라 했으며, 매 · 호랑이 · 표범도 이로 말미암아 뽑힌 것이다. 그러니 어찌 금하지 않겠는가? 이런 말이 있다. '작은 사람은 큰 사람을 위해 일하고, 약한 사람은 강한 사람을 위해 일하는 것, 이 두 가지는 하늘의 이치이다.'[57] 〈고도모皐陶謨〉에서 '재채채載采采는 미묘하고, 이르렀으며, 거의 다 온 것이다.'[58]라고 하였다."

---

54 周나라의 봉건제는 分封制를 실시하였다. 爵位에 따라 각 제후들에게 토지를 분배해 주면 그들이 스스로 제후국을 건립하고 주나라 천자를 모시며 보호하였다.

55 主父偃: 주부언(?-기원전126)은 漢 武帝의 신하로 臨淄(지금의 山東省 臨淄) 사람으로, 강대한 제후국의 세력을 약화시키자고 주장하였다.

56 亮采, 服采: 亮采는 정사를 보좌하는 신하를, 服采는 조정의 제사를 담당하는 近臣을 말한다.

57 이 말은 《孟子 · 離婁上》에서 인용하였다. "天下有道, 小德役大德, 小賢役大賢, 天下無道, 小役大, 弱役強. 斯二者, 天也."

58 〈皐陶謨〉는 《書經 · 虞書》의 편명이다. 원서의 기록에 의하면 "고요가 말하였다. 아아! 행동에는 아홉 가지 덕이 있으니 그 사람이 덕이 있다고 말할 때에는 곧 어

余作文武牌, 以紙易骨, 便於角鬥, 而燕客復刻一牌, 集天下之鬥虎, 鬥鷹, 鬥豹者, 而多其色目, 多其采, 曰"合采牌". 余爲之作敘曰: "太史公曰: '凡編戶之民, 富相什則卑下之, 伯則畏憚之, 千則役, 萬則仆, 物之理也.' 古人以錢之名不雅馴, 縉紳先生難道之, 故易其名曰賦, 曰祿, 曰餉, 天子千里外曰采. 采者, 采其美物以爲貢, 猶賦也. 諸侯在天子之縣內曰采, 有地以處其子孫亦曰采, 名不一, 其實皆穀也, 飯食之謂也. 周封建多采則勝, 秦無采則亡. 采在下無以合之, 則齊桓, 晉文起矣. 列國有采而分析之, 則主父偃之謀也. 由是而亮采服采, 好官不過多得采耳. 充類至義之盡, 竊亦采也, 盗亦采也, 鷹虎豹由此其選也. 然則奚爲而不禁? 曰: 小役大, 弱役強, 斯二者天也. 皋陶謨曰: '載采采', 微哉, 之哉, 庶哉!"

떤 일을 어떻게 행했다고 말해야 될 것이다.(皐陶曰: 都! 亦行有九德. 亦言其人有德, 乃言曰, 載采采.)"이라 하였다. 또 이어지는 문장에서 아홉 가지 덕을 구체적으로 설명하였다.

12

서초계정瑞草溪亭

서초계정瑞草溪亭은 용산龍山[59] 지록支麓에 위치하여 집과 높이가 같았다. 연객燕客[60]이 그 아래를 살펴보니 기석奇石이 있어 직접 삽과 광주리를 들고 석공의 선두가 되어 발굴하였다. 흙이 보이면 흙을 파냈고 돌이 보이면 돌을 떼어서 세 장丈 즈음을 팠다. 그제야 지평과 평평해져서 비로소 그 위에 집을 지었다. 집은 오늘 완성되면 내일 헐었고, 모레 다시 완성했다가 그다음 날 또 헐었으니, 이렇게 열일곱 번을 거쳐 비로소 계정이 탄생되었다. 무릇 이곳에 시내가 없었기에 시내를 만들었고 물이 부족하니 또 저수지를 만들고 골짜기도 만들었다. 하루에도 수천 명의 장인들을 불러 못을 파고 그러다 아예 1무를 넓히다가 또 아예 8척을 더 깊이 만들었다. 물이 없어 길어다 채웠는데 연못 한가운데 탁자처럼 생긴 돌 하나를 물이 주위를 맴돌며 흐르는 모습이 매우 정취가 있었다. 연객은 산과 돌이 새로 파낸 것이어서 의경이 고풍스럽지는 못하다고 생각하였다. 이에 말똥으로 덧칠하여 이끼가 자라게 하였으나, 이끼가 빨리 자라지 못하

---

59 龍山: 浙江省 紹興 서쪽에 위치한 산으로, 누운 용과 같은 형상이라 臥龍山이라고도 한다.

60 燕客: 燕客은 장대 숙부 張保生(1576-1644)의 아들 張萼으로, 號가 연객이다. 《陶庵夢憶》 권1 〈天硯〉에서 장대는 연객의 벼루에 대한 애정을, 권2 〈紹興琴派〉에서 음악에 대한 취미를 적었다. 그 외에도 권6 〈仲叔古董〉, 권8 〈合采牌〉등에서도 보인다.

자 화공을 불러 돌에 청색과 녹색을 칠하게 하였다. 또 하루는 좌우를 살펴보며, 이 돌 탁자 위에 어찌 울창하게 자라는 천목송天目松 몇 그루가 없을 수 있겠냐면서 비싼 값으로 천목송 대여섯 그루를 사왔다. 돌 탁자를 파서 그 위에 심었더니 돌이 삽질을 견디지 못해 깨졌다. 돌이 없어 나무를 심지도 못하니 더 이상 또 탁자도 아니었다. 연객이 화가 나서 밤새 벼루 모양으로 만들었는데 한 구석이 모자라 또 돌을 하나 보태서 덮었다. 연객은 성격이 조급하여 나무를 심고도 자라기를 기다리지 못하고 다시 큰 나무를 옮겨 심었다. 옮겨 심은 나무가 죽으면 또 큰 나무를 찾아 보충했다. 나무가 죽지 않으면 계속 심었고 나무가 죽어도 계속 심었으니, 이 때문에 나무가 죽었지만 그러나 또 금세 죽지도 않았다. 계정은 옛터보다 넉 장이 낮아서 흙을 동쪽으로 운반하여 높은 산이 되었으니, 한 무의 집이 갑자기 변해 버린 것이다. 집 한 채를 다 보려면 반드시 앉아서 지켜봐야 한다. 하룻밤이 지나면 없어질지도 모르기 때문이다. 그리하여 계정은 작았지만 들인 돈은 막대했다.

하루는 연객이 이런 소설을 보았다. 요숭姚崇[61]이 꿈에서 지옥을 여행하다 큰 창고에 도착해 보니, 수천 개의 풀무에서 수천 개의 악귀가 빠르게 만들어졌다. 요숭이 묻자 답하길, "연국공燕國公[62]을 위해 횡재橫財를 만들기 위해서입니다."라 하였다. 그 후에 한 곳에 갔더니 부뚜막이 차갑게 식어 부서졌고 피곤한 귀신 한둘이 북을 치며 숨이

61 姚崇: 요숭(605-721)은 唐代의 관리로 본명은 元崇이고 字는 元之이다. 陝州(지금의 河南 陝縣) 사람이다.

62 燕國公: 唐代의 관리인 張說(667-730)로 字는 道濟이고 나중에 燕國公에 봉해졌다.

헐떡이고 힘이 없어 보였다. 요숭이 묻자 이렇게 답하였다. "이것은 상공의 재물창고입니다." 요숭이 잠에서 깨어 감탄하길 "연국공의 집은 호화롭고 사치스러우니 아마도 하늘이 내버려 둔 것 같다."라 하였다. 연객이 이 이야기를 매우 좋아하여 호號를 연객燕客이라 하였다.

둘째 숙부의 가업은 4, 5만萬이었으나 연객의 손에서 다 사라졌다. 갑신甲申[63]에 둘째 숙부는 회안淮安에서 객사하셨다. 연객이 소식을 듣고 급히 가서 둘째 숙부가 저축한 녹봉과 골동품, 화폐와 비단 같은 것과 2만 정도를 집에 가지고 왔는데, 석 달도 안 돼 다 써 버렸다. 당시 사람들은 연객을 '어굉사진魚宏四盡'[64]과 비교하였다. 계정에 집을 짓고, 만들고, 고치고, 팔고, 산을 뒤집고, 물을 쏟으며, 하루도 노는 날이 없었다. 하이금夏耳金이란 자가 등을 만들고 종이를 잘라 꽃을 만들었는데, 그 또한 하루도 노는 날이 없었다. 사람들은 하이금을 '수隋 양제煬帝를 몰락시킨 자'라 칭찬하였고 연객을 '진시황秦始皇의 궁극'이라 칭찬하였으니, 웃음이 터진다.

---

63 甲申: 順治 元年인 1644년이다.

64 魚宏四盡: 魚宏은 南朝 梁나라 襄陽 사람 魚弘이다. 南譙, 盱眙, 竟陵에서 太守를 지냈다. 어홍은 사람들에게 "내가 고을 관리가 되면서 네 가지가 다하였다. 물에서는 물고기가 다하였고 산에는 노루가 다하였으며 밭에는 곡식이 다하였고 마을에는 주민이 다하였다.(我爲郡有四盡. 水中魚鼈盡, 山中獐鹿盡, 田中米穀盡, 村里民庶盡.)"고 말했다. 당시 어홍은 백 명이 넘는 첩을 거느렸고 의복과 거마가 대단히 사치스러웠다.

瑞草溪亭爲龍山支麓，高與屋等．燕客相其下有奇石，身執蔓臿，爲匠石先，發掘之．見土蓋土，見石甃石，去三丈許，始與基平，乃就其上建屋．屋今日成，明日拆，後日又成，再後日又拆，凡十七變而溪亭始出．蓋此地無溪也，而溪之，溪之不足，又瀦之，壑之，一日鳩工數千指，索性池之，索性闊一畝，索性深八尺．無水，挑水貯之，中留一石如案，回瀦浮巒，頗亦有致．燕客以山石新開，意不蒼古，乃用馬糞塗之，使長苔蘚，苔蘚不得即出，又呼畫工以石青石綠皴之．一日左右視，謂此石案焉可無天目松數棵盤鬱其上，遂以重價購天目松五六棵，鑿石種之．石不受鍤，石崩裂，不石不樹，亦不復案，燕客怒，連夜鑿成硯山形，缺一角，又蓋一岩石補之．燕客性卞急，種樹不得大，移大樹種之，移種而死，又尋大樹補之．種不死不已，死亦種不已，以故樹不得不死，然亦不得即死．溪亭比舊址低四丈，運土至東多成高山，一畝之室，滄桑忽變．見其一室成，必多坐看之，至隔宿或即無有矣．故溪亭雖渺小，所費至巨萬焉．

燕客看小說："姚崇夢遊地獄，至一大廠，爐鞲千副，惡鬼數千，鑄瀉甚急，問之，曰：'爲燕國公鑄橫財.' 後至一處，爐灶冷落，疲鬼一二人鼓橐，奄奄無力，崇問之，曰：'此相公財庫也.' 崇寤而歎曰：'燕公豪奢，殆天縱也.'" 燕客喜其事，遂號"燕客"．二叔業四五萬，燕客緣手立盡．甲申，二叔客死淮安，燕客奔喪，所積薪俸及玩好幣帛之類又二萬許，燕客攜歸，甫三月又輒盡，時人比之魚宏四盡焉．溪亭住宅，一頭造，一頭改，一頭賣，翻山倒水無虛日．有夏耳金者，制燈剪彩爲花，亦無虛日．人稱耳金爲"敗落隋煬帝"，稱燕客爲"窮極秦始皇"，可發一粲．

13

낭환복지琅嬛福地[65]

나 도암陶庵은 꿈에서 전생의 인연으로 자주 석창石廠에 가는 꿈을 꾸었다. 그곳은 바위와 굴이 가파르고 깊었다. 석창 앞에는 물살이 세차게 흐르는 시내가 있었는데 물이 꼭 눈처럼 떨어졌다. 소나무와 돌은 기이하고 예스러우며 이름난 꽃과 뒤섞여있었다. 꿈에서 나는 그 안에 앉아 있었고 한 동자童子가 차와 과일을 가져왔다. 쌓인 책이 책장을 가득 채웠는데 펼쳐 보면 대부분 과두문蝌蚪文·조적문鳥跡文·벽력전서霹靂篆書였다.[66] 꿈속에서 이 책들을 읽었는데 그 어려운 글들을 마치 능통한 듯 읽었다. 한가로이 별일 없이 지내다가 밤에 이런 꿈을 꾸면, 깨고 나서 조용히 생각에 잠겼다. 좋은 땅을 얻어 꿈속 경치와 비슷한 곳을 짓고 싶었다. 교외에 작은 산이 하나 있었는데 석골石骨이 날카롭게 솟아 있었다. 그 위로 대나무가 많았는데 정원 안으로 엎어져 있었다. 나는 이곳에 움집을 만들고 싶었다. 대청은 동서로 향하게 하고 앞뒤에 소헌小軒을 짓는다. 뒤에 돌을 쌓아

---

65 琅嬛福地는 전설에 따르면 신선이 살던 곳이다. 元 伊世珍《琅嬛記》卷上에 "其人笑曰: '君癡矣, 此豈可賃地耶?'即命小童送出. 華問地名. 曰: '琅嬛福地也.'"에서 인용하였다.

66 蝌蚪文은 漢代 이후에 출현한 서체로 蝌蚪書 또는 蝌蚪篆이라고도 한다. 예리한 것으로 써서 필두는 굵고 필미는 가는 것이 특징이다. 鳥跡文도 篆書의 일종이다. 필획이 새의 형상으로 대체하여 장식이 독특하고 상징성이 짙다. 霹靂篆書는 大篆과 小篆을 통칭한다. 秦代에 전서가 주로 바위에 새겼기에 벽력전서라 하였다.

석평石坪을 만들고 황산송黃山松 몇 그루도 심어 기석奇石을 양쪽에 놓아 협곡 모양으로 만든다. 대청 앞에 사라娑羅[67] 두 그루를 심어 맑은 나무 그늘로 쓰고 왼쪽에 빈집을 붙여 산기슭과 마주하게 하여 치아처럼 가지런히 배열한다. 시검석試劍石[68]처럼 갈라진 돌의 편액에 '일구一丘'라고 적는다. 오른쪽에는 판잣집 세 칸을 짓는다. 앞에 있는 큰 연못은 가을 물처럼 맑고 깨끗하다. 짙은 녹색의 버드나무 아래서 책을 읽고 편액에 '일학一壑'이라고 적는다.

산을 따라 북쪽으로 지은 절과 작은 방은 구불구불 이어져 있다. 오래된 나무가 있고, 층층이 쌓인 절벽이 있으며, 작은 계곡이 있고, 그윽한 대나무 숲이 있어, 하나하나 운치가 있다. 산의 끝에는 구덩이에 가묘를 만들어 놓고 내가 죽으면 비석에 '오호유명도암장장공지광嗚呼有明陶庵張長公之壙'이라고 적을 것이다. 무덤 왼쪽에는 1무 남짓 공터에 초가 암자를 세워 부처를 공양하고, 내 초상을 만들어 공양하며, 스님을 모셔 향을 피운다. 큰 연못은 10무畝나 되고 연못 밖 작은 강이 서너 굽이로 굽어 있는데, 배가 들어올 수 있었다. 강의 양안은 모두 높은 언덕으로, 과일나무를 심을 수 있다. 귤·매화·배·대추·구기자·국화를 심어 울타리로 만든다. 산꼭대기에는 정자를 지을 수 있다. 산의 서쪽 20무의 비옥한 밭에서 수수와 벼도 재배할 수

67 娑羅: 사라는 梵語로 '단단한 나무'라는 뜻으로 불교에서 부처가 사라나무 숲에서 열반에 들었다는 이야기가 전해진다. 주로 따뜻한 곳에서 자라는 반 낙엽성인 작은키나무이다.

68 試劍石: 예리한 검의 의해 잘린 것처럼 잘린 돌이다. 시검석은 중국의 江蘇, 廣西, 湖北 등지에 있는데 江蘇省 蘇州 虎丘에 위치한 시검석이 대표적이다. 吳王闔閭(기원전 약 537-기원전 496)가 천하의 명검을 시험해 보기 위해 잘랐다는 전설이 있다.

있다. 문은 큰 강을 마주하고 작은 망루가 양쪽에 날개처럼 세워져 있다. 망루에서 노봉산爐峰山과 경정산敬亭山 같은 여러 산을 볼 수 있다. 망루 아래에 문을 만들고 편액에 '낭환복지琅嬛福地'라 적는다. 강을 따라 북쪽으로 가면 지극히 예스럽고 소박한 돌다리가 있고 그 위로 관목이 있다. 그곳에 앉을 수도, 바람을 쐴 수도, 달을 감상할 수도 있을 것이다.

陶庵夢有宿因, 常夢至一石廠, 峥窅岩窱, 前有急湍洄溪, 水落如雪, 松石奇古, 雜以名花. 夢坐其中, 童子進茗果, 積書滿架, 開卷視之, 多蝌蚪, 鳥跡, 霹靂篆文, 夢中讀之, 似能通其棘澀. 閑居無事, 夜輒夢之, 醒後佇思, 欲得一勝地仿佛爲之. 郊外有一小山, 石骨棱礪, 上多筠篁, 偃伏園內. 余欲造廠, 堂東西向, 前後軒之, 後磥一石坪, 植黃山松數棵, 奇石峽之. 堂前樹娑羅二, 資其清樾. 左附虛室, 坐對山麓, 磴磴齒齒, 劃裂如試劍, 扁曰"一丘". 右踞廠閣三間, 前臨大沼, 秋水明瑟, 深柳讀書, 扁曰"一壑".

緣山以北, 精舍小房, 絀屈蜿蜒, 有古木, 有層崖, 有小澗, 有幽篁, 節節有致. 山盡有佳穴, 造生壙, 俟陶庵蛻焉, 碑曰"嗚呼有明陶庵張長公之壙". 壙左有空地畝許, 架一草庵, 供佛, 供陶庵像, 迎僧住之奉香火. 大沼闊十畝許, 沼外小河三四折, 可納舟入沼. 河兩崖皆高阜, 可植果木, 以橘, 以梅, 以梨, 以棗, 枸菊圍之. 山頂可亭. 山之西鄙, 有腴田二十畝, 可秫可秔. 門臨大河, 小樓翼之, 可看爐峰·敬亭諸山. 樓下門之, 匾曰"琅嬛福地". 緣河北走, 有石橋極古樸, 上有灌木, 可坐, 可風, 可月.

찾아보기

Tao an meng yi

저자_ 장대(張岱, 1597-1685)

만명晩明 소품문小品文의 대표 작가이다. 자字는 종자宗子이고 호號는 도암陶庵이고 만년에는 육휴거사六休居士·접암蝶庵·고검노인古劍老人이라 하였다. 사대부 관료 집안에서 태어나 명나라가 망하기 전에는 강남지역에서 부유한 생활을 하였다. 관직에 큰 뜻을 두지 않았지만 독서와 글쓰기는 평생 놓지 않았다. 이에 『도암몽억陶庵夢憶』을 비롯하여 『서호몽심西湖夢尋』·『야항선夜航船』·『낭환문집琅嬛文集』·『사서우四書遇』·『고금의열전古今義烈傳』·『쾌원도고(快園道古)』 등 다양한 저술을 남겼다. 명나라가 망한 뒤 산에 은거하면서 대부분의 시간을 저술로 보냈다. 다양한 제재를 짧은 편폭에 개성적인 필치로 담은 『도암몽억』은 장대의 대표작이자 소품문의 대표 저술로 평가받고 있다.

역주자_ 김숙향(金淑香)

고려대학교에서 석사를 졸업하고 박사과정을 수료하였다. 상하이 푸단대학교에서 박사학위를 취득하였다. 현재 고려대와 가천대를 비롯 여러 대학에서 중국어와 문학, 그리고 번역을 가르치고 있다. 석사 학위 논문으로 「張岱〈陶庵夢憶〉硏究」를 썼으며 明淸 시기의 문학과 문학비평에 관심을 두고 연구하고 있다. 『제왕: 세상을 혁신한 군주들』, 『명장: 그들에게 난세는 기회였다』, 『대여행가: 불굴의 개척자 6인의 열정과 도전정신』, 『자수(상·하)』, 『중국의 장신구(상·하)』, 『난징함락과 대학살: 난징대학살을 불러온 결정적 장면(전4권)』 등의 번역서와 『NCS 기반 호텔실무 중국어회화』, 『관광중국어 1, 2』와 같은 교재가 있다. 「표절과 활용의 경계: 『古文觀止』에 반영된 前代 選文批評의 의의」, 「淸初 批評家 孫琮의 評語 分析: 『山曉閣選唐大家柳柳州全集』을 중심으로」, 「『西湖夢尋』의 註釋과 飜譯(1)」 외의 다수의 논문이 있다.